高职高专“十二五”规划教材

房地产经营管理类

房地产估价

主　编　熊炜

副主编　殷晓玮　孔祥香　刘鹏飞　孟　梦

主　审　李周明

南京大学出版社

内容简介

本书共分为九章，每章都有学习目标、案例导入，章内各节有知识小贴士、本章小结、思考题，并配有案例分析。全书系统地介绍了房地产估价有关方面的内容，不仅包括经济学基础理论、建筑常识、宏观经济学、法律法规知识等，还涵盖了房地产估价的一些基本方法，如市场比较法、成本法等。作为高职高专院校的教科书，本书在编写层次上难易结合、程度适中，并配有各种具体实例，以便于老师教学。

本书不仅可以作为高职高专、成人高校及本科院校举办的“二级”职业技术学院房地产、建筑工程管理、物业管理类专业的教材，也可以作为房地产估价行业和房地产企业估价人员岗位培训、函授教育、资格考试用书，还可用于房地产、物业管理类企业有关人员自学的参考书籍。

图书在版编目(CIP)数据

房地产估价 / 熊炜主编. — 南京 ：南京大学出版社，2013.8(2015.8 重印)

高职高专“十二五”规划教材. 房地产经营管理类

ISBN 978-7-305-12042-8

Ⅰ. ①房… Ⅱ. ①熊… Ⅲ. ①房地产价格—估价—高等职业教育—教材 Ⅳ. ①F293.35

中国版本图书馆 CIP 数据核字(2013)第 194223 号

出版发行 南京大学出版社
社　　址 南京市汉口路 22 号　　　邮编 210093
出 版 人 金鑫荣

丛 书 名 高职高专“十二五”规划教材·房地产经营管理类
书　　名 房地产估价
主　　编 熊 炜
责任编辑 方巧真 王抗战　　　编辑热线 025-83596997

照　　排 南京理工大学资产经营有限公司
印　　刷 常州市武进第三印刷有限公司
开　　本 787×1092 1/16 印张 16.25 字数 386 千
版　　次 2013 年 8 月第 1 版 2015 年 8 月第 2 次印刷
ISBN 978-7-305-12042-8
定　　价 34.00 元

网　　址：http://www.njupco.com
官方微博：http://weibo.com/njupco
官方微信号：njupress
销售咨询热线：(025)83594756

前 言

在我国市场经济条件下，房地产业迅速发展，房地产市场日趋完善，发展取得了巨大成就。房地产估价作为房地产业的分支，自20世纪90年代中期引入我国后，取得了长足发展。自1993年诞生首批房地产估价师以来，中国房地产估价行业快速发展，估价师队伍迅速壮大，估价法规不断健全，估价标准逐步完善，估价理论日趋成熟，估价业务持续增长，估价行业的社会影响显著扩大。在此背景下，需要大量高素质的专业房地产估价人员，因此，强化房地产估价教育成为一种客观需要。《房地产估价》正是顺应这一需求而编写的。

本书系统地介绍了房地产估价的基本概念、基本原则、基本原理以及程序，不仅包括经济学基础理论，还涵盖了房地产估价的基本方法，并配有具体实例，便于教师教学。本书不仅可以作为高职高专、成人高校及本科院校举办的"二级"职业技术学院房地产、建筑工程管理、物业管理类专业的教材，也可以作为房地产估价行业和房地产企业估价人员岗位培训、函授教育、资格考试用书，还可用于房地产、物业管理类企业有关人员自学的参考书籍。

本书由熊炜主编，李周明审核定稿，殷晓玮、孔祥香、刘鹏飞、孟梦任副主编，协助主编做了大量相关工作。由于编者的学识及理论水平有限，书中难免有不当与疏漏之处，望广大师生、读者批评指正。

编者

2013年7月

目 录

第一章 概述 …… 1

第一节 房地产估价的基本认识 …… 1

第二节 房地产估价的现实需要 …… 5

一、理论上的必要性 …… 5

二、现实上的必要性 …… 5

第三节 中国房地产估价行业发展概况 …… 7

一、以法律形式确立了房地产估价的地位 …… 7

二、建立了房地产估价师执业资格制度 …… 7

三、设定了房地产估价师资格和房地产估价机构资质行政许可项目 …… 8

四、发布了房地产估价的部门规章和规范性文件 …… 8

五、制定了房地产估价国家标准和相关指导意见 …… 9

六、成立了房地产估价行业自律性组织 …… 9

七、形成了较完善的房地产估价理论方法体系 …… 10

八、形成了公平竞争的房地产估价市场 …… 10

九、深化拓展了房地产估价业务 …… 11

十、积极开展了国际交流合作 …… 11

小结 …… 13

复习思考题 …… 13

第二章 房地产与房地产价格 …… 14

第一节 房地产的概念 …… 14

一、房地产的定义 …… 14

二、房地产是实物、权益、区位的综合体 …… 20

第二节 房地产特性 …… 22

一、不可移动性 …… 22

二、独一无二性 …… 22

三、寿命长久性 …… 22

四、数量有限性 …… 23
五、用途多样性 …… 23
六、相互影响性 …… 23
七、易受限制性 …… 24
八、价值高大性 …… 24
九、难以变现性 …… 24
十、保值增值性 …… 24
第三节 房地产价格 …… 25
一、房地产价格的概念 …… 25
二、房地产价格的形成条件 …… 25
三、房地产价格的特征 …… 26
四、房地产价格的类型 …… 28
五、影响房地产价格的综合因素 …… 36
六、中国城市房地产价格的基本构成要素 …… 37
小结 …… 38
复习思考题 …… 38
案例分析 …… 39

第三章 房地产估价概述 …… 40
第一节 房地产估价人员 …… 40
一、注册管理 …… 40
二、基本要求 …… 40
第二节 房地产估价目的与估价原则 …… 43
一、合法原则 …… 43
二、房地结合原则 …… 44
三、最高最佳使用原则 …… 45
四、估价时点原则 …… 46
五、替代原则 …… 47
六、谨慎原则 …… 48
小结 …… 48
复习思考题 …… 48
案例分析 …… 49

第四章　市场比较法 …… 50
第一节　市场比较法概述 …… 51
一、市场比较法的概念 …… 51
二、市场比较法的理论依据 …… 51
三、市场比较法的适用条件和适用范围 …… 52
四、市场比较法的操作步骤 …… 53
第二节　可比实例的选择 …… 53
一、搜集交易实例 …… 53
二、可比实例的选取 …… 56
三、价格可比基础的建立 …… 57
第三节　各项修正计算 …… 60
一、交易情况修正 …… 60
二、交易日期修正 …… 66
三、房地产状况修正 …… 68
四、求取比准价格 …… 71
第四节　市场比较法运用举例 …… 73
一、市场比较法的总结 …… 73
二、市场比较法运用举例 …… 74
小结 …… 80
复习思考题 …… 80
案例分析 …… 81

第五章　收益还原法 …… 83
第一节　收益还原法概述 …… 85
一、收益还原法的概念 …… 85
二、收益还原法的理论依据 …… 85
三、收益还原法的适用范围 …… 86
四、收益还原法的操作步骤 …… 86
第二节　收益还原法的计算公式 …… 86
一、货币时间价值 …… 86
二、收益还原法不同情形下的计算公式 …… 89
第三节　纯收益、还原利率及收益年限的确定 …… 95
一、纯收益的确定 …… 95

二、还原利率的确定 …… 98
三、收益年限的确定 …… 102
第四节 收益还原法运用举例 …… 103
小结 …… 106
复习思考题 …… 106
案例分析 …… 107

第六章 成本法 …… 108
第一节 成本法概述 …… 109
一、成本法的概念 …… 109
二、成本法的理论依据 …… 110
三、成本法适用的估价对象 …… 110
四、成本法的操作步骤 …… 111
第二节 房地产价格的构成 …… 111
一、土地取得成本 …… 112
二、开发成本 …… 112
三、管理费用 …… 114
四、销售费用 …… 114
五、销售税费 …… 114
六、投资利息 …… 114
七、开发利润 …… 114
第三节 成本法的基本公式 …… 115
一、适用于新开发的土地的基本公式 …… 115
二、适用于新建房地产的基本公式 …… 116
三、适用于旧的房地产的基本公式 …… 117
第四节 重新购建价格 …… 118
一、重新购建价格的概念 …… 118
二、建筑物重新购建价格的求取方式 …… 118
三、重新购建价格的求取思路 …… 118
四、建筑物重新购建价格的求取方法 …… 119
第五节 建筑物折旧 …… 121
一、建筑物折旧的概念和原因 …… 121
二、建筑物折旧的求取方法 …… 122

小结…………………………………………………………………………………… 128
复习思考题……………………………………………………………………………… 128
案例分析………………………………………………………………………………… 128

第七章 假设开发法……………………………………………………………… 129
第一节 假设开发法的基本原理…………………………………………………… 130
一、假设开发法的含义和理论依据 …………………………………………… 130
二、假设开发法的前提条件与适用范围 ……………………………………… 131
第二节 假设开发法的基本公式…………………………………………………… 132
一、假设开发法的基本公式 …………………………………………………… 132
二、假设开发法的具体计算公式 ……………………………………………… 132
三、假设开发法估价的程序和内容 …………………………………………… 133
第三节 假设开发法应用实例……………………………………………………… 136
小结…………………………………………………………………………………… 138
复习思考题……………………………………………………………………………… 138
案例分析………………………………………………………………………………… 139

第八章 其他估价方法…………………………………………………………… 141
第一节 长期趋势法………………………………………………………………… 141
一、长期趋势法的基本原理 …………………………………………………… 141
二、平均增减趋势法 …………………………………………………………… 142
三、移动平均趋势法 …………………………………………………………… 144
四、数学曲线拟合法 …………………………………………………………… 145
五、指数修匀法 ………………………………………………………………… 146
第二节 路线价法…………………………………………………………………… 146
一、路线价法的基本原理 ……………………………………………………… 146
二、路线价法的适应范围 ……………………………………………………… 147
三、路线价法的操作步骤 ……………………………………………………… 147
小结…………………………………………………………………………………… 152
复习思考题……………………………………………………………………………… 152
案例分析………………………………………………………………………………… 152

第九章 房地产估价实务 …… 154
第一节 房地产估价程序 …… 154
一、房地产估价程序的概述 …… 154
二、获取和受理业务 …… 155
三、拟定估价作业方案 …… 158
四、搜集估价所需资料 …… 160
五、实地查勘估价对象 …… 161
六、选定估价方法计算 …… 163
七、确定估价结果 …… 164
八、撰写估价报告 …… 165
九、估价资料归档 …… 165
第二节 房地产估价报告 …… 166
一、房地产估价报告的概念 …… 166
二、房地产估价报告的形式 …… 167
三、房地产估价报告的构成要素 …… 167
四、估价报告常见错误分析 …… 174
小结 …… 176
复习思考题 …… 176
案例分析 …… 176

附录 1 中华人民共和国国家标准房地产估价规范 …… 177
附录 2 房地产委托估价协议书 …… 192
附录 3 中华人民共和国城市房地产管理法(2007 修正) …… 195
附录 4 房屋完损等级评定标准(试行) …… 203
附录 5 中华人民共和国国务院令 …… 210
附录 6 中华人民共和国主席令 …… 215
附录 7 中华人民共和国建设部令 …… 225
附录 8 房地产估价报告 …… 234

第一章 概 述

【学习目标】

1. 理解房地产估价的基本涵义；

2. 了解房地产估价的现实需要以及中国房地产行业的发展状况。

【案例导入】

李先生进行投资，欲将其拥有的房地产作抵押向银行申请贷款，他设想选择其所拥有的三套房屋中价值最大的一套作为抵押物，但他不知道这三套房屋哪套作为抵押物的价值会最大。于是，他去向专业投资顾问刘女士咨询，并要求获得迅速答复。在刘女士的要求下，李先生简单介绍了三套房屋的基本状况，如下：

A 房屋位于甲级地段，是他与朋友赵先生共同投资购买的，建筑面积 152.5 平方米，房型为三室二厅，楼龄 2 年；

B 房屋位于乙级地段，是他独资购买的，建筑面积 80.2 平方米，房型为二室二厅，楼龄 3 年；

C 房屋位于丙级地段，是他独资购买的，建筑面积 148.6 平方米，房型为三室二厅，楼龄 5 年。

尽管李先生很着急，刘女士也很想帮他，但刘女士说无法立即给李先生建议。

问题：如果李先生向你咨询，你能否立即答复他？为什么？

第一节 房地产估价的基本认识

一、房地产估价的含义

估价是对价格或价值进行评价。

房地产估价全称房地产价格评估，就是对房地产进行估价，也就是说，由持有“房地产估价人员岗位合格证书”或“房地产估价师注册证”的专业人员，根据估价目的，遵循估价原则，按照估价程序，运用估价方法，在综合分析影响房地产价格因素的基础上，结合估价经验及对影响房地产价格因素的分析，对房地产的特定权益，在特定时间最可能实现的合理价格所作出的估计、推测与判断。它实质上不是估价人员的定价，而是模拟市场价格形成过程将房地产价格显现出来，它具有专业性、技术性、复杂性，是科学、艺术和经验三者的结合。其主要有以下几种影响因素。

（一）房地产估价师

房地产估价师是指经全国统一考试，取得“房地产估价师执业资格证书”，并注册登记后从事房地产估价活动的人员。

合格的房地产估价师应具备以下素质：

(1) 扎实的估价理论知识；

(2) 丰富的估价实践经验；

(3) 良好的职业道德修养。

知识小贴士：房地产估价师执业资格考试

房地产估价师考试是由国家建设部与人事部共同组织的考试，该考试包括以下四个科目：《房地产基本制度与政策》、《房地产开发经营与管理》、《房地产估价理论与方法》、《房地产估价案例与分析》。四个科目全部合格即可取得房地产估价师执业资格。

凡中华人民共和国公民，遵纪守法并具备下列条件之一者，可申请参加房地产估价师执业资格考试：

（一）取得房地产估价相关学科（包括房地产经营、房地产经济、土地管理、城市规划等，下同）中等专业学历，具有8年以上相关专业工作经历，其中从事房地产估价实务满5年；

（二）取得房地产估价相关学科大专学历，具有6年以上相关专业工作经历，其中从事房地产估价实务满4年；

（三）取得房地产估价相关学科学士学位，具有4年以上相关专业工作经历，其中从事房地产估价实务满3年；

（四）取得房地产估价相关学科硕士学位或第二学位、研究生班毕业，从事房地产估价实务满2年；

（五）取得房地产估价相关学科博士学位的；

（六）不具备上述规定学历，但通过国家统一组织的经济专业初级资格或审计、会计、统计专业助理级资格考试并取得相应资格，具有10年以上相关专业工作经历，其中从事房地产估价实务满6年，成绩特别突出的。

获准在中华人民共和国境内就业的外籍人员及港澳台地区的专业人员，符合上述规定的，也可报名参加房地产估价师执业资格考试。

房地产估价师资格考试各科目合格标准均为60分（各科目试卷满分均为100分）。

考试成绩实行两年为一个周期的滚动管理办法，参加全部4个科目考试的人员必须在连续的两个考试年度内通过全部科目；免试部分科目的人员必须在一个考试年度内通过应试科目。

（二）估价目的

指一个具体估价项目的估价结果的期望用途，具体有土地使用权出让、转让，房地产转让租赁、抵押、典当、保险、课税、征用拆迁补偿、损害赔偿、分割、合并、纠纷、涉案,以及企业合资、合作、合并、兼并、分立、买卖等。

(三) 估价原则

指人们在房地产估价的反复实践和理论探索中,在认识房地产价格形成和运动客观规律的基础上,总结出的一些简明扼要的进行房地产估价所依据的法则或标准。

(四) 估价程序

指一个房地产估价项目运作全过程中的各项具体工作,按照其相互联系排列出的先后进行次序。

(五) 估价方法

房地产估价不能单纯依靠估价人员的经验进行主观判断,还必须采用科学的估价方法进行测算。

(六) 影响房地产价值的因素

影响房地产价值的因素有环境、人口、经济、社会、行政、心理、国际等方面。在不同时期、不同地区,对于不同类型的房地产,各种因素引起房地产价格变动的方向、程度等是不尽相同的。

(七) 估价时点

指估价结果对应的日期,如 2011 年 7 月 1 日。

知识小贴士:现代房地产估价的起源

现代房地产估价起源于英国。英国将为承包商服务的技术人员统称为工程师,为业主服务的技术人员统称为测量师。英国测量师相当于我国的房地产估价师、土地估价师、资产评估师和监理工程师。英国测量师俱乐部成立于 1792 年。随后,于 1834 年和 1846 年分别成立了土地测量师俱乐部和测量师协会。1868 年在此基础上成立了英国测量师学会,并于 1881 年由维多利亚女王授予皇家特许状,1921 年获颁"皇家赞助"荣誉。从 1946 年起,"英国皇家特许测量师学会"的名称一直沿用至今,目前已发展成为一个拥有 5 万余成员的庞大专业团体。受英国影响,其他国家如新西兰、前西德、美国、日本、韩国等也分别于 1910 年、1932 年、1935 年、1963 年、1972 年开始建立自己的房地产估价制度。

中国的房地产估价,是在 1978 年以后的改革开放大潮中,随着改革土地使用制度和推行房屋商品化政策的实施,房地产成为商品可进入市场流通而出现的。中国的房地产估价起步虽晚,但发展较快,并得到了政府和社会的高度重视,其发展过程将在本章第三节详细介绍。

房地产估价在维护房地产市场秩序、保护房地产权利人和利害关系人的合法权益、防范金融风险、增进社会和谐等方面发挥着独特的积极作用。目前,无论是房地产的买卖、交换、租赁、入股、抵押、典当、保险、课税、征用拆迁补偿、析产、纠纷处理,还是企业的合资、合作、租赁经营、承包经营、股份制改造、买卖、合并、兼并、分设、破产清算、结业清算、清产核资,以及房地产的投资决策、管理和会计成本分析等,都需要房地产估价。房地产估价也是房地产开发经营过程中一项必不可少的基础性工作,随着社会经济的不断发展,房地产估价的应用领域将越来越广。

知识小贴士:中国房地产行业的现状

金融货币政策对房地产行业的需求有着决定性意义,是决定房地产市场冷热的绝对推动力。货币扩张将降低利率,降低房地产开发企业和购房者的融资成本,从而提高房地产价格。房地产价格上升,房地产开发企业的利润提高,因此,房地产开发投资的规模也上升,从而拉动总产出上升。在适度宽松货币政策影响下,房地产市场出现购销两旺的局面。

为了遏制房价过快上涨,2010 年中央出台了一系列房地产调控政策,经济手段和行政手段并用,从抑制需求、增加供给、加强监管等方面对中国房地产市场进行了全方位的调控,与往年不同,2010 年的房地产政策紧盯市场变化持续出台,政策力度不断加强并一直延续到 2011 年。

调控政策密度、严厉程度超出市场预期,特别是明确提出"房价控制目标",加上限购措施的大力度、大范围执行,将大大改变参与各方预期,特别是购房者(包括投资者)对未来房价上涨的预期将因此得到显著抑制。另一方面,二套房首付提高、营业税征收从严、加息等政策也将大大增加购房者的资金成本和未来的交易成本,也将增加投资性购房的获利风险。

一线城市由于经济发展水平高、发展前景看好、市场辐射力强,在当前全社会货币流动性充裕的背景下,仍将拥有强劲的市场需求。然而在一线城市土地价格大幅上涨、购房负担明显高于二三线城市的大背景下,一线城市的市场份额呈下降趋势。正是由于一线城市各方面的压力和政策的调控,同时未来中国城市化重心将更多转向二三线城市及中小城市,住房市场的发展空间也会相应转移,所以曾以北京、上海、深圳、广州等一线城市为主"战场"的中国房地产,将逐步向二三线城市转移。

新一轮房地产调控政策,使一线城市土地供应进一步受限,难与少数央企争地的开发商加快向中小城市转移。此外,由于高铁等大大改变了交通格局,中小城市的城市化提速,也为房价上涨打开了新通道。相对于一线城市发展已较为成熟稳定的市场,二三线城市的房地产市场正处于快速的上升周期。随着区域一体化的推进,城市化进程加速,二三线城市房地产市场的刚性需求也随之增加,为二三线城市房地产发展带来了新的契机和空间。

来源于《2010—2011 年中国房地产行业发展研究报告》

第二节　房地产估价的现实需要

一、理论上的必要性

资产只有同时具有独一无二和价值量大的两个特性，才真正需要专业估价。因此真正需要专业估价的，主要有房地产、古董、名家艺术品、珠宝玉石、矿业权，以及某些无形资产和企业整体资产。由于估价对象的性质不同，并不是同一个估价师就能胜任的，只有本专业的估价师才能胜任。

由于房地产具有不可移动、独一无二和价值量大等特性，房地产市场是“不完全市场”，且市场信息不对称，不会自动地形成常人容易识别的适当价格，有许多阻碍房地产价格合理形成的因素，在其判断中要求有专门的知识和经验，所以，需要专业估价人员提供市场信息，进行替代市场的估价。房地产估价有助于建立合理的房地产交易秩序，促进房地产公平交易，将房地产价格导向正常化。

二、现实上的必要性

(一) 房地产买卖、租赁的需要

房地产由于具有独一无二的特性，使其不像一般商品那样有一个统一的价格，可以说每宗房地产的价格都不相同；并且，由于一般的单位或个人不是专业从事房地产买卖、租赁的，对房地产市场行情不易掌握，因此，在房地产买卖、租赁时往往需要请专业的房地产估价机构为其提供价格、租金参考。

(二) 房地产抵押、典当的需要

为了了解用于抵押的房地产的价值，银行一般会要求借款人委托银行信任的估价机构来估价，以此作为放款限额的参考依据；有时银行也需要对该用于抵押的房地产进行估价，以核实其价值。在房地产典当中，典价的确定也需要通过房地产估价来提供参考依据。

(三) 房地产保险和损害赔偿的需要

房地产估价对与房地产保险来说，其意义体现在两个方面：一是在投保时需要评估保险价值，为确定保险金额提供参考依据；二是在保险事故发生后需要评估所遭受的损失或重置价格、重建价格，为确定赔偿金额提供参考依据。

其他方面的房地产损害赔偿，也需要房地产估价为赔偿损失提供依据。例如，施工挖基础不慎使邻近房屋倾斜造成房地产价值损失；由工程质量问题（如墙体裂缝）造成的房地产价值损失；建造房屋影响了相邻房屋采光等造成的相邻房地产价值损失；使他人房地产受到污染造成的房地产价值损失；因对房地产权利行使不当限制（如错误查封）使房地产权利人遭受的损失，等等。

（四）房地产税收的需要

为掌握切实可靠的课税依据，避免偷税漏税和课税不公平，税务机关和纳税义务人都需要对房地产进行估价。特别是税务机关，要拿出科学公正的房地产评估价值来说服纳税义务人。

（五）房地产征收、征用的需要

房地产是生产和生活不可缺少的基础要素，国家有时为了公共利益的需要，不得不对土地和公民的私有房屋实行征收或者征用。尽管征收、征用是为了公共利益的需要，但都不能是无偿的，必须依法给予补偿，而确定补偿的标准或金额就需要专业的房地产估价。

（六）房地产纠纷调处和有关司法鉴定的需要

房地产纠纷是有关当事人对房地产买卖、交换、租赁、抵押、抵债、损害赔偿、土地征用、房屋拆迁等过程中有关房地产的价值、价格、租金、赔偿金额、补偿金额等持有不同的看法。解决这类纠纷无疑需要公正、权威的房地产估价，以提供有说服力的，能让纠纷双方或有关仲裁及鉴定机构接受的价值、价格、租金、赔偿金额、补偿金额等参考依据。

房地产纠纷是由遗产分配、共有财产分割等引起的纠纷。在这些情况下通常难以采用实物分配或分割的方法解决，因为在许多情况下房地产以实物形态难以分割，有时如果这样做就会破坏房地产的使用价值，所以合理的分配或分割实际上是对房地产价值形态的划分。例如夫妻离婚，原共有的一套住房不宜实物分割，多数情况是由其中一方得该套住房，同时按该套住房市场价值的一半向对方支付现金或等价物。这就需要房地产估价。

对于各类房地产违法行为，衡量违法情节轻重的参考依据之一，不仅是房地产的实物量，而且应考虑房地产的价值量。这也需要房地产估价。

（七）企业发生有关经济行为的需要

以房地产作价入股或者以房地产为条件进行合资、合作等情形大量存在，如一方提供土地、房屋，另一方或者多方提供资金、设备，特别是一方提供土地，另一方或者多方提供资金，合资、合作开发经营房地产，然后依据一定比例确定双方的利益分配。当企业发生这些经济行为时，往往需要对所涉及的房地产进行估价。

（八）房地产管理的需要

中国经济体制改革将过去高度集权的计划经济转变为市场经济，相应地对于各类资产的管理从过去单纯的实物管理转到重视价值管理，即不仅需要搞清楚资产的实物量，更需要搞清楚资产的价值量。在这种情况下，房地产管理也不能仅停留在有多少数量的土地和房屋上，更需要搞清楚这些房地产的价值量以及它们的增值或贬值情况。这就需要房地产估价。

（九）其他方面的需要

除了上面列举的之外，现实中对房地产估价的需要还来自许多方面。例如：房地产实物交换，由于完全等值的房地产交换很少，交换双方往往需要找补差价；设立公司时以房地产作价出资；借款到期，借款人无力偿还，只好被法院强迫以房地产抵债；出国需要提供财产价值证明；离婚、继承遗产等需要处分房地产；在房地产强制拍卖（拍卖保留价）、抵债、拆迁补偿、损害赔偿等估价中，往往出现某一方对原估价结果有异议而要求对原估价结果进行复核或鉴定。所有这些都需要房地产估价提供相关价值依据。在房地产开发经营中，从房地产开发投资的可行性研究到开发完成后的房地产租售等，也都离不开房地产估价。有时还需要把房地产的购买价格在土地和建筑物之间进行分配，这也需要房地产估价。

第三节　中国房地产估价行业发展概况

中国房地产估价行业是一个古老而又新兴的行业。中国房地产估价活动历史悠久、源远流长，上千年前就产生了有关房地产价值及其评估思想的萌芽，伴随着土地和房屋的买卖、租赁、课税、典当等活动的陆续出现，房地产估价活动应运而生。但在20世纪50年代至70年代这段时期，随着废除房地产私有制，禁止房地产买卖、租赁等活动，中国房地产估价活动基本上消失。直到1978年以后，在改革开放的背景下，随着城镇国有土地有偿使用和房屋商品化的推进，中国的房地产估价活动开始复兴。特别是自20世纪80年代末以来，中国房地产估价行业快速发展，估价业务数量持续增长，估价法律法规不断完善，估价标准体系逐步健全，估价技术、方法日趋成熟，估价专业队伍日益壮大，估价执业行为更加规范，估价服务质量明显提高，估价行业的社会影响显著提升。逐步建立起政府监管、行业自律、社会监督的管理体制，基本形成了公平竞争、开放有序、监管有力的房地产估价市场。房地产估价在维护房地产市场秩序、保护房地产权利人和利害关系人的合法权益，防范金融风险、增进社会和谐等方面发挥着独特的积极作用。

下面就中国现代房地产估价行业发展的几个主要方面作一一介绍。

一、以法律形式确立了房地产估价的地位

1994年7月5日公布的《城市房地产管理法》第三十三条规定"国家实行房地产价格评估制度"，第五十八条规定"国家实行房地产价格评估人员资格认证制度"，这两条规定，明确赋予了房地产估价的法律地位，使房地产估价成为国家法定制度。

二、建立了房地产估价师执业资格制度

执业资格制度是对关系公共利益和人们生命财产安全的关键领域和岗位，实行准入控制的一项制度，属于以公民作为颁发对象的资格制度。1993年，借鉴美国等发达国家和地区的经验，人事部、建设部共同建立了房地产估价师执业资格制度，经严格考核，认定了首批140名房地产估价师，这是中国最早建立的专业技术人员执业资格制度之一。1994年，认定了第二批206名房地产估价师。

1995年3月22日，建设部、人事部联合发出了《关于印发〈房地产估价师执业资格制度暂行规定〉和〈房地产估价师执业资格考试实施办法〉的通知》（建房〔1995〕147号）。从

1995 年开始，房地产估价师执业资格实行全国统一考试制度，2002 年之前原则上每两年举行一次，2002 年之后每年举行一次。从 2001 年起，获准在中华人民共和国境内就业的外籍专业人员和港澳台专业人员，可以按照建房〔1995〕47 号文件规定，报名参加全国房地产估价师执业资格考试。

2003 年 8 月 12 日国务院发布了《关于促进房地产市场持续健康发展的通知》(国发〔2003〕18 号)，通知指出：要健全房地产中介服务市场规则，严格执行房地产估价师执(职)业资格制度。

三、设定了房地产估价师资格和房地产估价机构资质行政许可项目

行政许可是指行政机关根据公民、法人或者其他组织的申请，经依法审查，准予其从事特定活动的行为。为了规范行政许可的设定和实施，保护公民、法人和其他组织的合法权益，维护公共利益和社会秩序，保障和监督行政机关有效实施行政管理，2003 年 8 月 27 日中华人民共和国主席令第 7 号公布了《中华人民共和国行政许可法》，自 2004 年 7 月 1 日起施行。2004 年 6 月 29 日国务院令第 412 号公布的《国务院对确需保留的行政审批项目设定行政许可的决定》指出："依照《中华人民共和国行政许可法》和行政审批制度改革的有关规定，国务院对所属各部门的行政审批项目进行了全面清理。由法律、行政法规设定的行政许可项目，依法继续实施；对法律、行政法规以外的规范性文件设定，但确需保留且符合《中华人民共和国行政许可法》第十二条规定事项的行政审批项目，根据《中华人民共和国行政许可法》第十四条第二款的规定，现决定予以保留并设定行政许可，共 500 项。"

"房地产估价师执业资格注册"是《城市房地产管理法》设定的行政许可项目(即原第五十八条规定："国家实行房地产价格评估人员资格认证制度")，依法继续实施；"房地产估价机构资质核准"是国务院决定予以保留并设定行政许可的 500 项之一(第 110 项)。此外，"房地产估价师执业资格审批"作为国务院决定予以保留并设定行政许可的 500 项之一(第 84 项)"列入政府管理范围的专业技术人员职业资格审批"行政许可项目中的一项，也是一种行政许可。因此，无论是房地产估价师资格，还是房地产估价机构资质，都是行政许可项目。

行政许可的资格、资质可以说是"行业准入条件"。《行政许可法》第八十一条规定："公民、法人或者其他组织未经行政许可，擅自从事依法应当取得行政许可的活动的，行政机关应当依法采取措施予以制止，并依法给予行政处罚；构成犯罪的，依法追究刑事责任。"因此，不论是何种估价目的、何种类型的房地产估价活动，包括公司上市、资产处置、企业清算，等等，只有注册房地产估价师和房地产估价机构才能够从事，不是房地产估价机构出具和注册房地产估价师签名的关于房地产价值的评估报告，不具有法律效力。

四、发布了房地产估价的部门规章和规范性文件

在房地产估价师管理方面，为了加强对房地产估价师的管理，完善房地产估价制度和房地产估价人员资格认证制度，规范注册房地产估价师行为，维护公共利益和房地产估价市场秩序，1998 年 8 月 20 日建设部发布了《房地产估价师注册管理办法》(建设部令第 64 号)。2001 年 8 月 5 日发布了《建设部关于修改(房地产估价师注册管理办法)的决定》

(建设部令第 100 号)。在对该办法再次进行修改、补充、完善的基础上,2006 年 12 月 25 日建设部发布了《注册房地产估价师管理办法》(建设部令第 151 号)。

在房地产估价机构管理方面,为了规范房地产估价机构行为,维护房地产估价市场秩序,保障房地产估价活动当事人合法权益,1997 年 1 月 9 日建设部颁布了《关于房地产价格评估机构资格等级管理的若干规定》(建房〔1997〕12 号)。在对该规定进行修改、补充、完善的基础上,2005 年 10 月 12 日建设部发布了《房地产估价机构管理办法》(建设部令第 142 号)。为了进一步规范房地产估价机构资质许可行为,加强对房地产估价机构的日常监管,2006 年 12 月 7 日建设部发出了《关于加强房地产估价机构监管有关问题的通知》(建住房〔2006〕294 号)。

另外,2002 年 8 月 20 日建设部发出了《关于建立房地产企业及执(从)业人员信用档案系统的通知》(建住房〔2002〕192 号),决定建立包括房地产估价机构和房地产估价师在内的房地产企业及执(从)业人员信用档案系统。房地产企业及执(从)业人员信用档案的内容包括基本情况、业绩及行为等,以便为各级政府部门和社会公众监督房地产企业市场行为提供依据,为社会公众查询企业和个人信用信息提供服务,为社会公众投诉房地产领域违法违纪行为提供途径。

上述部门规章和规范性文件,对房地产估价活动的市场准入、行为规范、市场监管等作了明确规定,推动了房地产估价行业的规范、健康发展。

五、制定了房地产估价国家标准和相关指导意见

为了规范房地产估价行为,统一房地产估价程序和方法,使房地产估价结果客观、公正、合理,1999 年 6 月 1 日建设部会同原国家质量技术监督局联合发布了国家标准《房地产估价规范》(GB/T50291-1999)。其内容包括:总则、术语、估价原则、估价程序、估价方法、不同估价目的下的估价、估价结果、估价报告、职业道德等。

此外,针对不同的估价目的,建设部会同有关主管部门出台了相应的指导意见。例如,为规范国有土地上房屋征收估价行为,维护拆迁当事人的合法权益,2003 年 12 月 1 日建设部印发了《城市房屋拆迁估价指导意见》(建住房〔2003〕234 号),对房屋征收估价主体资格、估价时点、价值标准、估价方法、初步估价结果公示、估价报告答疑、估价结果异议的解决等作了规定。为了规范房地产抵押估价行为,保证房地产抵押估价质量,维护房地产抵押当事人的合法权益,防范房地产信贷风险,2006 年 1 月 13 日建设部、中国人民银行、中国银行业监督管理委员会联合出台了《房地产抵押估价指导意见》(建住房〔2006〕8 号)。

同时,一些地方也发布了房地产估价相关标准或实施细则。例如,为维护房屋买卖当事人的合法权益,有效解决房屋质量缺陷引发的经济纠纷,规范房屋质量缺陷损失评估行为,统一评估程序和方法,使评估结果客观、公正、合理,2005 年 11 月 28 日北京市建设委员会发布了《北京市房屋质量缺陷损失评估规程》。

六、成立了房地产估价行业自律性组织

1994 年 8 月 15 日,经民政部批准,成立了“中国房地产估价师学会”这一全国性的房地产估价行业自律性组织。2004 年 7 月 12 日,经建设部同意、民政部批准,更名为“中国

房地产估价师与房地产经纪人学会”(中文简称为中房学,英文名称为 China Institute of Real Estate Appraisers and Agents,缩写为 CIREA),成为全国性的房地产估价和经纪行业自律性组织,由从事房地产估价经纪活动的专业人士、机构及有关单位组成,依法对房地产估价和经纪行业进行自律管理,下设考试注册、教育培训、学术、标准、国际交流等五个专业委员会。其宗旨为:开展房地产估价和经纪研究、交流、教育及宣传活动,拟订并推行相关技术标准和执业规则,加强行业自律管理,开展国际交流合作,不断提升房地产估价与经纪人员及机构的专业胜任能力和职业道德水平,维护其合法权益,促进房地产估价与经纪行业规范健康持续发展。其主要业务范围:组织开展房地产估价与经纪理论、方法及其应用的研究、交流和考察;拟订并推行房地产估价与经纪技术标准、执业规则;协助行政主管部门组织实施全国房地产估价师、房地产经纪人执业资格考试;办理房地产经纪人执业资格注册;开展房地产估价与经纪业务培训,对房地产估价师、房地产经纪人进行继续教育,推动知识更新;建立房地产估价师和房地产估价机构、房地产经纪人和房地产经纪机构信用档案,开展房地产估价机构和房地产经纪机构资信评价;提供房地产估价与经纪技术支持服务和咨询;编辑出版房地产估价和经纪刊物、著作,建立网站,开展行业宣传;代表中国房地产估价和经纪行业开展国际交往活动,参加相关国际组织;向政府有关部门反映会员的意见、建议和要求,维护会员的合法权益,支持会员依法执业;办理法律、法规规定和行政主管部门委托或授权的其他有关工作。

北京、上海、天津、重庆、广东、内蒙古、海南、江苏、浙江等省、自治区、直辖市,甚至深圳、广州、大连、武汉、成都、郑州等城市,也先后成立了地方性的房地产估价行业自律性组织。

房地产估价行业自律性组织按照“提供服务、反映诉求、规范行为”的要求,坚持“服务会员、服务行业、服务社会”的理念,在宣传行业积极作用、维护行业合法权益、加强行业自律管理、促进行业健康发展等方面发挥着重要作用。

七、形成了较完善的房地产估价理论方法体系

房地产估价理论和方法的研究受到了高度重视,建立了一批教育科研和人才培养基地。特别是高等院校、科研院所的一大批高水平研究人员,积极参与房地产估价理论和方法的研究,借鉴美国、英国、德国、日本等发达国家以及中国台湾和香港地区房地产估价的最新成果,结合内地的实际,丰富和发展了内地的房地产估价理论和方法,房地产估价的相关理念、观念与国际上的基本一致,形成了既与国际接轨又适用于中国现行房地产制度及市场条件的房地产估价理论和方法体系。

八、形成了公平竞争的房地产估价市场

2000 年以前,由于特殊的历史原因,绝大多数房地产估价机构挂靠于政府部门或者其下属单位的事业单位或企业。这些房地产估价机构本质上是政府部门的延伸,垄断了房地产估价业务,不利于房地产估价市场的发育。为建立、健全与社会主义市场经济相适应的中介机构管理体制和符合市场经济要求的自律性运行机制,促进中介机构独立、客观、公正地执业,使中介机构真正成为自主经营、自担风险、自我约束、自我发展、平等竞争的经济组织,2000 年 5 月 29 日,国务院清理整顿经济鉴证类社会中介机构领导小组提出

了《关于经济鉴证类社会中介机构与政府部门实行脱钩改制的意见》,要求包括房地产估价机构在内的中介机构必须与挂靠的政府部门及其下属单位在人员、财务(包括资金、实物、财产权利等)、业务、名称等方面彻底脱钩。2000 年 7 月 14 日,国务院办公厅转发了《关于经济鉴证类社会中介机构与政府部门实行脱钩改制的意见》,要求认真贯彻执行;根据这些要求,建设部大力推进房地产估价机构与政府部门脱钩,使其改制成为主要由注册房地产估价师个人出资设立的有限责任公司或者合伙企业。脱钩改制打破了行业垄断和地区市场分割的局面,形成了公平竞争的房地产估价市场。2005 年出台的《房地产估价机构管理办法》第四条进一步明确规定:"房地产估价机构依法从事房地产估价活动,不受行政区域、行业限制。"

九、深化拓展了房地产估价业务

房地产估价起初主要服务于房地产交易管理,以防止交易当事人不实申报成交价格而偷漏有关税费。随着社会经济发展,为满足社会需要,从估价对象和估价目的两方面对房地产估价的内容进行了深化,提供越来越精细化的估价服务,包括土地、房屋、构筑物、在建工程、以房地产为主的整体资产、整体资产中的房地产等各类房地产价值评估,以及因转让、抵押、房屋拆迁、损害赔偿、司法鉴定、课税、公司上市、企业改制、资产重组、企业清算、资产处置等需要进行的房地产价值评估。

此外,房地产估价以房地产价值评估为中心,还提供房地产市场调研、房地产投资项目可行性研究、房地产开发项目策划等相关房地产专业服务,拓宽了服务领域。随着社会经济发展,房地产估价的内容还会越来越深化,服务领域还将越来越广阔,其作用也会越来越大。

十、积极开展了国际交流合作

中国房地产估价师与房地产经纪人学会同国际测量师联合会(International Federation of Surveyors, FIG)、国际估价标准委员会、世界估价组织协会(World Association of Valuation Organisations, WAVO)三个估价相关的国际组织,美国估价学会(Appraisal Institute, AI)、英国皇家特许测量师学会等国外估价组织,以及香港测量师学会等地区估价组织,建立了紧密联系,合作开展了多项活动。

2006 年 10 月 13 日,中国房地产估价师与房地产经纪人学会加入了国际测量师联合会,成为其全权会员。国际测量师联合会成立于 1878 年,是联合国认可的非政府组织(NGO),是各国测量师(包括估价师)组织的联合会,设有 10 个专业委员会(Commission),房地产估价属于其中的第 9 专业委员会——房地产估价与管理委员会(Valuation and the Management of Real Estate)。

2005 年 10 月 17 日至 18 日,中国房地产估价师与房地产经纪人学会同国际测量师联合会、香港测量师学会在中国西安联合举办了主题为"社会经济环境变革与房地产估价服务的国际房地产评估论坛,围绕着估价师的社会责任、房屋征收估价与社会稳定、抵押估价与金融风险、损害赔偿估价与社会正义、课税估价与社会公平,以及估价机构的治理、业务拓展等问题,展开了广泛而深入的研讨。2007 年 10 月 17 日至 18 日,中国房地产估价师与房地产经纪人学会同世界估价组织协会在中国北京联合举办了主题为"估价专业的地方化与全球化”的国际估价论坛，围绕着不同国家和地区的估价实践，估价专业的地方化与全球化的关系，不同国家和地区的估价组织、估价机构以及估价师之间的竞争与合作，促进不同国家和地区估价行业的共同进步与和谐发展等问题，展开了广泛而深入的研讨。这些大型活动，对扩大中国房地产估价师与房地产经纪人学会在海内外的影响，对中国房地产估价行业的持续健康发展，产生了积极作用。

2003 年 11 月 4 日，本着平等互利的原则，经建设部、人事部、商务部、国务院港澳事务办公室同意，中国房地产估价师学会与香港测量师学会签署了内地房地产估价师与香港测量师资格互认协议书。符合一定条件的内地房地产估价师，可以通过“互认”方式取得香港测量师资格；符合一定条件的香港测量师，可以通过“互认”方式取得内地房地产估价师资格。按照协议书规定，2004 年 3 月，在深圳举行了内地房地产估价师与香港测量师资格互认面授和补充测试。2004 年 8 月 20 日，在北京举办了内地房地产估价师与香港测量师资格互认颁证大会，建设部向获得内地房地产估价师资格的 97 名香港测量师颁发了房地产估价师注册证书，香港测量师学会向获得香港测量师资格的 111 名内地房地产估价师颁发了香港测量师证书。

与市场经济发达国家和地区相比，中国目前的房地产制度、房地产管理体制以及房地产市场等，既有一些特色，也有许多不完善之处，导致了中国目前的房地产估价虽然有许多特点，但是估价对象较为复杂，估价所依赖的前提条件有时很不确定，因而估价的难度较大，主要表现在：① 土地和房屋的所有制不同。土地全部是公有，土地上的房屋可以私人所有，其中的住房绝大部分是私人所有的。② 土地所有制在城乡之间不同。城市的土地，属于国家所有；农村和城市郊区的土地，除由法律规定属于国家所有的以外，皆属于农民集体所有；国家所有的土地(简称国有土地)和农民集体所有的土地(简称集体土地)适用的政策不同。例如，集体土地只有依法转为国有土地后，该幅国有土地的使用权方可有偿出让。征收集体土地和征收国有土地上单位和个人的房屋的补偿规则、补偿方式和补偿费构成等不同。③ 市场上流通的土地权利不是土地所有权而是建设用地使用权，并且通过出让方式取得的建设用地使用权是有使用期限的，通过划拨方式取得的建设用地使用权一般没有规定使用期限。④ 土地和房屋在许多地方分别由不同的部门管理，需要分别进行土地登记和房屋登记，因而土地和房屋的权属证书不统一，甚至土地权属证书和房屋权属证书记载的权利主体、面积、用途等不一致。⑤ 行政管理不到位。例如，规划条件难以事前明确且有较大弹性，房地产登记发证不及时，从而造成估价对象的性质、权属、面积等不清；变更登记不及时或违法违规占地、建筑得不到及时纠正、处理，从而出现实际状况与权属证书记载的情况不一致。⑥ 房地产市场还不够发达，市场运行缺乏规则或者运行规则不能得到严格执行，市场参与者不够理性、成熟，市场成交价格难以真实反映交易对象的实际状况，房地产交易信息不够公开、透明。

因此，目前在实际房地产估价中遇到的问题，许多并不是房地产估价技术方面的问题，也不是房地产估价师、房地产估价机构以及房地产估价行业组织等能够解决的。但是，不论执业的外部环境如何不尽如人意，房地产估价师都应在既有条件下勤勉尽责地做好估价工作，不得违背职业道德做不实估价，并努力通晓房地产估价理论、方法和技巧，熟悉房地产法律法规、制度和政策，掌握房地产开发经营以及建筑、测绘、城乡规划、环境、经济(包括经济学、会计、金融，保险、税收等)、统计、法律等专业知识，深入调查了解当地的房地产市场行情，认真、踏实地完成每一个估价项目。

【小结】

本章主要介绍了房地产估价的含义，房地产估价的基本知识，房地产估价行业的发展及在中国的发展趋势。要求读者理解房地产估价的含义，了解房地产估价的发展和发展趋势。

【复习思考题】

1. 什么是房地产估价？

2. 请分析房地产估价存在的必要性。

第二章　房地产与房地产价格

【学习目标】

1. 掌握房地产的概念、房地产的特性；

2. 了解房地产价格的形成条件，熟悉影响房地产价格的因素，掌握房地产价格的内涵、特征和类型；

3. 掌握影响房地产价格的综合因素。

【案例导入】

原告张某、王某、李某、赵某均为某县物资局职工，自1997年起一直居住在物资局集资建设的两层住宅楼内。2001年6月10日，被告某县建筑公司经县建设局批准，在某县北城开发建成一栋五层商品住宅楼，楼高17米，与原告四人的住宅楼南北相邻，被告的商品住宅严重影响了原告住宅的采光和通风，给其生产、生活造成很大不便，精神上造成很大伤害，经多次交涉无果，原告向法院提起诉讼，请求依法责令排除妨碍，停止侵害。

讨论：原告的请求是否合理？

第一节　房地产的概念

一、房地产的定义

房地产指土地、建筑物及其他地上定着物，是房地产的实物、权益、区位三者的综合体。

(一) 土地

1. 土地的定义

对于房地产估价来说，土地并不是平面的，而是三维立体的，指地球的表面及其上下一定范围内的空间。具体一宗土地的范围可分为三层：① 地面；② 地面以上一定范围内的空间(简称地上空间)；③ 地面以下一定范围内的空间(简称地下空间)。

一宗土地的地面范围，是地球表面的该宗土地的“边界”所围绕的面积。例如，政府出让土地使用权的地块，其范围通常是根据标有坐标点的用地红线图，由城市规划管理部门或土地管理部门，在地块各转点钉桩、埋设混凝土界桩或界石来确认，面积大小依水平投影面积计算。

2. 土地利用所受限制

土地利用所受的限制，分为两个方面：一是受自身能力的限制，如建筑技术、经济实力等；二是受自身能力以外的限制，以下均为这方面的限制。

对土地利用的限制可归纳为三个方面：① 土地权利的设置以及行使的限制；② 房地产相邻关系的限制；③ 土地使用管制。

从土地权利的设置以及行使的限制来看，中国大陆目前主要有所有权、使用权、租赁权、抵押权、典权、地役权。其中，所有权属于自物权，其余属于他物权。他物权是对他人之物所拥有的权利，是对所有权的限制。拿地役权来说，对于供用地而言，它是他人对土地享有一种有限的使用权，字面的意思是该土地为他人服役。地役权在给他人方便时，土地所有人或土地使用权人有可能受到某种损失，所以，地役权的存在会降低土地的价值。

从房地产相邻关系的限制来看，房地产所有人或使用人在自己的房地产内从事工业、农业、商业等活动及行使其他权利时，负有注意防免损害相邻房地产的义务；就相邻房地产所有人或使用人而言，则享有请求房地产所有人、使用人注意防免损害发生的权利。相邻关系的实质，从义务方面来说是对房地产所有权、使用权的一种限制。

在现实中，主要存在两类相邻关系：① 通风、采光、排水、排污的相邻关系。例如，相邻关系人在建造建筑物时，应当照顾到周围相邻人的实际需要，与相邻建筑物保持适当距离并且适当限制其高度，不得妨碍相邻建筑物的通风、采光和日照。② 险情危害的相邻关系。例如房屋内放置易燃、易爆、剧毒、放射性物质、恶臭物件等，相邻人有权请求排除危害。

从土地使用管制来看，对于房地产估价来说，有意义的土地使用管制主要是耕地转为非耕地、农用地转为建设用地以及城市规划。例如，城市规划对土地用途、建筑高度、容积率和建筑密度等的规定。其中，容积率是一块土地上建筑物的总建筑面积与该块土地总面积的比值，即：容积率＝总建筑面积÷土地总面积。容积率有包括±0.00以下地下建筑面积的容积率和不包括±0.00以下地下建筑面积的容积率，故在估价时一定要了解清楚所说的容积率的确切内涵。建筑密度又称建筑覆盖率，通常是指一块土地上所有建筑物的基底总面积占该块土地总面积的比例，即：建筑密度＝建筑基底总面积÷土地总面积。建筑密度有时还采用建筑物的最大水平投影面积占土地总面积的比例来表示。城市规划一般要求建筑物四周留有一定的空地，以作为建筑物的绿地和交通，满足建筑物的通风、采光、防火以及居住者的隐私权等要求。如果各层建筑面积均相同，则有：容积率＝建筑密度×建筑层数，因此：总建筑面积＝土地总面积×建筑密度×建筑层数。

3. 对一宗土地的基本认识

从房地产估价的角度来看，对一宗土地的基本认识主要包括以下几个方面。

(1) 坐落。包括所处的区域和具体地点，可从国家、地区、城市、邻里、地点等五个从宏观到具体的层次来认识。

(2) 面积。此为依法确认的面积，通常以平方米(m^2)表示。

(3) 形状。通常用图(如宗地图)来说明。

(4) 四至。对其描述的顺序最好为东、南、西、北。

(5) 地势。包括地势高低、自然排水状况、被洪水淹没的可能性等。

(6) 周围环境、景观。通常用图片来说明。

(7) 利用现状。包括现状用途；土地上有无建筑物、其他附着物；如果有建筑物、其他附着物，还需要进一步了解该建筑物、其他附着物的情况。

(8) 产权状况。由于土地权利的种类和内容均能影响其价值，因此，进行房地产估价应特别注意调查了解土地权利状况。在中国大陆目前的土地制度下，主要了解是国家所有的土地还是集体所有的土地；是出让土地使用权还是划拨土地使用权。属于出让土地使用权的，其剩余土地使用年限有多长及可否续期；土地取得手续是否完备；是否抵押、典当或为他人提供担保；是否涉案；产权是否有争议；是否为临时用地；是否属于违法占地等。

(9) 地质和水文状况。包括地基的承载力、地下水位的深度等。

(10) 基础设施完备程度和土地的平整程度。是指道路、给水、排水、电力、通讯、燃气、热力等的完备程度和土地的平整程度，即通常所说的"三通一平"、"五通一平"或"七通一平"。所谓"三通一平"，一般是指路通、水通、电通和场地平整；"五通一平"，一般是指具备了道路、给水、排水(包括雨水、污水)、电力、通讯等设施或条件以及场地平整；"七通一平"，一般是指具备了道路、给水、排水、电力、通讯、燃气、热力等设施或条件以及场地平整。

(11) 土地使用管制。对于城市建设用地，土地使用管制即为城市规划限制条件，主要包括：① 土地用途；② 建筑高度；③ 容积率；④ 建筑密度；⑤ 建筑后退红线距离(是规定建筑物应距离城市道路或用地红线的程度)；⑥ 建筑间距；⑦ 绿地率(是指用地红线内绿化用地总面积占土地总面积的比例)；⑧ 交通出入口方位；⑨ 停车泊位；⑩ 建筑体量、体型、色彩，如规定规划设计方案须符合环境保护、消防安全、文物保护、卫生防疫等有关法律、行政法规的规定。

(12) 其他。如临街商业用地还需要了解其临街宽度和深度，农用地还需要了解其土壤、排水和灌溉等。

(二) 建筑物

1. 建筑物的定义

建筑物是最主要的土地定着物，有广义和狭义两种含义。广义的建筑物既包括房屋，也包括构筑物。狭义的建筑物主要指房屋，不包括构筑物。在房地产估价中一般将建筑物作广义理解，建筑物的定义：人工建造的供人们进行生产、生活等活动的房屋或场所，包括房屋和构筑物两大类。其中，房屋是指有基础、墙、顶、门、窗，起着遮风避雨、保温隔热、抵御野兽或他人侵袭等作用，供人们在里面居住、工作、学习、娱乐、储藏物品或进行其他活动的建筑物，一般是由建筑材料、建筑构配件和建筑设备(如给水、排水、采暖、通风与空调、燃气、电梯、电气等设备)等组成的空间场所。构筑物是指人们一般不直接在里面进行生产和生活活动的建筑物，如烟囱、水塔、水井、道路、桥梁、隧道、水坝等。

房屋和构筑物是同一层次的，之间的区别主要有以下两点：① 人们是否直接在里面进行生产或生活活动。人们通常直接在里面进行生产或生活活动的，一般为房屋；人们通常不直接在里面进行生产或生活活动的，一般为构筑物。② 是否有门、窗、顶盖。有门、窗、顶盖的，一般为房屋；没有门、窗、顶盖的，一般为构筑物。当然，有时对于亭子、宝塔之类的建筑物，称其为房屋似乎不妥，称其为构筑物似乎也不妥，一般只好直呼其为建筑物。本书所讲建筑物包括房屋和构筑物。

2. 对建筑物的基本认识

(1) 坐落

包括所处的区域和具体地点，可从国家、地区、城市、邻里、地点等五个方面，由宏观到具体的层次来认识。

(2) 面积

包括:① 建筑面积;② 使用面积;③ 成套房屋的套内建筑面积;④ 其他面积。

对于一般的成套房屋,其套内建筑面积组成如下:

套内建筑面积＝套内房屋使用面积＋套内墙体面积＋套内阳台建筑面积

成套房屋的建筑面积＝套内建筑面积＋分摊的共有建筑面积

(3) 层数和高度

通常根据建筑物的层数或总高度,将建筑物分为低层建筑、多层建筑、高层建筑和超高层建筑。

对于住宅建筑物,一般按照层数划分类型:低层为 1—3 层,多层为 4—6 层,中高层为 7—9 层,高层为 10 层以上,超高层是指 100 米以上。

对于公共建筑及综合性建筑,一般按照高度划分类型:低层为总高度不超过 24 米(含 24 米),高层为总高度超过 24 米(不含 24 米),超高层为总高度超过 100 米。

知识小贴士:中国第一高楼

上海中心大厦项目环境影响报告书正进行网上公示,报告书显示大厦的主楼为 127 层,总高为 632 米,结构高度为 565.5 米,这两个高度均超过了上海环球金融中心,从而成为“上海第一高”。而此前一直占据着中国第一高度的上海环球金融中心,退居第二。此外,机动车停车位布置在地下,可停放 2 000 辆。

上海中心大厦位于浦东的陆家嘴功能区,占地 3 万多平方米,所处地块东至东泰路,南依银城南路,北靠花园石桥路,西临银城中路。

上海中心大厦的“龙型”方案模型,已经悄然进驻上海城市规划馆,高 632 米的上海中心大厦与 421 米的金茂大厦和 492 米的环球金融中心形成“三足鼎立”的态势,另与高 467.9米的东方明珠电视塔共同组成中国的天际线！据悉,上海中心大厦开工前的一系列准备工作已基本完成,约在 2014 年竣工。

作为一幢综合性超高层建筑,上海中心大厦以办公为主,其他业态有会展、酒店、观光娱乐、商业等。大厦分为五大功能区域,包括大众商业娱乐区域,低、中、高办公区域,企业会馆区域,精品酒店区域和顶部功能体验空间。其中,“世界之巅”即功能体验区,有城市展示观看台、娱乐、VIP 小型酒吧、餐饮、观光会晤等功能。另外,在本项目的裙房中还设有容纳 1 200 人的多功能活动中心。

设计方此前就表示大楼将采用多项最新的可持续发展技术,达到绿色环保的要求。此次环评公示显示,在主楼顶层计划布置 72 台 10 千瓦的风力发电设备,对冷却塔进行围护以降低噪音,而绿化率将达到 31.1%。

环评报告认为上海中心大厦项目的建设在环境保护方面是可行的。由于上海中心大厦项目所处区域位置的特殊性,外墙采用反射率较低的玻璃幕墙有一定可行性。但是根据审批要求,玻璃幕墙反射光的影响需要开展专项评价,并向有关部门申请许可。

目前,陆家嘴地区的东方明珠、金茂大厦、上海环球金融中心已经成为三个标志性的登高旅游点,今年 8 月底开放的环球金融中心更是出现了观光旅游和写字楼租赁双双走旺的态势，成为该区域的热点建筑。632 米高的“上海中心”建成后，将创造该区域的高度新纪录，与金茂大厦、环球金融中心组成上海超高层建筑群的“金三角”，与 467.9 米的东方明珠电视塔共同构建中国的天际线。

知识小贴士：世界第一高楼

世界第一高楼迪拜塔(Burj Dubai)，竣工后更名为“哈利法塔”，又称迪拜大厦或比斯迪拜塔，是位于阿拉伯联合酋长国迪拜的一栋已经建成的摩天大楼，有 162 个楼层，总高度 828 米，比台北 101 足足高出 310 米。迪拜塔由韩国三星公司负责建造，2004 年 9 月 21 日开始动工，于 2010 年 1 月 4 日竣工启用。现在，迪拜塔是世界上唯一超过 800 米的大楼。就在迪拜塔刚刚封顶之际，已有恐怖组织宣称要对迪拜塔进行袭击，引起阿联酋上下人心惶惶。

(4) 结构

是指建筑物中由承重构件(基础、墙体、柱、梁、楼板、屋架等)组成的体系。结构一般分为钢结构、钢筋混凝土结构、砖混结构、砖木结构、简易结构。

知识小贴士：建筑物结构类型

房屋结构一般是指其建筑的承重结构和围护结构。房屋在建设之前，根据其建筑的层数、造价、施工等来决定其结构类型。各种结构的房屋其耐久性、抗震性、安全性和空间使用性能是不同的。

常见的房屋结构有砖混结构、钢筋混凝土结构、钢结构等，各种结构有其自身的特点。

砖混结构，就是以砖和钢筋混凝土混合结构。由于砖的生产能够就地取材，因而房屋的造价相对较低。但砖的力学性能较差，承载力小，房屋的抗震性能不好。设计中通过圈梁、构造柱等措施可以使房屋的抗震性能提高，但一般只能建造 7 层以下的房屋。砖混结构的房屋的承重墙厚一般为 370 毫米或 240 毫米，占用房屋的使用面积，降低房屋的有效使用率。另外砖混结构的房屋的楼板较多采用预应力空心楼板，房间开间不能太大，否则，楼板会发生饶度，影响使用和美观，并会给使用人造成一定的心理压力。虽然，现在许多砖混结构的楼板结构采用全现浇的钢筋混凝土，但因砖混结构整体抗震性能限制，开间仍不能设计得太大。砖混房屋受到结构的限制，空间布置不灵活，不能像框架结构那样，用户可以比较随意的根据自己的需要灵活分割、布置空间。

习惯上人们把 370 毫米厚的墙称为“三七墙”、240 毫米厚的墙称为“二四墙”……在工程中厚度大于等于 240 毫米的墙常用做承重墙，小于 240 毫米的墙用做非承重墙。承重墙分为纵向承重墙和横向承重墙，分别承受建筑物上部荷载和纵横方向来的地震力。外墙作承重作用，理应受到充分的关注，非承重墙仅承担自重不承担上部荷重，可作为间隔墙使用。在室内装修中要保证其建筑结构的安全，应高度重视与杜绝装修中“拆墙凿洞”造成危及住宅结构的安全隐患。房屋使用人要树立安全第一的意识，在装修中严禁拆改和损坏主体和承重结构。不得在承重墙上开洞；不得任意扩大门窗洞口；外墙的窗间墙和窗下墙，均是重要的承受荷重的部分，装修工程时不得拆除挑阳台上的窗下墙，这种情况往往造成挑阳台倾覆失稳，造成人身安全事故。在承重墙上任意开凿门窗洞口，不但减少了墙体截面积，也在凿墙过程中造成洞口附近的墙体酥裂，实际受损部位已超出了洞口宽度范围，有可能造成承重墙截面削弱过大，砖砌体已不能满足承载能力及稳定性要求，随时有倒塌的危险。

因砖混房屋受到力学限制并要使用大量的黏土砖，毁坏耕地严重，建设土地利用率不高，在土地资源日益紧缺的今天，城市开发建设的砖混结构房屋量已渐渐减少。但在商品住宅建设中，因其价格较低，公摊面积较小，仍受到许多人的青睐。

钢筋混凝土结构，主要有钢筋混凝土框架结构、剪力墙结构、框架剪力墙结构、框架筒体结构和筒体结构。其中，框架筒体结构和筒体结构应用于超高层建筑结构。

现浇钢筋混凝土结构框架结构一般由梁、板、柱所组成。其特点是框架结构布置灵活，具有较大的室内空间，使用比较方便。框架结构的楼板大多采用现浇钢筋混凝土板。

由于框架结构的柱截面较大，不宜家具布置和装修，影响室内使用，以往在住宅建筑中采用较少。结合框架结构特点，在新建住宅中出现了一种异形柱框架结构和短肢剪力墙结构体系。

异形柱框轻住宅与其他传统结构相比，具有以下特点：由T形边柱、十字形中柱、L形角柱组成框架受力体系，其柱间填充墙与体壁同厚，室内不出现柱楞，便于使用，填充墙采用轻质保温隔热材料，因墙体减薄，与砌体结构相比可增加使用面积。异形柱框轻住宅结构体系和短肢剪力墙结构体系在多高层住宅中的应用方面具有广阔的发展前景。

框架间的填充墙多采用轻质砌体墙。这些轻质墙体材料种类较多，如非承重黏土空心砖、加气混凝土砌块、空心焦渣混凝土砌块、轻钢龙骨石膏板及多种复合轻质隔墙板。这些轻质墙体起围护和分隔空间的作用，装修时可以开洞或拆除。

剪力墙结构，其实就是现浇钢筋混凝土墙，主要承受水平地震荷载，这样的水平荷载对墙、柱产生一种水平剪切力，剪力墙结构由纵横方向的墙体组成抗侧向力体系，它的刚度很大，空间整体性好，房间内不外露梁、柱楞角，便于室内布置，方便使用。剪力墙结构有较好的抗震性能，其不足之处是结构自重大。预应力剪力墙结构常可以做到大空间住宅布局，剪力墙结构形式是高层住宅采用最为广泛的一种结构形式。此时，房间的分隔墙和预应力厨房卫生间分隔墙可采用预制的轻质隔墙来分隔空间，此种方式为装修改造带来了较大的方便之处，也深受广大住户欢迎。

框架剪力墙结构，房屋集成了框架结构和剪力墙结构的优点，空间布置灵活，抗震性能好。

(5) 设备

包括给排水、卫生、燃气、照明、空调、电梯、通信、防灾等设备。

(6) 装修

分为内装修和外装修，需要了解装修的标准和程度、所用材料的品质及装修质量等。

(7) 平面格局

包括平面图、户型图等。

(8) 建成年月

包括开工日期和竣工日期。

(9) 维修养护情况及完损程度

包括地基的稳定性、沉降情况(沉降是否均匀及其程度)等。

(10) 利用现状

包括不同用途的楼层或位置分布和面积。

(11) 产权状况

主要指建筑物的所有权、使用权、他项权利等多种情况。

(12) 外观

包括外观图片等。

(13) 公共服务设施完备程度

对于住宅而言,公共服务设施主要是指教育(如托儿所、幼儿园、中小学)、医疗卫生、文化体育、商业服务、金融邮电等公共建筑的完备程度。写字楼、工业等也要求有相应的公共服务设施。

(14) 其他

如通风、采光、隔声、隔振、隔热、层高、物业管理等情况。

(三) 其他土地定着物

土地定着物也称为地上定着物、土地附着物、地上附着物。其他土地定着物是建筑物以外的土地定着物,是指附属于或结合于土地或建筑物,从而成为土地或建筑物的从物,应在房地产交易中随着土地或建筑物的转让而转让的物,但当事人另有约定的除外。

其他土地定着物与土地或建筑物在物理上不可分离,或者虽然可以分离,但这种分离是不经济的,或者分离后会破坏土地、建筑物的完整性、使用价值或功能,或者会使土地、建筑物的价值明显减损。例如,为了提高土地或建筑物的使用价值或功能,埋设在地下的管线、设施,建造在地上的围坡、假山、水池,种植在地上的树木、花草等。如果仅仅是放进土地或者建筑物中,置于土地或者建筑物的表面,或者与土地、建筑物毗连者,例如,摆放在房屋内的家具、电器,挂在墙上的画,在地上临时搭建的帐篷、戏台等,则不属于其他土地定着物。在实际房地产估价中,估价对象的范围如果不包含属于房地产范畴的其他土地定着物的,应逐一列举说明;未作说明的,应理解为在估价对象的范围内。如果包含房地产以外的财产的,也应逐一列举说明;未作说明的,应理解为不在估价对象的范围内。

二、房地产是实物、权益、区位的综合体

(一) 房地产的实物

房地产的实物是指房地产中看得见、摸得着的部分,可分为有形的实体、该实体的质量以及组合完成的功能等三个方面。

以房屋来说,有形的实体,是该房屋的建筑结构是砖木的还是钢筋混凝土的;实体的质量,是在该房屋都是砖木结构的情况下,它是采用什么质量的砖和木材建造的,或者其施工质量如何;组合完成的功能,是在该房屋均为砖木结构并采用相同质量的砖和木材及

相同的施工质量下，该房屋的平面格局如何。

(二) 房地产的权益

指房地产中无形的、不可触摸的部分，包括权利、利益和收益。

房地产的权益是以房地产权利为基础的，包括房地产的各种权利（如所有权、使用权），受到其他房地产权利限制的房地产权利（如设有抵押权的房屋所有权），受到其他各种限制的房地产权利（如城市规划对房地产用途的限制），以及房地产的额外利益或收益（如屋顶或外墙面可出售或出租给广告公司做广告）等。

房地产权利：中国目前主要有所有权、使用权、租赁权、抵押权、典权、地役权、空间利用权。

1. 房地产所有权

是指房地产所有权人在法律规定的范围内自由支配（包括占有、使用、收益和处分）房地产并排除他人干涉的权利。

房地产所有权包括土地所有权和房屋所有权，其中，土地所有权的所有者包括集体所有和国家所有；房屋所有权的所有者包括国家所有、集体所有、公民个人所有、中外合资房产所有。

2. 房地产使用权

目前主要是土地使用权，是指土地使用者依法对国家或农民集体所有的土地享有占有、使用、收益和部分处分的权利。

土地使用权包括城镇国有土地使用权和集体所有土地使用权。其中，城镇国有土地使用权的取得又有两种，即有偿使用或者行政划拨取得，有偿使用有作价入股、授权使用、有偿出让、土地租赁等四种情况，行政划拨由政府规定具体范围；集体所有土地使用权分为土地承包经营权、宅基地使用权。

3. 房地产租赁权

指以支付租金的方式从房屋所有权人或土地使用权人那里获得的使用房地产的权利。

4. 房地产抵押权

指债权人对债务人或者第三人不转移占有而供作债权担保的房地产，在债务人不履行债务时，就该房地产的变价款有优先受偿的权利。

5. 房地产典权

是指支付典价占有他人房地产而为自己使用、收益的权利。

6. 地役权

为某一土地所有权人或土地使用权人的使用及需要而对另一土地所有权人或土地使用权人所强加的负担，也就是施加于土地（称为供役地）的负担以使其他土地（称需役地）获益的一种物权。

最典型的地役权是在他人土地上通行的权利，这种地役权有时称为通行权。

7. 空间利用权

是指房地产权利人在法律规定的范围内，利用地表上下一定范围内的空间，并排除他人干涉的权利。

（三）房地产的区位

房地产的区位是指一宗房地产与其他房地产或事物在空间方位和距离上的关系。

区位构成因素：地理坐标位置，与重要场所（如市中心、机场等）的距离，可及性，便捷性，以及该宗房地产的周围环境、景观等。最简单和最常见的是用距离来衡量区位的好坏。距离可以分为空间直线距离、交通路线距离和交通时间距离。现在，人们越来越重视交通时间距离而不是空间直线距离。

（四）房地产的其他名称

不动产：土地及土地的定着物；

土地：地球上可被作为财产拥有的任何部分；

物业：港澳地区通常使用"物业"这个词，其实质是房地产，仅叫法不同。

第二节 房地产特性

房地产是一种商品，跟其他商品相比，房地产具有以下的特性。

一、不可移动性

房地产的不可移动性，又称位置固定性，决定了任何一宗房地产只能就地开发、利用或消费，而且要受制于其所在的空间环境（邻里及当地的社会经济），所以，房地产市场不存在全国性市场，更不存在全球性市场，而是一个地区性市场（城市房地产一般是以一个城市为一个市场），其供求状况、价格水平和价格走势等都是当地的，在不同地区之间各不相同。

二、独一无二性

房地产的不可移动性，派生出了其独一无二性，可以说没有两宗房地产是完全相同的。即使两处的建筑物一模一样，但由于坐落的位置不同，周围环境、景观不同，这两宗房地产实质上也是不相同的。

三、寿命长久性

可以说土地具有不可毁灭性，建筑物虽然不像土地那样具有不可毁灭性，但是一经建造完成，寿命通常可达数十年，甚至上百年。在正常情况下，建筑物很少发生倒塌，只是为了土地的更好利用或更高价值才会被拆除。

由于具有寿命长久性，房地产可以给其占用者带来持续不断的利益。但需要说明的是，从具体占用者的角度来看，土地在有些情况下是有寿命的，特别是通过政府出让方式取得的土地使用权是有期限的。

知识小贴士:土地使用权出让的最高年限

国家规定土地使用权出让的最高年限:居住用地为70年,工业用地为50年,教育、科技、文化、卫生、体育用地为50年,商业、旅游、娱乐用地为40年,综合或者其他用地为50年。以出让方式取得土地使用权的,转让房地产后,其土地使用年限为原土地使用权出让合同约定的使用年限减去原土地使用者已经使用年限后的剩余年限。土地使用权出让合同约定的使用年限届满,续期的到续期届满,土地使用权由国家无偿收回。对此点的认识在房地产估价上具有重要意义,如坐落位置很好、建筑物也很好的房地产,可能由于土地使用年限较短而价值很低。

四、数量有限性

由于土地数量有限,在土地上,特别是好位置的土地上可建造的建筑物数量也是有限的。

房地产的数量有限性,使得房地产具有独占性。一定位置,特别是好位置的房地产被人占用之后,占用者可以获得生活或工作场所,并享受特定的光、热、空气、雨水和风景,还可以支配相关的天然资源和生产力。在市场经济中,这项权利除了占用者之外,他人除非支付相当的代价,否则无法享有。

进一步来看,房地产数量有限性的本质,主要不在于土地总量有限和不能增加,相对于人类的需要来讲,土地的数量目前还是丰富的,关键在于不可移动性造成的房地产供给不能集中于一处(这是房地产供给不同于一般商品供给的最主要之处)。要增加房地产的供给,一是向更远的平面方向发展,如向郊区发展;二是向更高的立体方面发展,如增加建筑物的高度或密度。但这些又要受到资金、交通、建筑技术、环境等的制约。

五、用途多样性

用途多样性主要是空地所具有的。土地上一旦建有建筑物,用途即被限定,一般难以改变。因为改变的费用可能很高或受原有建筑结构的限制。

多数土地就其本身来看,可以为多种不同的用途所使用。

从经济角度来看,土地利用选择的一般顺序是:商业、办公、居住、工业、耕地、牧场、牧地、森林、不毛荒地。

六、相互影响性

相互影响性也就是经济学上所讲的外部性或外部影响。外部影响有正有负。如果某个人的一项经济活动会给社会上其他成员带来好处,但自己却不能由此而得到补偿,此时这个人从其经济活动中所得到的私人利益就小于该项经济活动所带来的社会利益,这种性质的外部影响被称为外部经济。相反,如果某个人的一项经济活动会给社会上其他成员带来危害,但自己却并不为此而支付足够抵偿这种危害的成本,此时这个人从其经济活动中所付出的个人成本就小于该项经济活动所造成的社会成本,这种性质的外部影响被称为外部不经济。房地产由于具有相互影响性,外部性问题非常突出。

七、易受限制性

政府对房地产的限制一般是通过下列四种特权来实现：

1. 管制权

政府为增进公众安全、健康、道德和一般福利，可以直接限制某些房地产的使用，如通过城市规划对土地用途、建筑高度、容积率、建筑密度和绿地率等作出规定。

2. 征用权

政府为了社会公共利益的需要，如修公路、建学校等，可以强行取得单位和个人的房地产，即使违反这些被征用人的意愿，但要给予补偿。

3. 征税权

政府为提高财政收入，可以对房地产征税或提高房地产税收，只要这些税收是公平课征的。

4. 充公权

政府可以在房地产业主死亡或消失且无继承人或亲属的情况下，无偿收回房地产。

房地产易受限制性还表现在逃避不了未来制度、政策变化的影响。

八、价值高大性

房地产的价值不仅高，而且大。其价值高即单位价值高，其价值大即总体价值大。

九、难以变现性

房地产由于价值高、大，加上不可移动性和独一无二性，使得同一宗房地产的买卖不频繁，一旦需要买卖，要花费相当长的时间来寻找合适的买者和进行讨价还价。因此，当急需资金或有其他急需时，不易将房地产变成现款；如果要快速变现，只有采取相当幅度的降价。

十、保值增值性

引起房地产价格上升的原因主要有四个方面：① 对房地产本身进行的投资改良，如装修改造、更新或添加设备、改进物业管理；② 通货膨胀；③ 需求增加导致稀缺性增加，如人口或收入增加；④ 外部经济或相互影响，如交通条件或周围环境改善。其中，对房地产本身进行投资改良所引起的房地产价格上升，不是房地产的自然增值；通货膨胀所引起的房地产价格上升，不是真正的房地产增值，而是房地产保值；需求增加导致稀缺性增加和外部经济或相互影响所引起的房地产价格上升，是真正的房地产自然增值。

知识小贴士：通货膨胀

通货膨胀是指商品和服务的货币价格总水平的持续上涨现象，或者简单地说，是物价的持续普遍上涨。当说某项投资是保值的，则意味着它能抵抗通货膨胀，即投入的资金的增值速度能抵消货币的贬值速度。具体地说，就是能保证投资一段时间后所抽回的资金，完全能购买到当初的投资额可以购买到的同等商品或服务。房地产通常具有这种功能。

房地产的保值增值性是从房地产价格变化的总体趋势来说的，是波浪式上升的。在某些情况下，房地产价格出现长时期的连续下降也是可能的。另外，中国大陆的土地价格由于是有期限的土地使用权价格，对于一宗使用年限较长的土地来说，在其使用年限的前若干年价格可能随着需求的增加而呈现上升趋势，但由于总有一天土地使用年限会降为零，所以，从长远来看具体一宗有土地使用年限的房地产的价格是趋于下降的。

第三节　房地产价格

房地产估价是房地产价格的评定与估算，无论何种房地产的估价，最后都要以评定的该房地产的价格作为结果。因此，房地产价格是房地产估价工作中所涉及的最基本概念之一。

一、房地产价格的概念

价格是人们和平地获得某种商品或劳务所必须付出的代价，是商品的经济价值(交换价值)的货币表现。在市场经济条件下，房地产也是商品，房地产价格自然可定义为：房地产价格是人们和平地获得他人房地产所必须付出的代价，是房地产的经济价值(交换价值)的货币表现。

房地产价格的形成来源于两个方面：一是从规划设计、土地开发到房屋施工安装等过程凝结了物化劳动和活劳动所形成的地产价值和房产价值。这部分价值表现出的房地产价格与一般商品价格的形成机理一样，是由社会必要劳动时间决定的。即在社会正常生产条件下，在社会平均的劳动熟练程度和强度下，开发某一土地或建造某一房产所花费的必要劳动时间决定的。价值由C、V、M三部分组成。C是开发土地或建造房屋过程中消耗的生产资料的价值，包括所用固定资产折旧和建筑材料、构配件等流动资产价值的转移；V是劳动者为自己劳动所创造的价值，包括劳动者的工资及工资性的各种津贴；M是劳动者为社会创造的价值，包括利润和税金。二是资本化的地租，即土地使用权价格(或所有权价格)。对于没有经过开发、处于自然物质状态的土地来说，是天然形成的，不是劳动的产物，因而本身没有价值。但没有价值不等于没有价格，土地是有价格的，否则，现实中普遍存在的土地价格就不能被理解。所以说，土地是一种特殊商品(是导致房地产为特殊商品的根本原因)，土地价格不是对土地实体的购买价格，而是对土地预期收益的购买价格。在土地所有权的情况下，其土地价格为：

$$\text{土地价格}=\frac{\text{地租}}{\text{资本化率}}$$

对土地价格的深入分析见有关地租理论和价格理论。

二、房地产价格的形成条件

任何商品之所以有价格，需要满足三个条件：① 效用性；② 相对稀缺性；③ 有效需求。房地产价格的形成条件也是如此。

效用是一项产品满足人类意愿、需求或欲望的能力。房地产的效用性是指房地产消费者对消费房地产所产生的主观和心理上的满足程度。由于房地产在诸多方面的不可替代性,人们生活、学习、居住、工作等均离不开房地产这一最基本的要素,因此房地产的效用性是毋庸置疑的。房地产如果没有效用,人们就不会产生占有房地产的需求或欲望,更谈不上花钱去消费,进而也就不会有价格。同时,各宗房地产的效用性一般来说是不相同的,因而会有不同的价格。

房地产仅具有效用性还不能使其有价格。比如像空气这样的物品,尽管对人类至关重要,没有它我们人类将无法生存,但由于数量丰富,供给充足,人们随时随地都能自由取用,不具有可界定的经济价值,因而它无法形成价格。因此,房地产要形成价格,还必须要具有稀缺性。房地产的相对稀缺性是指房地产的数量相对于人们的欲望而言处于相对不足的状态,即不能满足所有人的需要。随着经济、社会的发展和人们生活水平的提高,加上人的欲望永无止境的本质以及自然资源尤其是不可再生资源的有限性特点,自然资源的稀缺性是绝对的。但在一定社会经济发展时期,这种绝对性表现为一定程度的不足,即相对稀缺性。房地产中,土地是有限的不可再生的资源,建筑物是人工建造之物,相对于人的欲望而言,都是不足的。

有了效用性和相对稀缺性,房地产是否就有了价格呢?答案是否定的。房地产的效用性和相对稀缺性是房地产价格形成的必要条件,要使房地产真正具有价格,还必须再加上房地产有效需求这一条件。

有效需求是个人或团体参与市场,用现金或其他等值物以取得物品或劳务的能力。房地产的有效需求是指消费者经济上能够承受、有现实支付能力的房地产需求。广义来讲,人类的需要欲望是无限的,就住房消费而言,人人都希望拥有比目前面积更大、质量更好、功能更全、区位更优的住房,客观上都存在购买欲望和需要,但如果没有足够的钱,即现实购买力,只会有价无市,不能实现消费行为。分清需要欲望与有效需求是非常重要的,只考虑人们的需要欲望而不考虑有效需求,盲目投资开发房地产,必将产生房地产的积压和浪费,导致投资失败。我国20世纪90年代初的房地产投资热潮,尤其是某些沿海地区的房地产盲目投资,造成大量的房地产积压就是这样的实例,应引以为戒。

综上所述,任何一个房地产价格的形成都要同时具备房地产的效用性、相对稀缺性和有效需求等三个条件,它们构成了房地产价格的要素,任何影响房地产价格的具体因素都是通过这三者起作用的。不同房地产的价格之所以有高有低,同一房地产的价格之所以有变化,归总起来是由于这三者的影响程度不同及其变化引起的。

三、房地产价格的特征

房地产价格与其他一般商品价格相比,既有共同之处,也有不同之处。其共同之处是都体现为价格,用货币表示,受价值规律的影响;其不同之处则构成了房地产价格的特征,这些特征主要是由土地价格的特征决定的。房地产价格的特征主要有以下八个:

(一) 房地产价格具有区位性

由于土地区位不同,土地价格变化很大,因此房地产价格受区位的影响非常明显。区位对房地产价格的影响可分为两个方面:一方面是地区性,主要反映在不同城市区域之间的房地产差价。一般来讲，相应土地和同质房屋，其价格大城市大于中小城市，沿海城市高于内地城市，市场经济发达的城市高于发展中城市。另一方面是地段性，主要表现在同一城市市区范围内，有好地段与差地段之别，不同地段之间存在较大的房地产差价。一般来说，土地和同质房屋的价格，城市中心区地段高于一般市区地段和郊区地段，街角地和临街地（商业房地产用地）高于附近非街角地和非临街的土地等。

（二）房地产价格实体具有双重性

房地产是以土地和固着在土地之上的房屋设施为主要物质形态的财产及其权属关系，这就规定了房地产价格在其内涵上具有双重的实体性基础，其中一部分来源于土地开发和房屋建筑安装劳动所形成的价值，另一部分则来源于土地使用权（或所有权）价格。这一特征指出了房地产商品的物质构成，明确房地产是房屋设施与土地的有机统一体。

（三）房地产价格具有权益性

房地产价格实质上是房地产权益的价格，由于房地产自然地理位置的不可移动性，在交易中可以转移的，不是房地产的实物，而是房地产的所有权、使用权及其他物权。比如，人们在商场购买电视机，一般说其权益和实物两种转移同时进行，在电视机的所有权从商家转移到消费者的同时，电视机实物也从商场所在地转移到消费者家中。而房地产交易只有一种转移，即单一权益转移，并且通常房地产价值量大，使得人们对房地产权益的转移更加慎重，因而房地产权益转移的过程和程序较一般商品复杂得多。

实物状态相同的房地产，权益状态可能有很大差异，甚至实物状态尚好的房地产，由于权益过小，如土地使用年限很短、产权不完全或有争议，价值较低；相反，实物状态差的房地产，由于权益较大，如产权清晰、完全，价值可能较高。即使同一宗房地产，转移的权益不同，价格也不相同。从这个意义上说，房地产价格是房地产权益的价格。对房地产估价时，一定要充分了解与把握房地产的权益状况。

（四）房地产价格形式具有双重性

房地产价格既有交换代价的价格，也有使用和收益代价的租金。由于房地产寿命长、价值大，同一宗房地产可以有买卖和租赁两种经营方式，甚至某些房地产如商务办公楼、公寓、宾馆等租赁经营是主要形式。因而，房地产同时有价格和租金两种价格形式相对应。房地产价格与租金之间存在一定的转换关系，就如同资本的本金与利息的关系一样。若要求取房地产价格，需要将租金资本化；相反，若要求取租金，只要把握价格和资本化率，也可求得。

（五）房地产价格形成具有长期性

房地产价格是在长时期内各种因素综合作用下形成的。一宗房地产通常与周围其他房地产构成某一特定地区，但该地区并非固定不变，其社会经济位置等经常处在变化过程之中；同时，房地产本身也在随时间发生着变化。因此，房地产价格是在考虑该房地产过去如何使用、预计将来能作何种使用、综合这些考虑结果后才能形成房地产现在的价格（或某特定时刻的价格）。

（六）房地产价格具有个别性

房地产价格通常是一宗房地产一个价格。一方面，没有完全相同的房地产，除了地理位置绝对不可能相同外，在建造条件、建造标准、设施配套等方面也往往千差万别，价格自然会有不同；另一方面，房地产不同于其他一般商品，不易具备交易市场上的行情，不能够进行样品交易、品名交易。房地产价格如何，易受交易主体之间个别因素（如偏好、讨价还价能力、感情冲动等）的影响。不同的交易主体，就会产生不同的房地产价格。

（七）房地产价格具有敏感性

房地产价格关系到国计民生，是一个十分敏感的价格。房地产是人类最基本的生活和消费资料，人类通过对居住性房地产的消费，才能实现生命的各种机能，才能促进社会文明的进步和发展。同时，房地产也是最重要的生产资料之一，人类需要通过使用它来生产生产资料和消费资料，需要通过使用它来进行商贸、政治、社会活动等。因此，房地产价格的变化，不仅影响到经济的发展，而且涉及广大人民的生活，涉及社会生活和政治局势等方面。

知识小贴士：房地产对于地方财政和拉动 GDP 的威力

2009 年上海房地产财政近千亿元，占财政总收入 25%；2008 年浙江省 GDP 为21 486 亿元，商品房销售金额为 1 872.964 2 亿元，商品房销售的 GDP 占比为 8.71%。2009 年的浙江商品房销售 4 302.877 0 亿元，占 2008 年浙江 GDP 的 20.02%。

（八）房地产价格具有增值性

房地产价格呈现较明显的增值趋势。随着人口的增加、经济与社会的发展和人民生活水平的提高，房地产价格在总体上呈现不断上升的趋势。当然，这种上升是呈“波浪形”的，即房地产价格的上升总体上不是直线性的，而是有“波动”的。造成房地产价格具有增值性的最主要原因为：土地资源的有限性及土地投资的积累性；房地产开发建造周期长，投资风险大。

房地产价格的增值程度在不同社会经济状态和不同区位是不同的。一般而言，社会稳定、经济发展的时候，房地产增值性较明显；城市市区和郊区土地的增值性较大。

房地产价格的增值性不是绝对的，在有些情况下可能出现相反的趋势，如土地使用年限接近到期、国民经济处于衰退阶段、废弃的矿区等。

四、房地产价格的类型

从事房地产估价，必须弄清房地产价格的类型和每一种房地产价格的确切含义，以正确理解和把握待估房地产价值或价格的内涵。我们把房地产价格类型按下列角度进行划分。

(一) 按房地产价格形成基础的不同划分为市场价格、理论价格、评估价格

1. 市场价格

市场价格是指某区域某类房地产在市场上的一般、平均水平价格,是该类房地产大量成交价格的抽象结果。它是已经发生的价格,具有统计的意义。

2. 理论价格

理论价格是经济学理论中认为的房地产"公开市场价值",即如果将该房地产放到合理的市场上交易,它应该实现的价格,或者说是真实需求与真实供给相等的条件下形成的价格。它与市场价格相比,市场价格是短期均衡价格,而理论价格是长期均衡价格。在正常市场情况下,市场价格基本上与理论价格相吻合,围绕着理论价格上下波动。

3. 评估价格

评估价格简称评估价,是估价人员对房地产客观合理价格作出的估计、判断的结果。评估价格不是已发生的价格,它是市场交易价格的参考依据。同一宗房地产利用不同的评估方法,可能得出不同的评估价格;同时由于评估人员的知识、经验、职业道德情况的不同,评估结果也有可能不同。但正常情况下不应该有大的差距。从理论上说,一个良好的评估价格＝市场价格＝理论价格。

(二) 按房地产实体存在形态划分为土地价格、建筑物价格、房地价格

房地产实体有三种存在形态,因而有下列三种价格:

1. 土地价格

土地价格简称地价,单纯的土地及附有建筑物的土地的价格都是土地价格。土地位置不同,其价格会不同;同一块土地,其开发条件不同,也会有不同的价格。根据土地的生熟程度不同,土地可以粗略地分为生地、毛地和熟地,相应的有生地价、毛地价和熟地价。生地价是指未开发的农地、荒地的价格;毛地价一般指城市中需拆迁而未拆迁的土地的价格;熟地价是指经过开发和拆迁后可供直接建设使用的土地价格。

2. 建筑物价格

建筑物价格是指纯建筑物部分的价格,不包含其占用的土地的价格。对建筑物价格是否包含建筑物内的动产和营业设备的价格(价值)需要作仔细分析与说明。

动产包括两个方面:一是不长久附着于房地产(不动产)的可移动财产,如写字楼、宾馆中的办公设备和家具等,不包括嵌入结构体内的装修;二是包括建筑物内的营业设备,也称动产设备,如为使人们舒适而装置的固定建筑设备,包括管线、照明、暖气和空调等,尽管可能是建筑物的定着物,但它不是不动产,为承租人拥有,安置在承租空间或建筑物内,被商业性经营使用。动产不拥有不动产财产所有权的各项权利,因此,建筑物价格一般不包括建筑物内动产的价格(价值),若建筑物价格包含建筑物内的动产的价格,一定要在估价报告中详细说明。

3. 房地价格

房地价格又称房地混合价,即人们平常所说的房价,是指建筑物连同其占用的土地的价格,是一宗房地产的总价格。房地产市场上的商品房价格,通常包含建筑物所占用的土地的价格,与建筑物价格的内涵不同。

"一宗"的含义,就住宅来说,可以是一套住宅,可以是一栋住宅,也可以是整个住宅小区。对于同一宗房地产来说,房地价格=土地价格+建筑物价格。

需要说明的是,上述土地价格、建筑物价格和房地价格之间的关系是指对于同一宗房地产来说,只存在土地、建筑物、房地等三种形态,因此,同一宗房地产的价值只能归属于这三种状态。当房地产在分割、合并的前后,在土地、建筑物各自独立考虑时,上述关系可能不成立。

(三) 按房地产权属划分为所有权价格、使用权价格、转让价格、租赁价格和抵押价格

这一组价格类型是依据我国城市房地产管理法所规定的几个主要权利划分的,其中前两个价格类型是一级市场价格,后三个是二级市场价格。

1. 所有权价格

所有权价格是房地产所有权的价格。所有权是物权的最高形式,是所有权形式中最完整、最重要的权利,其他权利只是对其不同程度的分割或削弱,如使用权、地上权、地役权等。当所有权设定其他权利时,其价格将会有所降低。

2. 使用权价格

使用权价格是指房地产使用权的价格。在我国,城市土地的所有权属于国家,不能进入市场流转,土地使用单位(或使用者)可拥有土地使用权,因此地价一般是土地使用权价格。土地使用权价格可因使用年限的不同区分为各种使用年期的价格。尽管在法律含义上说,使用权与所有权具有本质的区别,土地所有权价格高于土地使用权价格,但鉴于我国房地产产权制度中,土地使用权具有较特殊的含义,就价格评估而言,两者差异不大。

3. 转让价格

转让价格是指房地产权利人将其合法的房地产转移给其他人时所形成的价格。转让可以有多种形式,如买卖、继承、赠与等。转让房地产时,应符合国家房地产管理的有关法律法规的规定。

4. 租赁价格

租赁价格常称为租金,在土地场合称为地租,在房地混合场合称为房租。它是指房地产权利人将其合法的房地产出租给承租人,由承租人定期向房地产权利人所交纳的款项。按租金的内涵划分,主要有毛租金和净租金,其中,毛租金中包含由业主出面来支付的绝大部分经营费用和房地产税费,而净租金一般则只含业主的净收益。按租金支付的时间划分,主要有年租金、月租金等;按租金金额是否变化划分,主要有等额租金、增租租金或降租租金、指数租金等。所谓等额租金是指在整个租赁期中保持某一特定金额的租金。与此相反,增租租金或降租租金则是要求在某些特定时间改变租金,一般在开始一段时间租金维持不变,在后续时间段里租金随着上升或下降。指数租金是指根据经济指标变化而做阶段性调整的租金。消费者物价指数通常用作长期性租约租金金额的调整指标。

5. 抵押价格

抵押价格是指以抵押方式将房地产作为债权担保时的价格,或者说是为获得抵押贷款而评估的房地产价格。由于要考虑抵押贷款清偿的安全性,抵押价格一般比市价要低。

(四) 按房地产公共价格管理划分为基准地价、标定地价和建筑物重置价格

基准地价、标定地价和建筑物重置价格是城市房地产管理法提到的三种价格，都属于评估价格。这一组价格类型不是面对具体的估价对象，尽管与政府主管部门和政府行为有密切关系，但本质上属于日常专业业务管理的范畴。

1. 基准地价

基准地价是政府对城镇各级土地或均质地域及其商业、住宅、工业等土地利用类型分别评估的土地使用权单位面积平均价格，或者说是以一个城市为对象，在该城市一定区域范围内，根据用途相似、地块相连、地价相近的原则划分地价区段，调查评估出的各地价区段在某一时点的平均水平价格。

基准地价的根本特点是基准性：在某一区域内有统一的土地开发程度，土地使用年期为各用途土地的法定最高出让年期。这使其具有宏观控制地价等作用。

2. 标定地价

标定地价是指一定时期和一定条件下，能代表不同区位、不同用途地价水平的标志性宗地的价格。目前，标定地价的实际应用还很少。

3. 建筑物重置价格

建筑物重置价格是某一基准日期，不同建筑结构、用途或等级下的特定状况的房屋，建造它所需的一切合理、必要的费用和税金加上应得的利润。也可定义为，采用估价时点的建筑材料和建筑技术，按估价时点的价格水平，重新建造与估价对象具有同等功能效用的新建筑物的正常价格。建筑物重置价格对于成本法估价方法具有重要意义，关于它的详细内容，参见本书成本法中的有关章节。

(五) 按政府行为划分为土地使用权出让价格、征用价格、课税价格、补地价

这一组价格类型面对具体的估价对象，具有较强的政策性和一定的强制性，评估时需要根据具体的政策规定进行估价，属于政府行为性质。

1. 土地使用权出让价格

土地使用权出让价格是指政府将国有土地使用权在一定年期内出让给土地使用者，并由土地使用者向国家支付土地使用权出让金的价款。政府根据城市规划和土地利用要求等情况，确定出让土地的位置、面积及有关使用条件，其出让价格因出让方式的不同而不同(见拍卖价格、招标价格、协议价格)。

2. 征用价格

征用价格是为确定政府强制征用的房地产的补偿额而评定的价格。在旧城改造、基础设施建设、农用地征用中都涉及征用价格。征用价格一般是一种补偿性价格，远低于正常市场价格。

3. 课税价格

课税价格是指政府为课征赋税而对房地产评定的价格，是作为对房地产计税依据的价格。课税价格一般要按照政府公布的房地产价格标准并适当参考房地产所在区位等因素，或按市场交易价格的一定比例评定。

4. 补地价

补地价是指更改政府原出让土地时规定的用途，或增加容积率，或转让、出租、抵押划拨土地使用权，或出让的土地使用权续期等时需要补交给政府的一笔地价。

需要补地价的情形有下列三种：

① 土地使用者改变土地用途、容积率、建筑高度等城市规划限制条件；② 土地使用者延长土地使用年限(包括出让土地使用权期满后续期)；③ 土地使用者转让、出租、抵押划拨土地使用权的房地产(要求补办土地使用权出让手续，补交土地使用权出让金等)。

对于改变土地用途、容积率、建筑高度等城市规划限制条件的，补地价的数额理论上等于改变后的地价与改变前的地价之差，即

补地价＝改变后的地价－改变前的地价

其中，对于单纯提高容积率或改变土地用途并提高容积率的补地价来说，如果将提高后的容积率称为现容积率，提高前的容积率为原容积率，则补地价的数额为：

补地价(单价)＝现楼面地价×现容积率－原楼面地价×原容积率

补地价(总价)＝补地价(单价)×土地总面积

如果楼面地价不随容积率的改变而改变，即：

补地价(单价)＝原楼面地价×(现容积率－原容积率)

或者

补地价(单价)＝原容积率下的土地单价/原容积率×(现容积率－原容积率)

补地价的实质是把由于政策性原因造成的土地的增值部分补交给土地的所有者——政府。

例 2－1 某宗面积为 3 000 m^2的土地，容积率为 0.8，楼面地价为 700 元/m^2。变更用途后，容积率为 5，楼面地价为 960 元/m^2。计算应补地价的数额。

解：补地价(单价)＝960×5－700×0.8＝4 240(元/m^2)

补地价(总价)＝4 240×3 000 ＝1 272(万元)

例 2－2 某宗土地总面积 1 000 m^2，容积率为 3，对应的土地单价为 450 元/m^2，现允许将土地容积率提高到 5，楼面地价不变。计算应补地价的数额。

解：楼面地价＝450/3＝150(元/m^2)

补地价(单价)＝150×(5－3)＝300(元/m^2)

补地价(总价)＝300×1 000 ＝30(万元)

(六) 按房地产出让方式划分为拍卖价格、招标价格、协议价格

在房地产的产权让渡过程中，一般有拍卖、招标和协议三种方式，因而形成三种相应价格类型。采用拍卖方式交易(出让)房地产而形成的价格称为拍卖价格；采用招标方式交易(出让)房地产而形成的价格称为招标价格；采用协议方式交易(出让)房地产而形成的价格称为协议价格。

从我国目前城镇国有土地使用权出让来看，采用拍卖方式出让国有土地使用权，是指在指定的时间、公开场合，在拍卖主持人的主持下，用公开叫价的方法，最终将土地使用权拍卖给最高应价者。这种方式适用于竞争性强的、盈利性的房地产，如金融业、商业用地等。采用招标方式出让国有土地使用权，是指在指定的期限内，由符合规定条件的单位或

个人，以书面的形式竞买某块土地，最终择优选择土地受让者。这种出让方式，不仅要考虑报价，还要考虑开发建设方案、企业资信等其他条件，所以土地使用权的获得者不一定是出价最高者。采用协议方式出让国有土地使用权，一般是政府与特定的用地者协商确定出让价格。这种方式受行政干预较多，所形成价格是一种优惠性价格。因此一般适用于市政工程、公益事业、福利设施、基础设施及政府需要扶持的高科技项目的用地出让。通常协议价格最低，拍卖价格最高，招标价格居中。

需要指出，房地产拍卖中，存在一类消极性拍卖，即资产处置性拍卖。它是资产变现的手段，以清偿债务为目的，故其拍卖价格往往很低，与竞争性房地产的拍卖具有本质的区别。

（七）按商品房销售中出现的价格形式划分为起价、标价、成交价格、均价

这是一组与商品房销售相关联的房地产价格类型。

1. 起价

起价是指所销售的商品房的最低价格。这个价格通常是最差的楼层、朝向、户型的商品房价格，甚至有时这个价格并不存在，仅是为了起广告作用，为吸引人们对所销售商品房的关注而虚设的价格。

2. 标价

标价又称报价、表格价，是商品房出售者在其价格表上标注的不同楼层、朝向、户型的商品房出售价格。一般情况下，这个价格高于成交价格。但购买者可在此价格基础上与出售者讨价还价，可能使实际交易的价格低于标价。

3. 成交价格

成交价格简称成交价，是房地产交易双方实际达成交易的价格。通常我们所说的成交价格是指狭义的成交价格，也就是买卖价格。成交价格是一个既成的事实。成交价格可分为正常成交价格和非正常成交价格。正常成交价格是指交易双方在正常情况下交易形成的价格，不受一些不良因素的影响；反之，则为非正常成交价格。成交价格界于卖者出售所愿意接受的最低卖价（最低界限）与买者购买所愿意接受的最高买价（最高界限）之间，至于具体价位的高低，取决于商品房出售者与商品房购买者双方的谈判能力，以及该种房地产市场是处于卖方市场还是买方市场。在卖方市场下，成交价格往往是偏高的；在买方市场下，成交价格往往则是偏低的。

正常成交价格形成的条件：① 公开市场：在市场上交易双方进行交易的目的在于最大限度地追求经济利益，双方都掌握必要的市场信息，有充裕的时间进行交易，对交易对象具有必要的专业知识，交易条件公开并不具有排他性。② 交易对象具备市场性。③ 交易双方都具有完全信息。④ 交易双方的交易不受任何压力，完全出于自愿。⑤ 理性的经济行为。

4. 均价

均价是所销售商品房的平均价格，具体有标价的平均价格和成交价的平均价格。这个价格反映了所销售商品房的价格水平。均价也具有统计的意义，但它与市场价格相比，其范围要小得多。

(八) 按房地产价格表示单位划分为总价格、单位价格、楼面地价

它是一组主要与价格的内涵、面积范围和面积内涵相联系的房地产价格类型。

1. 总价格

总价格是指一宗房地产的总体价格,可以是一宗土地的土地总价格,也可以是一宗建筑物的建筑物总价格,或是房与地合一的房地产整体价格。

2. 单位价格

单位价格是指分摊到单位面积的价格,通常,对土地而言,是单位地价,它是指单位土地面积的土地价格;对建筑物而言,是单位建筑物价格,它是指单位建筑面积上的建筑物价格;对房地产整体而言,是单位房地产价格,它通常是指单位建筑面积上的房地产价格。现在商品房销售上出现一种新的计价方式,即按使用面积计价,其单位房地产价格,是指单位使用面积上的房地产价格。房地产的单位价格能反映房地产价格水平的高低,而房地产的总价格一般不能说明房地产价格水平的高低。

弄清单位价格应从两方面考虑,否则只是一个单纯的数字,无经济意义:① 正确理解和把握房地产的价格和面积的内涵,参见表 2-1 房地产单位价格类型;② 认清衡量单位即货币单位和面积单位。

表 2-1 房地产单位价格类型

面积类型 / 实体价格类型	土地面积	建筑面积	建筑物使用面积
土地总价格	单位地价	楼面地价	单位使用面积地价
建筑物总价格	无	单位建筑物价(单位建筑面积建筑物价)	单位使用面积建筑物价
房地产总价格	无	单位房地产价格(单位建筑面积房地产价)	单位使用面积房地产价

3. 楼面地价

楼面地价,又称为单位建筑面积地价,是平均到每单位建筑面积上的土地价格,是一种房地产的单位价格。因为楼面地价=土地总价格/建筑总面积,而容积率=建筑总面积/土地总面积,所以楼面地价=土地单价/容积率。楼面地价在实际工作中有重要意义,其往往比土地单价更能反映土地价格水平的高低,因为土地的单价是针对土地而言的,而楼面地价实质上就是单位建筑面积上的土地成本。

例如,有甲、乙两块土地,甲土地的单价是 600 元/m^2,乙土地的单价是 700 元/m^2,如果两块土地的其他条件完全相同,显然,甲土地比乙土地便宜,明智的买者会购买甲土地而不会购买乙土地;但如果甲、乙两块土地的容积率不同,甲土地的容积率为 5,乙土地的容积率为 7,除此之外的其他条件都相同,这时仅靠土地单价难以判断两块土地的价格高低,应根据楼面地价来比较。由于甲、乙两块土地的楼面地价分别是 120 元/m^2 和 100 元/m^2,甲土地反而比乙土地贵(每平方米建筑面积的地价贵 20 元),那么,理智的买者会购买乙土地而不会购买甲土地。

(九) 按估价方法划分为收益价格、比准价格、积算价格

这是一组与房地产估价三种基本估价方法相对应的房地产价格类型，都属于评估价格。

房地产估价方法有多种，其中最主要最基本的估价方法是收益法、市场比较法、成本法。

收益价格是指采用收益法评估出的房地产试算价格；比准价格是指采用市场比较法评估出的房地产试算价格；积算价格是指采用成本法评估出的房地产试算价格。

(十) 按按揭方式支付分实际价格和名义价格

实际价格是指在成交日期一次付清的价格，或者将不是一次付清的价格折现到成交日期时的价格。

名义价格是指成交日期讲明，但不是一次付清的价格。

例如：一套建筑面积 100 m^2，单价 3 000 元/m^2，总价 30 万左右的住房，在实际交易中，可能有下列几种情况：

(1) 要求在成交日期时一次付清。

(2) 如果在成交日期时一次付清，则给予 5%的折扣。

(3) 从成交日期起分期付清，首期支付 10 万元，余款在一年内分两次支付，每半年支付 10 万元。

(4) 约定在一年后一次付清。

(5) 以抵押贷款方式支付，首期支付 15 万元，余款在未来 10 年内以抵押贷款方式按月等额支付。

请问，不同支付方式下的实际支付金额一样吗？

上述第一种情况：实际单价为 3 000 元/m^2，实际总价为 30 万元。不存在名义价格。

第二种情况：实际单价为 2 850 元/m^2，实际总价为 28.5 万元。名义单价为 3 000 元/m^2，名义总价为 30 万元。

第三种情况：实际总价为 29.282 8 万元(假定年折现率为 5%)，实际单价为 2 928 元/m^2。名义单价为 3 000 元/m^2，名义总价为 30 万元。

第四种情况：实际总价为 28.571 4 万元(假定年折现率为 5%)，实际单价为 2 857 元/m^2。名义单价为 3 000 元/m^2，名义总价为 30 万元。

第五种情况：实际单价为 3 000 元/m^2，实际总价为 30 万元。不存在名义价格。

若非一次付清，通常情况下实际价格低于名义价格。

(十一) 现房价格和期房价格

现房价格：也称房地产的现货价格，是指以现状房地产为交易标的的价格。当房地产的建筑物为已建成时，即为现房价格。

期房价格：以目前尚未建成而在将来建成的房屋为交易标的的价格。

期房价格＝现房价格－从期房到现房期间现房出租的净收益的折现值－风险补偿

例 2－3　某期房还有一年才可投入使用，与其类似的现房价格为 3 300 元/m^2，出租

的年末净收益为330元/m^2。设折现率为10%，风险补偿为现房的2%，计算该期房目前的价格。

解：$V=3\,300-330/(1+10\%)-3\,300\times2\%=2\,934$(元/$m^2$)

原因：现房购买后可直接用于出租，买期房在期房成为现房期间不能享受租金收入，且期房容易出现不能按期完工甚至“烂尾”的可能，或者实际交付的比预售时约定的差，因而期房价格低于现房价格。

五、影响房地产价格的综合因素

房地产价格受各种因素的影响而发生变动，要掌握房地产价格的运动规律，必须弄清影响房地产价格的因素。

根据各种影响房地产价格因素自身的性质，可以将其分为经济因素、社会因素、行政政治因素、房地产的内在因素和环境因素。

（一）经济因素

影响房地产价格的因素主要是国家、地区或城市的经济发展水平、经济增长状况、产业结构、就业情况、居民收入水平、投资水平、财政收支、金融状况。这些因素会影响房地产市场的总体供求，特别是需求。通常来讲，一个地区的经济发展水平越高，经济增长越快，产业结构越合理，就业率、收入水平和投资水平越高，财政收入越多，金融形势越好，房地产市场需求就越大，房地产价格总体水平也越高；反之，则房地产价格总体水平越低。从我国的情况来看，改革开放30多年后的今天与改革初相比，房地产价格有了巨幅增长，就是源于全国的经济发展水平、居民收入水平等一系列经济因素方面的迅猛发展。而从目前来看，沿海地区与内地，北京、上海、广州、深圳等大城市与一般城市之间，房地产价格水平有较为显著的差异，这主要是由于这些城市之间在以上经济因素方面存在的明显差异所造成的。

（二）社会因素

影响房地产价格的社会因素包括人口、家庭、城市形成历史、城市化状况、社会治安、文化与时尚等。其中，人口因素包括人口的数量、密度、结构(如文化结构、职业结构、收入水平结构等)；家庭因素指家庭数量、家庭构成状况等；文化与时尚因素主要指文化氛围、风俗习惯、大众心理趋势等。

社会因素对房地产价格的影响是相当复杂的，它的作用方式不如经济因素那样直截了当，过程也比较长，是一种渗透性的影响。如城市形成历史，对一个地区房地产价格水平的影响，虽然不如经济因素的影响那样明显，但却常常是非常深远并具根本性的。在中国许多城市中，某一个特定的区域，由于其独特的发展历史，而始终成为房地产价格水平的高值区，如上海的外滩、徐家汇，厦门的鼓浪屿，青岛的八大观等。有些社会因素对房地产价格的影响在不同的阶段结果是不同的。如人口密度的提高，一开始会造成房地产需求的增加，引起房地产价格上升，但发展到一定程度，则会造成生活环境恶化，有可能引起需求量减少，房地产价格下降。

（三）行政与政治因素

行政因素主要是国家或地方政府在财政、税收、金融、土地、住房、城市规划与建设、交通治安、社会保障等方面的一些制度、法规、政策和行政措施。政治因素主要指政局安定程度、国与国之间的政治、军事关系等。行政和政治因素都是由国家机器来体现的，因此它对房地产价格的影响作用也比较突出。如城市规划对一块土地用途的确定，决定了这一地块的价格的基本水平。与经济和社会因素不同，行政和政治因素对房地产价格影响作用的速度相对较快，如果说经济、社会因素的作用是渐变式的，则行政和政治因素的作用可以说是突变式的。如，加强宏观调控，紧缩固定资产投资规模，收紧银行政策，会使所在地的房地产需求减少，房地产价格在较短的时间内迅速下跌。

（四）房地产内在因素和周边环境因素

这个因素主要是指房地产自身及其周边环境状态，如土地的位置、面积、形状、建筑物的外观、朝向、结构、内部格局、设备配置状况、施工质量，以及所处环境的地质、地貌、气象、水文、环境污染情况等。首先，房地产自身的内在因素对房地产的生产成本和效用起着重大的制约作用，从而影响着房地产的价格。如地价上涨、建筑材料涨价，会带来成本推进型房价上涨。商品房内在品质提高，效用增大也会造成内在品质提高型房价上涨。再如，房屋的朝向也会影响房价。在中纬度地区，朝南的住宅，就比朝北的住宅舒适，因而价格也高。由于房地产的个别性，房地产价格受自身因素（特别是一些与自然有关的因素）制约的现象是非常明显的。这是房地产与一般商品不同的一个重要表现。其次，房地产的使用离不开其周围的环境，因此房地产周边的环境，也影响房地产的价格。如位于公园、绿地旁边的住宅，由于其安静、空气清新、风景怡人的环境，价格往往也较高；而如果住宅紧临高速公路、机场等噪声源或垃圾处理场、臭河浜等视觉、空气污染源，则价格偏低。

六、中国城市房地产价格的基本构成要素

目前，城市房地产价格（主要指买卖价格）主要是由九项因素构成的：土地取得费用、前期工程费、配套费、建筑安装工程费、管理费、销售费、税费、利息和利润。

（1）土地取得费用因房地产开发土地取得方式的不同，可以有多种形式。以土地使用权出让方式取得的城市熟地，土地取得费即为土地使用权出让金；以土地使用权转让方式取得的城市熟地，土地取得费即为土地转让费。由于国家对经济适用房的土地供应采用行政划拨的优惠政策，取得土地的费用很低，因而房价相对较低。

（2）前期工程费指房地产开发商委托设计、监理、审计等专业机构进行工作所需的费用和施工前期所必须要进行的各项手续性工作所需花费的费用。以上海为例，包括项目可行性研究费、勘察设计费、勘察设计招标管理费、勘察设计监理费、代理施工招投标费、建设监理费、建设工程执照费、工程预决算审计费、新型墙体材料专用基金、竣工档案保证金、人防费、“三通一平”费、移建拆除费、人防费、绿化费、临时用水用电费、临时占路费等。

（3）配套费是为房地产开发进行城市基础设施和公建设施配套而必须投入的费用。其中城市基础设施指道路、排污水系统、供电、供水、供气、电话、通讯等设施，当房地产为住宅项目，会花费公建设施配套费。这些设施又可分为“大配套”和“街坊内配套”两种。

大配套指开发项目地块以外的，街坊内配套指开发项目地块以内的。配套费在不同城市的具体名称各不相同。从规范的角度讲，今后大市政配套设施费等公共产品的费用，应逐步改为由城市财政承担。

(4) 建筑安装工程费是为进行建筑安装工程而必须向建筑承包商支付的费用，它包括直接工程费、间接费、计划利润和税金。其中，直接工程费包括人工费、材料费、施工机械使用费、施工现场经费(如临时设施费、管理人员工资费、工程排污费等)；间接费主要有建筑施工企业管理费、财务费用和其他费用。

(5) 管理费指导房地产开发公司的办公费和人员工资福利费等在某一个项目上的分摊。

(6) 销售费指为了进行房地产销售而必然发生的广告宣传费、销售代理费、办公费等。

(7) 利息通常是指房地产开发项目贷款利息。

(8) 税金主要有营业税、城市维护建设税、教育费附加和其他相关税等。

(9) 利润是房地产开发投资应获得的回报。它是房地产开发企业的销售收入扣除开发经营成本(包括土地取得成本)以后的余额。

以上九项因素反映了目前中国城市房地产价格构成状况，每一项因素的变动都可能影响房价总水平，所以房地产价格是在不断变动的动态概念，所谓房价的基本稳定也是相对的。

【小结】

本章主要介绍房地产的概念、特性及价格。主要阐述房地产价格的种类，举例说明房地产价格的计算方法。最后阐述房地产价格的影响因素。

【复习思考题】

1. 为什么房地产会有价格？
2. 阐述房地产是实物、权益、区位综合体的含义。
3. 当前的房地产价格是否已偏离了其客观的经济价值？
4. 解释房地产市场“有价无市”现象和空置现象。
5. 房地产的效用性、房地产的相对稀缺性、房地产的有效需求是房地产价格的重要影响因素，它们和其他影响因素一起影响、决定了房地产的价格。这种说法正确吗？请予以简述。
6. 房地产价格的特征主要有哪些方面？其来源于房地产的哪些特性？
7. 简述市场价格、转让价格、成交价格、均价的异同。
8. 地价补给谁？什么情况下需要补地价？
9. 甲以 8 000 元/m^2 的价格全付购买了一套 90 m^2 的住房，近期房地产管理部门公布的该市房价为 7 500 元/m^2，甲购买房子后不久以房子做抵押担保品向银行进行贷款申请，评估公司评估结果为单价 8 200 元/m^2。以上三个价格是否都为合理的价格？
10. 现房价格和期房价格哪个更高？为什么？
11. 总价和单位价格哪个更能反映房地产的价格高低？
12. 单位地价和楼面地价哪个更能反映土地价格水平的高低？
13. 按揭贷款方式支付实际价格和名义价格哪个高哪个低呢？

14. 某房地产的现房价格为 4 000 元/m^2，预计从期房达到现房的两年时间内现房出租年末租金收入为 280 元/m^2，出租成本为 50 元/m^2，风险补偿为 150 元/m^2，假设折现率为 10%，该房地产的期房价格为多少？

15. 某宗房地产的土地总价为 5 000 万元，建筑层数 14 层，每层建筑面积为 1 240m^2，建筑覆盖率为 60%，容积率为 5.5，则该宗房地产的楼面地价为多少？

16. 某宗地面积为 5 000 m^2，容积率为 0.8，土地市场价值为 4 000 元/m^2。拟进行改造，批准的规划容积率为 5，楼面地价为 1 500 元/m^2，请问应补地价总价多少？

【案例分析】

案例一：某业主在广州越秀区购买了一套 3 居室，建筑面积为 120m^2，其中套内建筑面积为 100 m^2，公摊面积为 20 m^2。业主拿到房产证时却发现，房子面积“缩水”了，套内面积仍是 100 m^2，公摊面积少了一半，总建筑面积为 110 m^2。

问题：根据现行法规，该业主能否从开发商处得到补偿？

案例二：甲、乙合作投资开发一房地产项目，双方各出资 1 000 万元，经营收益各按 50%分成。到项目建成时投资正好用完，销售费用也已预提。项目的总建筑面积 10 000 m^2，售价 3 000 元/m^2，销售费用为售价的 7%。销售过程中，乙拿出一套建筑面积为 100 m^2 的房屋送给朋友，向甲提出先挂账，双方结算时再作处理。该项目在短期内销售完成，实际销售费用与预提的销售费用相符，实际回收价款 2 762.1 万元。甲提出本应双方各分得 1 380.05 万元，现因乙拿走一套价值 30 万元的房屋，故乙实得 1 351.05 万元；乙认为该套房屋的实际成本为 25 万元，故只应从自己应得的收入中扣除 12.5 万元，自己应得 1 368.05 万元。

问题：根据本章所学内容，分析：若不考虑所得税因素，谁的分配方案合理？应该如何分配？为什么？

案例三：某期房一年后可投入使用，与其类似的现房价格为 3 300 元/m^2，出租的年末净收益为 330 元/m^2。假设折现率为 10%，风险补偿估计为现房价格的 2%。

问题：试计算该期房目前的价格。

第三章　房地产估价概述

【学习目标】

1. 掌握房地产估价的概念；
2. 了解房地产人员的要求，理解房地产估价的目的，理解房地产估价的原则；
3. 能够按照估价原则正确估价。

【案例导入】

某工厂为企业改制进行资产重组，委托估价机构将其划拨土地上建成的两幢房屋进行估价。该工厂的房屋所有权证上记载，该两幢房屋的用途均为工业。根据估价人员现场勘察的结果，该两幢房屋中一幢为厂房，另一幢原为厂房，后自行改为办公楼用于出租。

讨论：(1) 应根据何种用途对该两幢房屋进行估价？

(2) 该工厂若为扩大经营而筹集资金将两幢房屋抵押，则抵押价值如何确定？

第一节　房地产估价人员

专业估价人员是指经房地产估价人员资格教学基本合格，由有关主管部门审定注册，地产估价专业人员是指经房地产估价人员资格考试合格，由有关主管部门审定注册，取得执业资格证书后专门从事房地产估价业务的专业人才。在我国，房地产估价专业人员被称为估价师，在英国和香港等地被称为测量师，在日本和韩国被称为不动产鉴定师。

一、注册管理

建设部根据《中华人民共和国房地产管理法》和有关法律、法规的规定，于 1998 年 8 月颁布了《房地产估价师注册管理办法》，自 1998 年 9 月 1 日起施行。该办法共九章三十四条，规定房地产估价人员须经全国房地产估价师执业资格统一考试合格，按规定注册，取得《房地产估价师注册证》，才能从事房地产估价活动。未经注册的人员，不得以“房地产估价师”的名义从事房地产估价业，不得签署具有法律效力的房地产估价报告书。估价师分为全国注册的和地方注册的，分别由国务院建设行政主管部门和省、市、自治区房地产行政主管部门管理注册工作。该办法对初始注册、注册变更、续注册、撤销注册、执业、权利与义务、法律等作出了具体规定。

二、基本要求

要想成为一名合格的房地产估价人员，在实际工作中除应遵守独立、客观、公正的原则、持证上岗外，还应具备如下基本素质：

1. 要具备一定的政策、法律知识

首先，房地产价格具有很强的政策性和法制性，房地产价格评估本身就是一项制度，这就决定了估价人员必须懂政策、通法律。其次，由于房地产经营活动的多样性，如房地产交易、转让、拆迁、分割、税收、抵押、拍卖等，这些活动所涉及对其估价对象的权益价值的评估并不是委托人或房地产估价人员可以随意假定的，必须有其法律、法规或政策等依据。第三，估价人员的估价行为不仅受到相关法律、法规的制约，而且其结果又要承担相关的法律责任。因此，只有通晓与房地产有关的政策、法规，通晓行业法规，才能依法判定估价对象的权利类型及归属，以及使用、处分等权利，正确评估出估价对象合法的权益价值，更好地为社会服务。

2. 要具备一定的房地产估价相关知识

首先，房地产价格是整个商品价格的一部分，同时，它与国民经济的各部门（行业）的价格有着紧密的联系，又受其相互影响、相互制约。因此，估价人员必须具备一定的经济理论知识，懂得社会经济运行的基本理论，知晓财政、金融、会计、房地产经营与管理方面的相关知识，才能把握影响房地产价格变化的各种因素，将其准确量化，分别分析、测算它们对房地产价格的影响，并从中找出归属于房地产本身的那一部分贡献价值，以确定房地产客观的价值。同时透过市场供需变化对房地产的影响，来预测未来房地产市场的发展，更好地做好房地产市场背景分析及市场变现能力分析。其次，房地产估价中对房屋建筑构造、新旧成数等的评定和成本法中房地产价格的各项构成的判定等，都需要一定的建筑工程知识。尤其，近几年来在房屋建筑领域中新材料、新技术、新设计、新工艺的应用，只有懂得建筑方面的知识，才能对房屋的各种构造进行技术上、价值上的鉴定。

3. 要熟悉掌握各种估价方法

房地产估价必须遵循一套科学严谨的估价理论和方法，而每种方法都有各自适用的估价对象、所需要具备的条件及估价的操作步骤。对于某一确定的待估房地产来说，正确选择估价方法，能使搜集估价所需资料和实地查看估价对象等工作有的放矢，可以避免不必要的无效劳动，可以合理安排人力、物力和财力，合理安排估价作业步骤和时间进度安排，尽早的完成估价任务。同时，用多种不同的估价方法进行估价，可以互相验证估价结果正确性，使估价结果更加客观合理。

4. 要具备丰富的估价实践经验

房地产估价不能完全拘泥于有关的理论和方法。因为房地产价格形成的因素复杂多变，不是简单地套用某些数学公式就能够计算出来的。只有具有丰富的实践经验，才能做出准确合理的判断。首先，准确地运用各种估价方法离不开估价人员的经验。如运用市场比较法涉及区域因素修正、个别因素修正等；运用收益还原法涉及租金或净收益、出租率的确定以及资本化率的选取等；运用成本法估价时，成新度或折旧额的确定在一定程度上是估价人员依据其经验所做出的主观判断。其次，准确、完整地了解和掌握估价对象也离不开估价人员的经验。各类房地产都有其固有特征，同类房地产之间受各种因素的影响差异也较大。对于某一确定待估房地产来说，土地的形状、地势、地质；建筑物的结构、设备、装修以及维修保养情况；附近的景观、建筑密度；装饰、装修以及附带的某些特殊设备等对价值的影响也依赖于丰富的实践经验。

5. 要有一定的诚信观念

市场经济，诚信为本，作为房地产中介服务行为，诚信对房地产估价尤为重要。房地产估价涉及标的的价值量大，服务对象广泛，特别是随着房地产金融业务的不断发展和房屋拆迁估价业务的拓展，房地产估价结果直接关系金融风险的防范，关系到公众利益。因此，估价人员在从事房地产价格评估时不仅要考虑国家的经济利益不受损害，而且要照顾消费者的经济承受水平；不仅要促进房地产经济的发展，还要有利于各种房地产纠纷的解决，客观反映房地产价值是房地产估价人员的责任，而诚实信用是保障房地产估价活动客观公正的基础。若估价人员一味地规避估价风险，滥用估价的假设和限制条件，无针对性地列举一些与本估价项目无关的假设和限制等也就违背不诚实信用原则，估价也就失去了公信力。在这方面国家也加大了对估价房地产中介服务行业信用档案的监管，2002 年 9 月建设部开通了中国房地产估价信用档案，建立、健全了一级资质房地产估价机构和注册房地产估价师信用档案，各省房地产行政主管部门也陆续建立了二、三级资质房地产估价机构的信用档案。通过网上公示制度，为社会公众投诉房地产估价领域违法违纪行为提供途经，促进诚信制度的建立。

6. 要具备良好的职业道德

良好的职业道德是保证和提高估价工作质量的生命线。估价师依靠房地产的资料和市场信息，运用所掌握的专业知识与技能，以中间人的身份深入现场进行综合分析、估算、判定待估房地产的价值。其结果不可能像数学中的绝对值，而只是估计值，甚至是一个价值范围。这里既有交易双方对待估房地产所持的态度的影响，也存在工作水平的问题，但估价师的主观因素往往起着很大的影响。因此，作为估价人员在与委托人有亲属或直接利益关系时，应主动回避；感到自己专业能力所限而难以胜任对某房地产进行估价时，不应接受该项估价委托；对委托人的商业秘密应当保守等。只有具有良好的职业道德，才能评估出合理、公平、实用的房地产价值，保障估价利害关系人的合法权益，维持房地产的市场秩序。

7. 要具有一定的语言文字表达能力

估价报告是一种指向性非常明确的专业性与职业性的报告文体，而语言文字又贯穿于估价报告的始末，是其外在质量好坏的重要表现。首先，用语及词义方面：① 应力求准确，如估价对象描述必须清楚，不能漏项，不能用"基本"、"大约"等含混不清、模棱两可、词义不准确的词语；② 不可带有较强烈的感情色彩，如在介绍市场背景分析、区域因素分析时不能用等带有较强烈的感情色彩的词语；③ 应简练、标准，对估价中所涉及的，如估价的假设和限制条件、估价目的及价值定义和最高最佳使用分析等内容及所选择可比实例、各项数据来源和参数的选择等资料的说明，都应用简洁的文字进行高度概括。其次，在语句方面要句子完整、搭配得当、逻辑严密、前后一致。因此，估价人员只有具有一定的语言文字能力，按照房地产估价报告写作的具体文字要求去做，才能撰写出合格的估价报告。

总之，由于房地产估价是一项融综合性、现实性、灵活性、创新性特征于一体的工作。尤其是随着房地产市场的发展，房地产估价已不仅仅局限为房地产价值的估价，其业务范围将进一步的扩展，其中房地产投资项目开发的前期工作——房地产投资项目可行性分析将成为今后房地产估价人员经常要做的一项工作。这对房地产估价人员将是更大、更新的挑战。因此，只有具有上述基本素质，努力提高自身的专业技能，在实践中不断丰富估价经验，在工作中严格遵守行业规范才能作好今后的估价工作，才能在激烈的市场中拥有一席之地。

第二节　房地产估价目的与估价原则

估价目的是指一个具体估价项目的估价结果的期望用途，或者说，完成后的估价报告拿去做什么用，是为了满足何种涉及房地产的经济活动或者政府、民事行为的需要。

不同的估价目的来源于对估价的不同需要。估价目的可以划分为：土地使用权出让，房地产转让（包括买卖、交换、赠与、抵债等）、租赁、抵押、典当、保险、课税、农民集体土地征用补偿、城市房屋拆迁补偿、损害赔偿、分割、合并、纠纷、涉案，企业合资、合作、合并、兼并、分立、买卖、租赁经营、承包经营、改制、上市、破产清算、房地产估价纠纷、涉案中的房地产估价复核或鉴定等。

不同的估价目的将影响估价结果。估价目的也限制了估价报告的用途。

针对不同的估价目的所采用的价值标准，分为公开市场价值标准和非公开市场价值标准两类。采用公开市场价值标准时，要求评估的客观合理价格或价值应是公开市场价值。公开市场价值，是指在公开市场上最可能形成的价格。而公开市场，是指在该市场上交易双方进行交易的目的，在于最大限度地追求经济利益，并掌握必要的市场信息，有较充裕的时间进行交易，对交易对象具有必要的专业知识，交易条件公开且不具有排他性。

前已述及，房地产市场是不完全竞争市场，房地产价格通常随交易的需要而个别形成，受许多个别因素影响。因此，估价师在评估时，还要根据个人经验对市场作出判断，同时，也必须受到行业的行为准则约束，在一定的评估原则下开展评估活动。人们在对房地产估价的反复实践和理论探索中，逐步认识了房地产价格形成运动的客观规律，并总结出了一些简明扼要的在房地产估价活动中应遵守的法则、标准，即为房地产估价的原则。

房地产估价原则是房地产估价理论的重要组成部分，它使不同的估价人员对估价的基本前提具有认识上的一致性，使对同一估价对象在同一估价目的、同一估价时点下的估价结果具有近似性。估价人员都应正确地理解房地产估价原则，并以此作为行动指南。

作为引进产物的房地产估价理论，对房地产估价原则的认识，有一个借鉴、吸收、消化、总结和提高的过程。目前，对房地产估价原则的论述可谓仁者见仁，智者见智。从理论上说，估价原则与估价要求确有区别，估价原则反映的是房地产价格运动的内在规律，而独立、科学、客观、公正的总要求以及依法估价等，是社会对房地产估价者提出的要求，是估价的前提条件；但从现实的角度看，像依法估价这样的估价要求在实际估价工作中又确实十分重要，有包括在估价原则中的必要性。因此，我国现阶段房地产估价应遵循的原则：① 独立、客观、公正原则；② 合法原则；③ 最高最佳利用原则；④ 估价时点原则；⑤ 替代原则；⑥ 谨慎原则。其中，独立、客观、公正是对房地产估价的基本要求，它不仅是房地产估价的基本原则，而且是房地产估价的最高行为准则。合法原则、最高最佳利用原则、估价时点原则、替代原则是在各种估价目的的房地产估价中都应遵循的技术性原则。谨慎原则是仅在房地产抵押估价中应遵循的特殊原则。

一、合法原则

房地产的合法原则是指房地产估价应以估价对象的合法权益即合法产权、合法使用、合法处分为前提来进行。

1. 在合法产权方面，应以房地产权属证书和有关证件为依据。

现行的房地产权属证书有以下几类：

(1) 土地权属证书:《国有土地使用证》、《集体土地所有证》、《集体土地使用证》、《土地他项权利证明书》。

(2) 房屋权属证书:《房屋所有权证》、《房屋共有权证》、《房屋他项权证》。

(3) 统一的房地产权证书:《房地产权证》、《房地产共有权证》、《房地产他项权证》。

根据上述权属证书和其他有关证件，如政府关于房地产方面的文件、法院关于房地产方面的裁决书等，就可以判明待估房地产的产权情况，按其合法产权评估。具体需明确：农民集体所有的土地不能当作国家所有的土地来估价，行政划拨的土地不能当作有偿出让的土地来估价，临时用地不能当作长久用地来估价，违法占地不能当作合法占地来估价，临时建筑不能当作永久建筑来估价，违法建筑不能当作合法建筑来估价，产权有争议的房地产不能当作产权无争议的房地产来估价，手续不完备的房地产不能当作手续完备的房地产来估价，部分产权的房地产不能当作完全产权的房地产来估价，共有的房地产不能当作独有的房地产来估价。

2. 在合法使用方面，应以城市规划、土地用途管制等为依据。

城市规划、土地用途管制是房地产使用中必须执行的强制性标准。因此，在估价中也必须以其使用符合这些规定为前提。在用途方面，如果城市规划规定了某宗土地为居住用途，即使从其坐落位置、周围环境等来看，适合用作商业用途，除非申请变更为商业用途且得到批准，否则也必须以居住用途为前提来估价。在容积率方面，如果城市规划规定了某宗土地的容积率，则必须以不超过此容积率为前提来估价，如果超过此容积率来估价，由于超出的容积率违法没有法律保障，由此评估出的较高的价格得不到社会承认，从而不能实现。

3. 在合法处分方面，应以法律、法规或合同(如土地使用权出让合同)等允许的处分方式为依据。

处分方式包括买卖、租赁、抵押、典当、抵债、赠予等。

其他方面，如评估出的价格必须符合国家的价格政策。例如，评估政府定价或者政府指导价的房地产，应遵循政府定价或政府指导价，如房改房的价格、新建的经济适用房价格。

二、房地结合原则

房地结合原则是指无论是对房屋建筑的估价，还是对地产的估价都必须把房与地结合起来。这是因为:房屋不能离开土地而单独存在，土地包含其上的一切附着物。评估房屋的价格，必须考虑地段环境、土地位置及土地价格，因为房屋不可以脱离其赖以立足的土地而流通。同理，评估土地价格，无论该土地是用于土地再开发，还是直接用于经营，附着其上的房屋建筑都应包括其中;否则，要么土地使用权变动毫无实际内容，要么行使土地使用权，附着其上的一切物品就无法独立地实现其使用价值。

房地结合原则说明，房产估价要考虑地价因素，地产估价也应考虑房产价格。这种结合并不否定房地权属关系的相对分离及房地分割的单独交易，但这种分离与分割只是房地不同所有者、使用者的利益分配问题。如某一地块附有房屋建筑，土地使用权属于甲所有，而房屋属于乙所有。假设房屋所有者乙要出卖其房屋，另一买主要购买其房屋。对此，房屋的估价必须考虑地价，只不过乙得到的只是房地价格中的分割屋价，土地所有权者得到另一部分(在不转让土地使用权的情况下)，即地租。房屋买主同时支付房价与地租。土地使用权与房屋所有权分离这种情况，在现实生活中往往演化为近似股份经济的合伙联营经济形式。

三、最高最佳使用原则

最高最佳使用原则也称最有效使用原则，是指在合法使用的前提下，以委估房地产最高最佳或最有效使用的方式为估价基础进行估价。

房地产估价之所以要遵循最高最佳使用原则，是因为在现实房地产经济活动中，每个房地产拥有者都试图充分发挥其房地产的潜力，采用最有效的使用方式，以取得最大的经济效益。这主要是以投资者的理性投资行为为基础而形成的基本原则。

最高最佳使用原则具体包括以下三个方面：

1. 法律许可范围内最佳的用途

土地可以有商业、工业、住宅等多种用途，但同一地块在不同用途状态下其收益并不相同，我们要在规划许可前提下，选择能最大限度发挥房地产效用的用途。如城市中心商服繁华地段有一房地产，规划用途为商服业用途，由于历史原因，目前为工业用途或生活服务设施(如菜场)，效益明显偏低，其用途显然不是最优。估价时，不应以现状用途为估价依据，而应以可能的最优用途(商服业)进行估价。又如，城市中的某一块空地，尽管目前的收益为零甚至为负(如支付必要的管理费用)，但并不意味着该宗土地没有价格，只是它目前尚未处于最高最佳使用状态。估价时，也应根据规划要求，确定最佳用途，而后估价。

2. 最佳的规模

对一个企业而言，其土地、资本、劳动和管理等各要素只有合理配置与组合，才能发挥最佳效用。同样，对一宗房地产来说，其房屋建筑和土地也必须合理配置。相对于土地，建筑物的面积太大或太小，均不能发挥房地产的最佳效益，太大，则场地空间不够，人流、物流拥挤，影响其整体效益的发挥；太小，则造成资源浪费，资产效益降低。

3. 最佳的集约利用度

这里的最佳集约利用度并不是最大集约利用度，不是单纯地追求容积率或其他一些指标，而是包括生态环境、社会经济要素在内的综合的集约利用度。它要求土地、建筑物与周围环境，如绿地比例、配套设施、相关与竞争性房地产的数量、分布等相协调，实现广义意义下的最佳集约利用。

一些房地产估价著作中所提到的均衡原则和适合原则，实际上是最有效使用原则的引伸。均衡原则：以房地产内部构成要素的组合是否保持平衡，来判断其最有效使用。适合原则：以房地产整体对外部环境是否保持均衡，来判断其最有效使用。均衡原则加上适合原则，即内部构成要素为适当的组合，外部环境为最协调的状态时，为最高最佳的使用状态。

若评估对象用途已定(正在使用中)，则评估时应考虑以下前提：

1. 保持现状前提

认为保持现状继续使用最为有利时，应以保持现状继续使用为前提估价。现有建筑物应予保留的条件：现状不动产的价值大于新建不动产的价值减去拆除现有建筑物的费用及建造新建筑物的费用之后的余额。

2. 转换用途前提

认为转换用途予以使用最为有利时，应以转换用途后再予以使用为前提估价。转换用途的条件：预计转换用途所带来的不动产价值增加额大于转换用途所需要的费用。

3. 装修改造前提

认为装修改造但不转换用途予以使用最为有利时，应以装修改造但不转换用途再予以使用为前提估价。对现有建筑物应进行装饰装修改造的条件：预计装饰装修改造后不动产价值的增加额大于装饰装修改造费用。

4. 重新利用前提

认为拆除现有建筑物予以利用最为有利时，应以拆除现有建筑物后再予以利用为前提估价。

5. 上述情形的某种组合

最常见的是转换用途和装修改造的组合。

四、估价时点原则

估价时点原则是指必须把委估房地产置于估价时点进行估价。或者说，估价时点原则要求房地产估价结果应是估价对象在估价时点时的客观合理价格或价值。估价时点，又称评估基准日、估价期日、评估时日，是一个特定的具体时间(日期)，不是估价人员可以随意假定的，必须根据估价目的来确定。它通常用年、月、日表示。

房地产估价中必须遵循估价时点原则的主要原因有以下几个：

(1) 任何一个房地产市场总是处在不断的发展变化之中，决定和影响房地产价格的因素也在不断变化之中，因此，房地产价格也就处于不断变化之中，在不同的时间，同一宗房地产往往有不同的价格。因而，房地产的价格始终只是特定时间的价格，这就决定了估价时必须有一个特定的时间——估价时点，假定市场情况“静止”在此时间点上，同时估价对象房地产的状况通常也是以其在该时点时的情况为准(期货估价例外)，估价额是相对于估价时点的价格。

(2) 房地产交易是涉及众多法律、法规的权益性交易。房地产交易，无论是买卖、租赁，还是出让、转让、抵押和继承，都不像一般商品那样靠物质实体在当事人之间交付(流通)完成，即买主带走他所购商品，而主要靠法律、法规和契约来完成。但法律、法规、政策的颁布、修改、实施和权益的确认、登记和过户，都是有明确的时间界限的。这样就能确定市场的条件和交易双方的责任界限。

(3) 市场比较法、重置成本法和收益法等房地产估价的基本方法也都是与估价时点紧密联系的。例如，在运用重置成本法估价时，必须采用重置成本减折旧的方法，而不能直接用建筑物原值减折旧来确定建筑物的价格，这里，重置成本和折旧都包含了时间变化的因素。

估价时点并非总是与估价作业日期(估价作业日期是正式接受估价委托的年月日至

完成估价报告的年月日)相一致的。实际估价中,一般将估价人员执行现场勘察的日期定为估价时点,或因特殊需要将其他日期定为估价时点。确立估价时点原则的意义在于:估价时点是责任交代的界限和评估房地产时值的界限。

不同估价目的的房地产估价,其估价时点与估价所依据的估价对象状况和房地产市场情况的关系见图 3-1 或表 3-1。

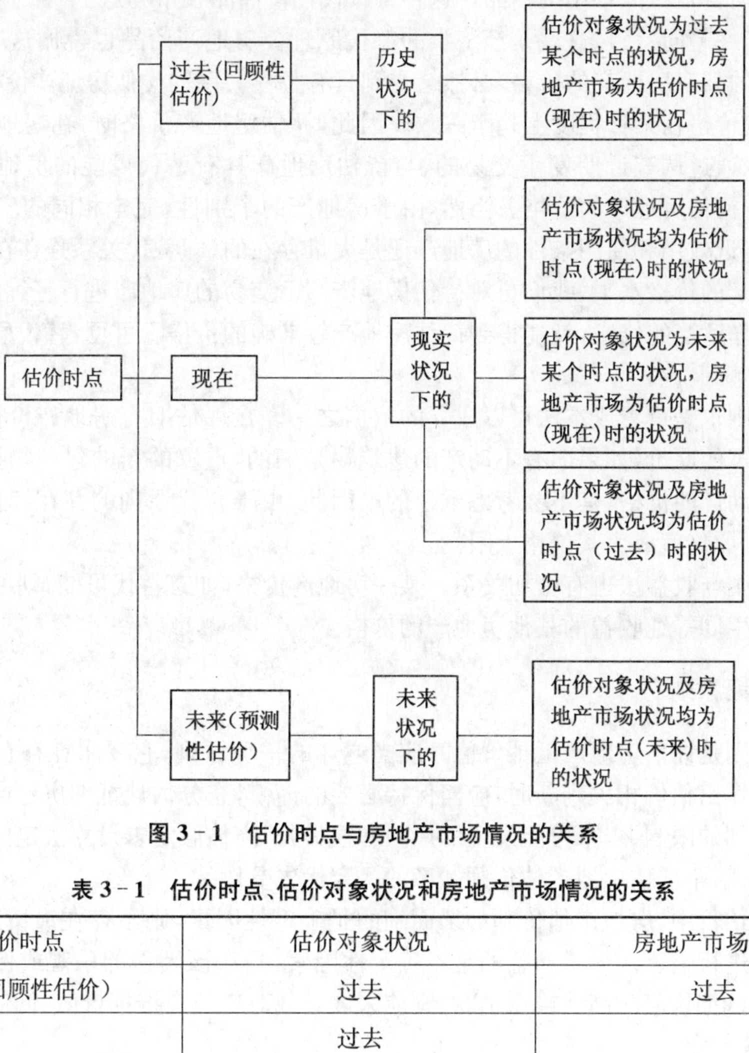

图 3-1　估价时点与房地产市场情况的关系

表 3-1　估价时点、估价对象状况和房地产市场情况的关系

估价时点	估价对象状况	房地产市场状况
过去(回顾性估价)	过去	过去
现在	过去	现在
现在	现在	现在
现在	未来	现在
未来	未来	未来

五、替代原则

替代原则要求房地产估价结果不得明显偏离类似房地产在同等条件下的正常价格。所谓类似房地产是指与估价对象处在同一供求范围内,并在用途、规模、档次、建筑结构等方面与估价对象相同或相似的房地产。同一供求范围是指与估价对象具有替代关系，价格会相互影响的房地产所处的区域范围。

按照经济理性主义假定，消费者的消费行为总是使其消费效果的满足程度达到最大化。在此假定下，同一市场上，当两种或两种以上商品具有相同效用时，消费者总是愿意以较低价格购买具有一定效用的商品；相反，当消费者以一定价格去购买商品时，总是期望购买对他而言是最大效用的商品。这种可替代性使商品在市场这一“看不见的手”的作用下，价格最终趋向一致，这就是经济学的替代原理。房地产商品也遵循这一原理，同一供求范围内的某宗房地产的价格，必然会受到具有替代关系的类似房地产价格的影响，并相互竞争，使价格在某种程度上趋于一致。因此，评估房地产价格时，在房地产同一供求范围内，可以通过调查近期发生交易的、与待估房地产具有替代可能的房地产价格及条件，从而确定待估房地产的价格。当然，由于房地产的个别性，完全相同的房地产是没有的，但具有相近效用和使用条件的房地产还是大量存在的(即替代关系是存在的)，由此可以得到“类似”的价格水平，我们再对待估房地产与已交易的房地产进行仔细的比较，并对其中的差别作适当的修正，就能得到待估房地产较准确的价格。可见，替代原则是市场比较法的理论基础。

替代原则也是重置成本法可以成立的依据之一。在评估旧有房地产价格时，如果重置新的不动产的原价(如果旧有不动产的建筑物是旧的，重置的新的建筑物要考虑折旧)高于旧有不动产的价格，是不会考虑重建的。因此，由于替代原则的存在，对可能重置的房地产，重置原价就成为其价格上限。

替代原则与收益法也有密切关系。某一房地产价格，如有替代可能，则可以决定能与该房地产产生同等纯收益的其他房地产的价格。

六、谨慎原则

谨慎原则是评估房地产抵押价值时应当遵守的一项原则，它要求在存在不确定性因素的情况下作出估价相关判断时，应当保持必要的谨慎，充分估计抵押房地产在抵押权实现时可能受到的限制、未来可能发生的风险和损失，不高估假定未设立法定优先受偿权利下的市场价值，不低估房地产估价师知悉的法定优先受偿款。

在实际估价中，房地产估价师如果面临的是确定性因素，则不存在谨慎问题，应依据确定性因素进行估价。如果面临的是不确定性因素，当对该因素的乐观或保守估计会导致对房地产抵押价值的高估或低估时，则应采取导致对房地产抵押价值“低估”的估计。

【小结】

本章主要阐述房地产估价的概念，要求读者能以一个房地产专业人员的标准，按照房地产估价的原则去正确的估价。

【复习思考题】

1. 一名合格的专业房地产估价人员应当具备哪些素质？
2. 房地产估价与房地产定价有何本质区别？
3. 什么是最高最佳使用原则？如何达到最高最佳使用状态？
4. 对现有建筑物予以保留的条件是什么？
5. 估价时点与估价作业期有何不同？在估价报告中写明这两个时间的目的是什么？

6. 如何遵循替代原则?

7. 如何才能评估出客观合理的价值?

8. 估价时点是否总是“现在”? 为什么?

【案例分析】

案例一:2007年1月,甲在未征得乙同意的情况下,提供虚假材料将甲、乙共有的房屋出售给丙,并且办理了转移登记,丙领取了房产证。3月乙发现后,向房屋登记机关提出异议,要求房产管理部门撤销丙的房产证。

分析:案例中丙的房产证能否撤销?

案例二:某工厂为企业改制进行资产重组,委托估价机构将其划拨土地上建成的两幢房屋进行估价。该工厂的房屋所有权证上记载,该两幢房屋的用途均为工业。根据估价人员现场勘察的结果,该两幢房屋中一幢为厂房,另一幢原为厂房,后自行改为办公楼用于出租。

(1) 应根据何种用途对该两幢房屋进行估价?(　　)

A. 根据房屋所有权证上记载的用途进行估价

B. 根据估价人员现场勘察结果的现状用途进行估价

C. 根据企业改制、资产重组后该两幢房屋拟确定的用途进行估价

D. 根据该两幢房屋可以获利最多的用途进行估价

(2) 将该两幢房屋的用途由工业改变为其他,应通过下列途径中的(　　)

A. 自行改变

B. 经上级主管部门批准改变

C. 经政府房屋管理部门批准,并办理变更手续

D. 经政府规划主管部门批准,并按法定程序办理变更手续

(3) 该工厂若为扩大经营而筹集资金将该两幢房屋抵押,则为抵押目的评估的价值应为(　　)。

A. 该两幢建筑物的抵押评估价格之和

B. 该两幢建筑物及其土地的抵押评估价格之和扣除划拨土地改为出让土地时应补交的土地使用权出让金

C. 该两幢建筑物的抵押评估价格之和乘以银行抵押率后的价格

D. 该两幢建筑物及其土地的抵押评估价格之和乘以银行抵押率后的价格

(4) 该工厂若将该两幢房屋投保火灾险,则为保险目的评估的价值应为(　　)。

A. 该两幢房屋的正常市场价值

B. 该两幢建筑物的重新建造成本

C. 该两幢建筑物的重新建造成本结合成新折扣后的价值

D. 该两幢建筑物的重新建造成本结合成新折扣后的价值加上土地的价值

第四章　市场比较法

【学习目标】

1. 了解市场比较法的基本原理；
2. 掌握搜集交易实例的途径及内容；
3. 掌握选取可比实例的标准；
4. 掌握建立价格可比基础包括的具体内容；
5. 掌握交易情况的修正、交易日期的修正、房地产状况的修正；
6. 掌握比准价格的求取。

【案例导入】

河池市房产评估乱象亟须规范

“同一套房子，两家不同的中介公司评估竟然相差 5 万元，不知道哪家公司的评估结果更符合市场价?”9 月 14 日，正在“物色”房产评估公司的河池市民吴先生，致电本报记者寻求帮助。

吴先生说，由于资金紧张，他计划把手中一套面积为 110 平方米的房屋(房龄 12 年)做抵押物向银行申请贷款。为此，他先后联系了两家自称有评估资质的房屋中介公司，没想到两家公司的评估价竟然相差 5 万元。

当日，记者随吴先生来到其中的一家中介公司。在这家名为“万佳房产担保公司”的工作人员信誓旦旦地说，如果将房子交给他们评估，至少可以评到 25 万元以上。如果还想评得高，多交一些手续费就可以了。

随后，记者和吴先生又来到河池市永宁房地产销售策划有限公司。该公司工作人员表示，必须现场勘查后才能给出相对准确的评估价。而从历年的经验判断，吴先生的房子最多只能从银行贷到 10 万元。

除了评估价格相差大、收费不统一之外，从业人员良莠不齐也是当前河池房产评估市场存在的突出问题。由于国家没有明文规定评估机构的收费标准，一宗评估业务，有的收费 1 000 元，有的收费 2 000 元，一些资历较浅的评估公司为了揽客，将价格压得更低以吸引顾客。

“由于成立评估公司的门槛很低，一些评估公司还出现一个人挂靠几个评估公司的现象。这些黑中介造成中介公司之间的无序竞争，损害了消费者的利益，影响了整个河池房屋中介服务市场的健康发展。”河池市永宁房地产销售策划有限公司负责人蓝永宁表示。

据市房产局房地产交易中心韦伟生所长介绍，房产评估机构共分三个等级，最低的三级房产评估机构至少有 3 个估价师，评估的范围限于本地；二级机构限于省内；一级机构全国可评估。

韦伟生表示,估价师要考取评估员证和房地产估价师证,具备双证才有评估的资格。在评估过程中,如果户主对评估价有质疑,可以到当地的房产局备案,房产局要求该评估机构出具详细的估价报告,并成立一个估价委员会,邀请相关的估价师重新评估,通过法律途径规范乱评估的行为。

记者获悉,建设部在1999年就下发了《国家标准房地产估价规范》(以下简称"《规范》"),但该《规范》属于指导性意见和业务指南性质,并无强制性。而且,目前没有具体的法律、法规对评估价格的误差作出约束和规范,因此,不同评估机构对同一评估对象作出的估价,有时相差会较大。

另外,由于银行、房产部门认可有资质的评估机构作出的评估结果,而国家又没有相关条文对评估报告进行规定,不禁使得有需求的市民期望这份评估报告认可面拓宽些。为了满足客户这方面的特殊"需求",分食利益,提高各自的业绩,银行和评估机构就在评估价上动起"手脚"。

第一节　市场比较法概述

一、市场比较法的概念

市场比较法又称市价比较法、交易实例比较法、买卖实例比较法、市场资料比较法、交易案例比较法、现行市价法,有时又简称比较法或市场法。市场比较法是将估价对象与估价时点近期有过交易的类似房地产进行比较,对这些类似房地产的已知价格作适当的修正,以此估算估价对象的客观合理价格或价值的方法。

市场比较法的关键是选择类似房地产。类似房地产是指与估价对象处于同一供求圈内,并在用途、规模、档次、建筑结构等方面与估价对象相同或相近的房地产。

同一供求圈是指与估价对象具有替代关系、价格互相影响的适当范围,包括邻近地区和类似地区。邻近地区是指待估房地产所隶属的地区,它一般以某一特定的用地类型为主要用地类型,且该类型在该地区内的空间分布是连续的,如:商业区、住宅区、工业区;类似地区是指与待估房地产所隶属的地区具有相同或相似的土地利用类型和市场供需状况,但在空间上不连续的区域,如同为城市一级地的商业用地。

市场比较法是以市场实际交易价格为估价基准,所以市场比较法是一种说服力较强、实用范围较广及普遍采用的重要估价方法。

采用市场比较法求得的房地产价格通常称为比准价格。

二、市场比较法的理论依据

市场比较法的理论依据是房地产交易中的替代原理。

市场经济中,经济主体的行为普遍追求效用最大化,即以最小的费用(代价),取得最大的利润(或效用)。当同一市场上出现两种或两种以上效用相同或效用可相互替代而价格不等的商品时,购买者将会选择价格较低的商品;而当价格相同,效用不等时,购买者又将选择效用较大的商品。这种选择行为的结果,是在效用均等的物品之间产生相同的价格。

替代原理作用于房地产市场，表现为效用相同，条件相近的房地产价格总是相互牵引，趋于一致，即：任何买者不会接受比市场上正常价格较高的成交价格，任何卖者也不会接受比市场正常价格较低的成交价格，因此，我们在评估某一房地产的价格时，可以用类似房地产的已知交易价格，比较求得估价对象房地产的未知价格。当然，由于房地产市场的不完全性，房地产商品的个别性，交易实例房地产与待估房地产之间总是存在一定的差异，这些差异将会导致待估房地产与交易实例房地产之间的价格差异。另外由于交易双方个人爱好、知识水平、交易时情况的不同，对市场上广泛认同的价格效用比也不一定把握准确，个别的交易也会偏离市场的正常交易。因此，采用比较法进行房地产估价时，必须将待估房地产与比较案例进行认真分析，比较两者的差异，并定量估测由此而产生的价格差异，进而求得待估房地产的市场价格。市场比较法的基本原理可用图 4－1 表示。

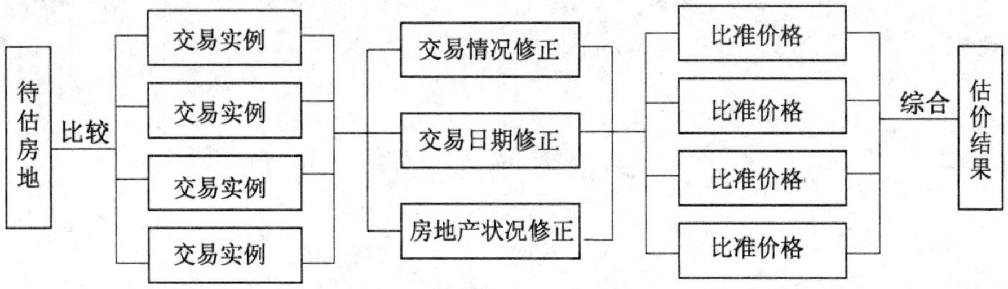

图 4－1　市场比较法原理示意图

三、市场比较法的适用条件和适用范围

（一）市场比较法的适用条件

市场比较法依赖于活跃的房地产市场所提供的市场资料和交易实例，是以发育健全的房地产市场为基本条件，同时还应掌握充足的交易实例资料。应用市场比较法应具备以下条件：

1. 充分的交易实例资料

在充分掌握房地产的市场交易实例作为分析、比较的前提下，比较才能得以进行。一般认为，估价人员至少要掌握 10 个以上作为比较实例的相关的市场交易资料，其中 3 个是最基本的比较实例。收集实例资料越充裕，应用市场比较法所得到的结果就越理想，才能构成比较理想的房地产价格指数，作为分析、比较的依据，否则就不易得出公平合理的评估价格。

2. 资料应具有相关性

估价中所选用的可比实例需与估价对象房地产有较大的相关性。相关性是指比较实例中的房地产与估价对象房地产之间的各种价格因素是相似的，相关程度越大，比较及评估效果就越理想。在房地产价格诸因素中至关重要的是地域因素、规划容积率因素、建筑结构因素以及使用功能因素等。

3. 市场供求关系基本一致

供求情况相差过大的两者，不宜进行比较，比较实例与估价对象房地产在当地市场供求关系上应基本保持一致。

4. 明确显示具备的条件

在运用市场比较法估价时，估价人员必须将估价对象房地产与比较实例房地产的价格因素一一列出，逐项分析比较，衡量其相关程度，并找出它们之间的差异。如果比较实例没有载明该项房地产所具备的各项基本条件，那么它将失去作为比较实例的意义。所以，比较实例和待估房地产均应能明确显示各自具备的条件。

5. 资料必须翔实可靠

比较实例资料及其来源必须翔实可靠，若资料失实必将影响估价结果的合理性。

（二）市场比较法的适用范围

市场比较法适用于房地产市场发达、活跃和完善的地区，而且有广泛市场交易的房地产类型。如普通住宅、商铺、写字楼、厂房、空地等，这些房地产由于数量众多，交易频繁，可搜集到充足的交易实例资料，使市场比较法具有使用基础，而经常采用市场比较法。

下述情况一般不宜采用市场比较法：在房地产市场发育尚不够充分的地方；在没有或较少有房地产交易的地方（可能由于某种原因导致在较长一段时间内没有发生房地产交易）；某些类型很少见的房地产，或交易实例很少的房地产（如古建筑），也难以采用市场比较法评估；另外，对于那些像教堂、寺庙以及公用建筑等难以成为交易对象的房地产，市场比较法也难以适用。总之，只有在同一地区或同一供求范围内的类似地区中，与估价对象房地产相类似的房地产交易较多时，市场比较法才是有效的方法，否则不宜采用。

四、市场比较法的操作步骤

运用市场比较法估价一般分为下列七个步骤进行：

（1）搜集交易实例；

（2）选取可比实例；

（3）建立价格可比基础；

（4）进行交易情况修正

（5）进行交易日期修正

（6）进行房地产状况修正

（7）求取比准价格。

第二节　可比实例的选择

可比实例的选择需要经过搜集交易实例、选取可比实例、建立价格可比基础等步骤。

一、搜集交易实例

搜集大量的房地产市场交易实例资料，是运用市场比较法评估房地产价格的基础和前提条件，只有拥有了大量的真实、可靠的交易实例，才能把握正常的市场价格行情，才能评估出客观合理的价格。作为一个专业估价人员，搜集交易实例不应等到采用市场比较法估价时才进行，而应注意在平时搜集和积累，这样才能保证在采用市场比较法估价时有足够多的交易实例可供选用。

（一）收集交易实例的范围

一般情况下，无论何种类型房地产，如果与估价对象相邻的类似房地产交易频繁，则收集交易实例的范围就不需要很大；反之，就要扩大范围。

收集交易实例的地理范围，依据估价对象房地产的性质和类型确定。有些类型如居住用途房地产，可以根据交易实例与估价对象房地产之间距离的远近来确定范围；也有些房地产类型如商业用途房地产，距离近的未必属于适当的交易实例收集范围。还有些房地产，如工业用途房地产，则可将交易实例收集的区域扩大到较大的地理范围内。

（二）收集交易实例的途径

活跃的房地产市场中，交易实例的搜集通常有以下几种途径：

（1）查阅政府有关部门的房地产交易登记等资料，如房地产产权转让时成交价格的资料、交易登记资料、近期政府出让土地使用权的地价资料，政府确定公布的基准地价、标定地价和房屋重置价格资料等。

（2）查阅报刊上有关房地产出售、出租的广告或有关房地产交易的信息等资料。

（3）参加房地产交易会，了解房地产价格行情，搜集价格信息，索取有关资料。

（4）向房地产交易当事人、四邻、经纪人、金融机构、司法机关等调查了解有关房地产交易的情况。

（5）假装成房地产购买者，与房地产出售者如开发商、代理商等洽谈，取得真实的房地产价格资料。

（6）同行之间相互提供。估价人员、估价机构如能组成类似学会、协会、联合会之类的组织，可以约定相互交换所搜集的交易实例和经手的估价案例资料。

（7）其他途径。

对于收集到的交易资料，应该按照一定的档案制度，进行登记、归档，以有利于资料的保存和日后使用。

（三）交易实例的搜集内容

运用市场比较法估价必须搜集、掌握充分的市场交易资料，搜集交易实例时，应针对性搜集如下内容：

1. 交易双方的基本情况及交易目的

交易双方的基本情况包括交易双方的名称、性质、法人代表、住址等基本情况以及交易双方有无利害关系等，以便进一步判断交易是否属正常交易。交易目的包括转让、抵押、入股等。

2. 交易实例房地产状况

房地产状况包括权益状况、实物状况、环境状况等，如坐落位置、面积、用途、朝向、交通便捷程度、土地容积率、公用配套设施完备程度、建筑物剩余使用年限、周围环境与景观等。

3. 成交价格及付款方式

房地产价格有房地产总价格、房屋总价格、土地总价格及相应单价，同时还应注意价格类型，如土地拍卖价格、招标价格、协议价格；货种及货币单位等情况，如美元、港币、日元等。

4. 成交日期

以确定交易实例的可比性进行日期修正。

5. 付款方式

付款方式包括一次性付款、分期付款、抵押贷款的方式及比例等。

6. 交易情况

如交易税费的负担方式，有无隐价瞒价情况以及有无债务清偿，人为抬价或亲友间交易，合并土地的买卖等特殊交易情况。

搜集交易实例时应注意内容的完整性和统一性，以及资料归档的规范性。因此，在收集交易实例时，估价人员应针对不同类型的房地产编制交易实例调查表，如表 4 - 2 所示。

交易实例及其内容的真实性、可行性是提高估价准确性的可靠保证。因此应注意查询每个交易实例的各项内容，确认其准确性并输入计算机，建立资料库，估价时方便查找、调用。

表 4 - 2 交易实例调查表

房地产类型：

<table>
<tr><td colspan="2">名　称</td><td colspan="5"></td></tr>
<tr><td colspan="2">坐　落</td><td></td><td>用途</td><td></td><td>权利情况</td><td></td></tr>
<tr><td colspan="2">卖　方</td><td colspan="5"></td></tr>
<tr><td colspan="2">买　方</td><td colspan="5"></td></tr>
<tr><td colspan="2">成交价格</td><td></td><td>货币种类</td><td></td><td>成交日期</td><td></td></tr>
<tr><td colspan="2">付款方式</td><td colspan="5"></td></tr>
<tr><td rowspan="3">房地产状况说明</td><td>区位状况说明</td><td colspan="5"></td></tr>
<tr><td>权益状况说明</td><td colspan="5"></td></tr>
<tr><td>实物状况说明</td><td colspan="5"></td></tr>
<tr><td colspan="2">交易情况说明</td><td colspan="5"></td></tr>
<tr><td colspan="3">坐落位置图</td><td colspan="4">建筑平面图</td></tr>
<tr><td colspan="2">资料来源</td><td></td><td>调查日期</td><td></td><td>调查人</td><td></td></tr>
</table>

二、可比实例的选取

估价时用于参照比较的实例称可比实例，可比实例的选取是针对具体的待估房地产而言的。对于某一待估房地产而言，平时日渐积累的交易实例中，只有少数在估价目的、估价时点、房地产状况等方面与待估房地产相吻合或相近。可比实例的选择，是运用市场比较法成功的重要环节。实际工作中，一般要求选取 3 个以上(含 3 个)10 个以下(含 10 个)的可比实例，以保证估价结果的客观性、准确性。

可比实例应符合下列基本要求。

(一) 与估价对象类似的房地产

1. 与估价对象房地产的用途应相同

主要是指房地产的具体利用方式，可按大类和小类划分。大类用途如商店、办公楼(写字楼)、酒楼、旅馆、住宅、工业厂房、仓库等。小类是在大类用途的基础上再细分，例如住宅可细分为普通住宅、高档公寓、豪华别墅等。

2. 与估价对象房地产的建筑结构应相同

这里主要指大类建筑结构，一般分为钢结构、钢筋混凝土结构、砖混结构、砖木结构、简易结构。如果能在大类建筑结构下再细分出小类建筑结构则更好。

3. 与估价对象房地产所处地段应相同

主要是指可比实例与估价对象房地产应处于相同特征的同一区域或临近地区，或处于同一供求圈内或同一等级土地内。

(二) 成交日期与估价对象房地产的估价时点应相近

一般选取的可比实例房地产的成交日期距估价时点的间隔越短，在进行交易日期修正时的准确性越高。因此，最好选择近期一年内成交的交易实例作为可比实例。如果房地产市场相对比较稳定，可适当延长间隔时间，但最长时间不宜超过两年。总之，选取哪一时点的交易实例作可比实例，必须以可比实例的交易日期经修正后能反映估价时点的市场实际价格为前提。

(三) 估价对象房地产的价格类型应相同

要求交易实例与待估房地产的价格类型相同。这种价格类型主要指大类价格类型，如果小类价格类型也相同则为更好。房地产大类价格类型主要是指：① 买卖价格；② 租赁价格；③ 抵押价格；④ 入股价格；⑤ 征用价格；⑥ 典当价格；⑦ 课税价格；⑧ 投保价格等。

(四) 成交价格为正常价格，或可修正为正常价格

所谓正常价格，是指在公开的房地产市场上，交易双方均充分了解市场信息，以平等自愿的方式达成的交易实例价格。这类交易实例应当首选为可比实例。如果市场上正常交易实例较少，不得不选择非正常交易实例作为可比实例时，也应选取交易情况明了且可修正的实例作为可比实例。现举例说明如何选取合适的比较实例。

例 4-1 有一幢砖混结构的住宅,建筑层数为七层,地区级别为七级,现空置。要求用市场比较法评估其出售价格,请从表 4-3 所给资料中选取合适的比较实例。

4-3 交易实例表

房屋性质	是否空置	估价时间、目的	地区级别	市场价格
A 钢混结构七层综合大楼	空置	近期/出售	7 级	1 700 元/m²
B 砖混结构七层住宅	空置	3 年前/出售	10 级	960 元/m²
C 砖混结构七层住宅	空置	近期/出租	6 级	690 元/m²
D 砖混结构七层住宅	空置	1 年前/抵押	7 级	抵押价值 1 100 元/m²
E 砖混结构七层住宅	空置	近期/出售	7 级	1 500 元/m²

解:分析交易实例,确定可比实例:

实例 A,不适合作比较实例。因其为钢混结构综合大楼,房屋结构和使用性质与待估房地产不同。

实例 B,不适合作比较实例。因为其出售时间是在 3 年前,距今相差太长,且其地区级为 10 级,与待估房地产的地区级相差太大。

实例 C,不适合作比较实例。因为其交易目的是出租而不是出售,在房地产的价格类型上与待估房地产不同。

实例 D,不适合作比较实例。因为其评估的目的是为了抵押而不是出售,抵押价值不能作为买卖价格来作评估的比较依据。

实例 E,适合作比较实例,其各种条件和房地产使用性质、结构类型、地区等级、估价时间和价格类型等均与待估房地产的条件基本相符,是较为理想的评估实例。

结论:通过分析比较各实例情况,最后选取实例 E 作为待估房地产的可比实例之一。

三、价格可比基础的建立

在对比较实例进行修正前,应先把各比较实例的成交价格调整至比较实例之间,比较实例与待估房地产之间具有可比基础的价格。所谓具有可比基础是指:单价的含义统一、面积的内容统一、货币的单位统一。因为已选取的若干个可比实例之间及其与估价对象之间,可能在付款方式、成交单价、货币种类、货币单位、面积内涵和面积单位等方面存在不一致,无法进行直接的比较修正,因此,需要对它们进行统一换算处理,使其表述口径一致,以便进行比较修正,为后面进行交易情况、交易日期和房地产状况修正打下基础。

建立价格可比基础具体包括以下四个方面:

1. 统一付款方式

资金具有时间价值,由于房地产的价值量大,房地产价格往往采用分期付款方式支付,因而出现了名义价格和实际价格的不同。同一名义价格,同付款期限的长短、付款金额在付款期限内的分布不同,实际价格也不同,所以,要将分期付款可比实例的成交价格修正为在其成交日期时一次付清的价格。

例 4-2 某宗房地产交易总价款为 80 万元。双方约定,从成交日期起分期付清,首付 40 万元，余款一年内分两期付清，每隔半年支付 20 万元。假设年利率为 6%，则在其成交日期时一次付清的价格为：

$$40+\frac{20}{(1+6\%)^{0.5}}+\frac{20}{(1+6\%)}=78.294\text{ 万元}$$

在进行价格换算时，应注意利率要和对应的周期相一致。

知识小贴示：关于利息的计算

利息是在信用活动中货币所有者在一定条件下贷出货币资本的使用权，货币使用者到期偿还借款时还必须支付一个增加额，即利润的一部分。它的计算方法分为单利和复利计息。单利计息是只就本金计算利息，利息不再计息。其计算公式为：$I=P\cdot R\cdot D$（I代表利息额，P 为本金，R 为利率，D 为时间）。如某人借款 1 000 元，月息率 6‰，借期为 10 个月。到期时借款人应支付利息是 60 元。复利是单利的对称，它是按一定期限如一年，将所产生利息加入本金再计算利息，俗称"利滚利"。其公式：$S=P(1+R)^n$ 及 $I=S-P$（S 代表本息合计，n 为期数，I、P、R 与上式相同。）如某人借 10 000 元，年息 4 厘，2 年到期后归还，利息为 816 元。

显然对同一笔本金，在利率和计息周期相同的情况下，用复利计算出的利息金额比用单利计算出的利息金额大。当本金越大，利率越高，计息周期越多时，两者差距越大。

2. 统一采用单价

将可比实例房地产价格与估价对象房地产价格进行比较修正时，必须采用相同的单位价格。土地在建筑面积低密度地区通常宜采用土地单价为比较单位；在建筑面积高密度地区宜采用楼面地价（楼面地价＝土地单价/容积率）为比较单位。大多数房地产，如住宅、商铺、写字楼等通常采用以单位建筑面积的价格为比较单位；有时也用单位套内建筑面积或使用面积为比较单位。特殊房地产如保龄球馆通常按球道为比较单位，停车场通常按每个车位为比较的单位。

3. 统一币种和货币单位

不同币种间价格的换算，应采用该价格所对应的日期时的市场汇价。通常情况下，是采用成交日期时的市场汇价，但如果先按原币种进行交易日期修正，则对进行了交易日期修正后的价格，应采用估价时点时的市场汇价。

在货币单位方面，按使用习惯，人民币、美元、港币等，通常都采用"元"。

4. 统一面积内涵和面积单位。

面积内涵主要包括使用面积和建筑面积，进行价格换算的计算公式为：

$$\text{建筑面积下的价格}=\text{使用面积下的价格}\times\frac{\text{使用面积}}{\text{建筑面积}}$$

$$\text{使用面积下的价格}=\text{建筑面积的价格}\times\frac{\text{建筑面积}}{\text{使用面积}}$$

除了使用面积和建筑面积外，还有用套内建筑面积来计价的。

知识小贴示:不同面积单位之间的换算

在面积单位方面,中国大陆通常采用平方米、公顷、亩等,香港地区和美国、英国等习惯采用平方英尺,中国台湾和日本一般采用坪。不同面积单位之间的换算如下:

1 亩=666.67 平方米

1 公顷=10 000 平方米

1 平方米=10.764 平方英尺

1 平方米=0.303 坪

例 4-3　搜集有甲、乙两宗交易实例,甲交易实例的建筑面积 200 平方米,成交总价 80 万元人民币,分三期付款,首期付 16 万元人民币,第二期于半年后付 32 万元人民币,余款 32 元人民币于一年后付清。乙交易实例的使用面积 2 500 平方英尺,成交总价 15 万美元,于成交时一次付清。如果选取此两宗交易实例为可比实例,则一般在进行有关的修正之前应先做如下处理:

(1) 统一付款方式。如果以在成交日期时一次付清为基准,假设当时人民币的年利率为 8%,则:

$$甲总价=16+\frac{32}{(1+8\%)^{0.5}}+\frac{32}{(1+8\%)}=76.422(万元人民币)$$

$$乙总价=15(万美元)$$

(2) 统一采用单价

$$甲单价=\frac{764\ 220}{200}=3\ 821.1(元人民币/平方米 \cdot 建筑面积)$$

$$乙单价=\frac{150\ 000}{2\ 500}=60(美元/平方英尺 \cdot 使用面积)$$

(3) 统一币种和货币单位。如果以人民币元为基准,则需要将乙交易实例的美元换算为人民币元。假设乙交易实例成交当时的人民币与美元的市场汇价为 1 美元=8.3 元人民币,则:

甲单价=3 821.1(元人民币/平方米·建筑面积)

乙单价=60×8.3=498(元人民币/平方米英尺·使用面积)

(4) 统一面积内涵。如果以建筑面积为基准,另通过调查得知该类房地产的建筑面积与使用面积的关系为 1 平方米建筑面积=0.75 平方米使用面积。则:

甲单价=3 821.1(元人民币/平方米·建筑面积)

乙单价=498×0.75=373.5(元人民币/平方米英尺·建筑面积)

(5) 统一面积单位。如果以平方米为基准,由于 1 平方米=10.764 平方英尺,则:

甲单价=3 821.1(元人民币/平方米·建筑面积)

乙单价=373.5×10.764=4 020.4(元人民币/平方米·建筑面积)

第三节　各项修正计算

一、交易情况修正

（一）交易情况修正的含义

交易情况修正指排除交易行为中的特殊因素所造成的可比实例成交价格偏差，将可比实例的成交价格调整为正常价格。我们所选取的可比实例的价格可能是正常的，也可能是不正常的，而我们所要求评估的估价对象的价格是客观合理的，经过交易情况修正，我们就将可比实例的实际而可能不是正常的价格变成了正常的价格。

（二）造成成交价格偏差的原因

由于房地产的不可移动性、个别性及价值高的特点，不易实现完全的市场交易，其交易价格往往因个别交易而形成，在运用比较法时，必须排除掉个别交易行为中特殊因素造成的交易价格偏差，使其正常化。交易中的特殊因素较复杂，归纳起来主要有以下几项：

1. 有特殊利害关系人之间的交易

现实交易中，有利害关系人之间的交易有时并不是正常的房地产交易行为。所以有利害关系人如父子之间、兄弟之间、亲友之间、母子公司之间、公司与其职工之间的房地产交易，成交价格通常低于其正常的市场成交价格。

2. 急于出售或急于购买的交易

前者往往造成价格偏低，后者往往造成价格偏高。

3. 受债权债务关系影响的交易

这种价格一般交易价格偏低。

4. 不了解市场行情的交易

交易双方或一方对房地产市场信息了解不充分，如果买方对市场行情缺乏了解，盲目购买，往往导致价格偏高；相反，卖方不了解市场行情，盲目出售，则价格偏低。

5. 交易双方或者一方有特别动机或者偏好的交易

例如，买方或卖方对所买卖的房地产有特别的爱好感情，特别是对买方或卖方有特殊的意义或价值，从而买方执意要购买或卖方惜售，在这种情况下的成交价格往往偏高。

6. 相邻房地产的合并交易

如买方若在购买相邻房地产后与其原有房地产合并，将提高原有房地产的效用，相邻房地产拥有者会因此提高价格，所以成交价格往往高于该房地产单独存在时的正常市场价格。

7. 特殊方式的交易

如以拍卖、招标等方式成交的价格往往导致非正常价格，一般拍卖价格多高于市场正常价格，招标则注意其整体方案效用的充分发挥，成交价格可能偏高，也可能偏低。

知识小贴士:拍卖及招标的相关知识

拍卖:《中华人民共和国拍卖法》定义:"以公开竞价的方式,将特定的物品或财产权利转让给最高应价者的买卖方式"。美国经济学家麦卡菲认为:"拍卖是一种市场状态,此市场状态在市场参入者标价基础上具有决定资源配置和资源价格的明确规则。"

经济学界认为:"拍卖是一个集体(拍卖群体)决定价格及其分配的过程。"

我国拍卖法中已明确公开、公平、公正及诚实信用为拍卖活动必须遵守的基本原则。拍卖的三个基本特点(或基本条件):

1. 拍卖必须有两个以上的买主。即凡拍卖表现为只有一个卖主(通常由拍卖机构充任)而有许多可能的买主,从而得以具备使后者相互之间能就其欲购的拍卖物品展开价格竞争的条件。

2. 拍卖必须有不断变动的价格。即凡拍卖皆非卖主对拍卖物品固定标价待售或买卖双方就拍卖物品讨价还价成交,而是由买主以卖主当场公布的起始价为基准另行应报价,直至最后确定最高价金为止。

3. 拍卖必须有公开竞争的行为。即凡拍卖都是不同的买主在公开场合针对同一拍卖物品竞相出价,争购以图,而倘若所有买主对任何拍卖物品均无意思表示,没有任何竞争行为发生,拍卖就将失去任何意义。

招标:"投标"的对称,为某项工程建设或大宗商品买卖,邀请愿意承包或招标公证交易的厂商出价以从中选择承包者或交易者的行为。

程序一般为:招标者刊登广告或有选择地邀请有关厂商,并发送招标文件,或附上图纸和样品;投标者按要求递交投标文件;然后在公证人的主持下当众开标、评标,以全面符合条件者为中标人;最后双方签订承包或交易合同。

招标在一定范围内公开货物、工程或服务采购的条件和要求,邀请众多投标人参加投标,并按照规定程序从中选择交易对象的一种市场交易行为。

招标方式分为公开招标、邀请招标和议标。

公开招标是指招标人以招标公告的方式邀请不特定的法人或者其他组织投标。公开招标,又叫竞争性招标,即由招标人在报刊、电子网络或其他媒体上刊登招标公告,吸引众多企业单位参加投标竞争,招标人从中择优选择中标单位的招标方式。按照竞争程度,公开招标可分为国际竞争性招标和国内竞争性招标。

邀请招标是指招标人以投标邀请的方式邀请特定的法人或其他组织投标。邀请招标,也称为有限竞争招标,是一种由招标人选择若干供应商或承包商,向其发出投标邀请,由被邀请的供应商、承包商投标竞争,从中选定中标者的招标方式。邀请招标的特点:① 邀请投标不使用公开的公告形式;② 接受邀请的单位才是合格投标人;③ 投标人的数量有限。

议标也被称为非竞争性招标或指定性招标,由业主邀请一家或最多不超过两家知名的单位直接协商、谈判。这实际上是一种合同谈判形式。

8. 交易税费非正常负担的交易

正常的成交价格,是指在买卖双方各自缴纳自己应缴纳的交易税费下的价格,即在此价格下,买卖双方缴纳各自应承担的税费。需要评估的客观合理价格,也是基于买卖双方各自缴纳自己应缴纳的交易税费下的价格。如土地增值税本应由卖方负担,却转嫁给了买方;交易手续费本应由买卖双方各负担一部分,却转嫁给了买方或卖方,契税本应由买方负担,却转嫁给了卖方,等等。这些都会造成交易价格的不正常。

知识小贴士:房地产税收

房地产开发企业销售房屋主要缴纳企业所得税、外商投资企业和外国企业所得税、营业税、城市维护建设税、土地增值税、印花税、土地增值税、耕地占用税、契税等七个税种。根据房地产开发不同环节实行相应的税收政策。

在取得土地环节,房地产开发企业占用耕地建房,以实际占用的耕地面积为计税依据,按照规定的税额标准缴纳耕地占用税。耕地占用税的应纳税额=纳税人实际占用的计税面积(以平方米为计算单位)×适用税额。

例如:某房地产开发企业建房占用耕地10 000平方米,当地耕地占用税适用税额为5元/平方米。该企业应缴纳耕地占用税税额为:10 000平方米×5元/平方米=50 000元。

房地产开发企业为开发房屋占地,按照规定缴纳契税。

在销售房屋前的保有环节,内资房地产开发企业在取得土地使用权后按照土地面积和规定的单位税额计算缴纳城镇土地使用税。除经批准开发建设经济适用房的用地外,各类房地产开发用地一律不得减免城镇土地使用税。

城镇土地使用税的税额标准为大城市每平方米0.5—10元;中等城市每平方米0.4—8元;小城市每平方米0.3—6元;建制镇、工矿区0.2—4元。具体税额标准由各省、自治区、直辖市人民政府根据本地的情况,分土地等级在国家规定的税额幅度内确定。城镇土地使用税年应纳税额=纳税人实际占用的土地面积×适用税额标准。

在房屋销售环节,房地产开发企业销售房屋以营业额为计税依据,按照5%的税率缴纳营业税。单位销售或转让其购置的房屋或受让的土地使用权,以其全部收入减去房屋或土地使用权的购置或受让原价后的余额为营业额。

房地产企业销售房屋时连同房屋所占土地使用权一并转让的行为,都属于有偿转让不动产,均应按5%的税率征收营业税。从1999年8月1日起,对企业、行政事业单位按房改成本价、标准价出售住房收入免征营业税。

土地增值税部分,房地产开发企业销售房屋,以转让房地产取得的增值额为计税依据。增值额为房地产开发企业转让房地产所取得收入减除规定扣除项目金额后的余额。其收入包括货币收入、实物收入和其他收入。规定的扣减项目包括,取得土地使用权所支付的金额,开发土地的成本、费用,新建房及配套设施的成本、费用,与转让房地产有关的税金,财政部规定的其他扣除项目。

土地增值税实行四级超率累进税率。增值额未超过扣除项目金额50%的部分,税率为30%;增值额超过扣除项目金额50%、未超过扣除项目金额100%的部分,税率为40%;增值额超过扣除项目金额部分、未超过扣除项目金额200%的部分,税率为50%;增值额超过扣除项目金额200%的部分,税率为60%。应纳税额=$\sum$(增值额×适用税率)。

从事房地产开的纳税人按照取得土地使用权所支付的地价款、国家统一规定缴纳的有关费用和开发土地和新建房及其配套设施的成本之和加计20%的扣除额;房地产开发企业建造普通住房出售,增值额未超过各项规定扣除项目金额20%的,可以免征土地增值税。

所得税部分,从事房地产开发业务的企业按照规定区分内、外企业分别缴纳企业所得税或外商投资企业和外国企业所得税。计税依据为应纳税所得额。

印花税部分，房地产开发企业销售商品房，与卖房人签订购房合同，买卖双方按适用税率缴纳印花税。

城市维护建设税部分，城市维护建设税随营业税征收，计税依据为纳税人实际缴纳的营业税，税率分别为1%、5%、7%。外商投资企业和外国企业暂不征收城市维护建设税。

9.特殊政策造成房地产价格的偏差

新加坡、香港施行“居者有其屋”的政策，对低收入者购置居室实施优惠价格，而对高收入者则限定他们只能购买价格较高的高级住宅；我国城镇的经济适用房，国家限定了利润率和提供了种种优惠条件，也低于房地产市场上的正常价格。

知识小贴士：北京市2011年度房地产政策

1. 认真落实促进房地产市场平稳健康发展的责任

进一步贯彻落实国家和本市房地产市场调控政策，切实将房价控制在合理水平。各区县政府和市有关部门要切实承担起住房保障和稳定房价的责任，积极采取措施，继续增加土地有效供应，进一步加大保障性住房和普通商品住房建设力度，严格执行差别化住房信贷和税收政策，进一步有效遏制投机投资性购房，加强监管，促进房地产市场平稳健康发展。

2. 全力做好住房保障工作

建立和完善基本住房制度，逐步形成符合首都实际的保障性住房体系和商品住房体系。加快实施保障性安居工程，“十二五”期间全市计划建设、收购各类保障性住房100万套，比“十一五”翻一番，全面实现住有所居目标。坚决完成2011年本市保障性安居工程目标任务，通过新建、改建、购买、长期租赁等方式筹集保障性住房20万套以上，发放租赁补贴2万户，竣工保障性住房10万套。全面推进旧城保护性修缮和人口疏解工程，基本完成门头沟采空棚户区等“三区三片”棚户区改造任务，启动京煤集团房山矿区等五片棚户区改造工作。继续实施无城镇危房户和老旧住宅抗震节能综合改造工程，改善群众住房条件。

大力发展公共租赁住房。在加大政府投入的同时，完善体制机制，运用土地供应、投资补助、财政贴息或注入资本金、税费优惠等政策措施，合理确定租金水平，吸引机构投资者参与公共租赁住房的建设和运营。继续鼓励房地产开发企业在普通商品住房建设项目中配建一定比例的公共租赁住房，并持有、经营，或由政府回购，扩大公共租赁住房供应规模。全面启动公共租赁住房申请、审核、配租工作，2011年年底前实现配租入住1万户以上。积极与金融机构合作，落实公共租赁住房建设和运营中长期贷款。

3.加强税收征管

严格执行国家关于个人转让住房的营业税、个人所得税征收政策。财政部门会同税务、住房城乡建设等部门根据市场情况及时动态调整存量房交易最低计税价格，坚决堵塞“阴阳合同”产生的税收漏洞。

实行差别化土地增值税预征率。房地产开发企业应当在新开盘项目销售前，将项目的土地成本、建安成本和销售价格等报送住房城乡建设部门备案，经税务部门核定，对定价过高、预计增值额过大的房地产开发项目提高土地增值税预征率，具体办法由税务部门会同住房城乡建设部门制定公布。

加强对土地增值税清算情况的监督和检查。对已经达到土地增值税清算标准但不申请清算、定价明显超过周边房价水平的房地产开发项目，进行重点清算和稽查。

4. 切实执行差别化住房信贷政策

各金融机构和北京住房公积金管理中心对贷款购买第二套住房的家庭，要切实执行“首付款比例不低于60%，贷款利率不低于基准利率的1.1倍”的政策。中国人民银行营业管理部可根据房地产市场情况，在国家统一信贷政策基础上，研究提高本市第二套住房贷款首付款比例和利率。银行业监管部门要加强对商业银行执行差别化住房信贷政策情况的监督检查，对违规行为要严肃处理。

5. 严格住房用地供应管理

增加住房用地有效供应。全面落实本市2011年国有建设用地供应计划，优先保证保障性住房建设用地，确保保障性住房建设用地占全市住房供地的50%以上，各类保障性住房和中小套型普通商品住房用地不低于住房建设用地年度供应总量的70%。商品住房用地计划供应量不低于前2年年均实际供应量。总结本市“限房价、竞地价”的经验，并在中低价位普通商品住房用地供应中全面施行。

加强对企业土地市场准入资格和资金来源的审查。参加本市土地竞买的单位或个人，必须说明资金来源并提供相应证明。对擅自改变保障性住房用地性质的，要坚决纠正和严肃查处。开展商品住房用地使用情况专项检查，对超过2年没有取得施工许可证进行开工建设的，必须及时收回土地使用权，并处以闲置1年以上罚款。依法查处非法转让土地使用权的行为，对房地产开发建设投资达不到25%以上的（不含土地价款），不得以任何方式转让土地及合同约定的土地开发项目。

6. 合理引导住房需求

继续巩固限购政策成果。自本通知发布次日起，对已拥有1套住房的本市户籍居民家庭（含驻京部队现役军人和现役武警家庭、持有有效《北京市工作居住证》的家庭，下同）、持有本市有效暂住证在本市没拥有住房且连续5年（含）以上在本市缴纳社会保险或个人所得税的非本市户籍居民家庭，限购1套住房（含新建商品住房和二手住房）；对已拥有2套及以上住房的本市户籍居民家庭、拥有1套及以上住房的非本市户籍居民家庭、无法提供本市有效暂住证和连续5年（含）以上在本市缴纳社会保险或个人所得税缴纳证明的非本市户籍居民家庭，暂停在本市向其售房。

加强对购房人资格的审核，确保限购政策落实到位。住房城乡建设部门会同公安、税务、民政、人力社保等部门要进一步完善信息共享和购房人资格核查机制。对提供虚假证明文件的购房人，不予办理产权登记手续，并由其承担相应的经济和法律责任。对未严格核实购房人购买资格、违规签订商品住房销售合同或代理合同的房地产开发企业、房地产经纪机构，依法严肃处理。

7. 建立健全约谈问责机制

各区县政府要按照本通知要求，认真落实房地产市场调控各项政策措施，确保完成住房保障目标责任书规定的各项任务。优先保证保障性住房供地，加快建设进度，按期完成开工和竣工任务，并确保工程质量和安全。加快配租配售工作进度，严格房源分配使用管理，全面落实保障性住房全过程“阳光工程”。保证普通商品住房供应，加强房地产市场监管，完善个人住房信息系统。

发展改革、国土、规划、住房城乡建设、财政、税务、公安、民政、统计、人力社保、监察等部门要密切配合，健全机制，确保各项政策措施落实到位。国土部门要确保住房用地供应，并严格依法查处闲置用地，盘活存量土地资源，杜绝土地出让中连续出现楼面地价超过同类地块历史最高价的情况发生。住房城乡建设部门要进一步加强统筹协调，不断完善政策，抓好保障性住房建设管理工作；加强房地产市场监测分析，完善监管长效机制，巩固房地产市场秩序整治成果；完善个人住房信息系统，为落实房地产调控政策提供基础数据。税务部门要进一步加强个人转让住房税收征管，认真做好土地增值税的征收管理工作。财政、税务、住房城乡建设等部门要相互配合，积极开展应用房地产价格评估技术加强存量房交易税收征管工作，坚决堵塞税收漏洞。统计部门要按照《住宅销售价格统计调查方案》，进一步做好房价分类统计和发布工作。

进一步加强对各区县政府、市有关部门住房保障和稳定房价工作的监督、检查和考核。对没有完成住房保障工作目标任务，房地产市场调控政策落实不到位，工作不得力的，进行约谈和问责。

8. 坚持和强化舆论引导

新闻媒体要强化舆论宣传和正面引导。要大力宣传本市住房保障和房地产市场调控工作取得的进展与成效，深入解读政策措施，引导居民理性消费，为促进房地产市场平稳健康发展和加快推进住房保障体系建设提供有力的舆论支持，防止虚假信息或不负责任的猜测、评论误导消费预期。对制造、散布虚假消息的，要追究有关当事人的责任。

（三）交易情况修正的方法

在选取比较参照交易实例时，一般对非正常交易实例已予以剔除。但由于与估价对象类似交易实例较少，或者有特殊原因必须保留时，迫使我们不得不选用一些特殊情况下的交易实例。这样就需要对实例交易情况进行修正。实际估价中常采用百分率法进行交易情况修正，公式为：

$$正常价格=可比实例的成交价格\times交易情况修正系数$$

特别强调的是，交易情况修正系数应是以正常价格为基准来确定的。假设可比实例的成交价格比其正常市场价格浮动的百分率为$\pm S\%$（当可比实例的成交价格比正常市场价格高时为$+S\%$，反之为$-S\%$），则：

$$正常价格=可比实例的成交价格\times 1\ \frac{1}{1\pm S\%},$$

或者

$$正常价格=可比实例的成交价格\times\frac{100}{100\pm S}$$

上式中，$\frac{1}{1\pm S\%}$或$\frac{100}{100\pm S}$是交易情况修正系数。

交易情况修正系数的大小测定，依赖于估价人员对交易中特殊因素造成价格偏离程度的主观判断，由于缺乏客观统一的尺度，估价人员的丰富经验就非常重要。

对于交易税费非正常负担的交易，修正时应将交易税费非正常负担情况下的价格，调整为依照政府有关规定（无规定的依照当地习惯），交易双方负担各自应负担的税费下的价格，关键应把握以下两点：

(1) 卖方实际得到的价格＝正常成交价格－应由卖方负担的税费

(2) 买方实际付出的价格＝正常成交价格＋应由买方负担的税费

其中：应由买方负担的税费＝正常成交价格×应由买方缴纳的税费比率

应由卖方负担的税费＝正常成交价格×应由卖方缴纳的税费比率

例 4-4 某宗房地产交易，买卖双方在合同中写明，买方付给卖方 2 350 元/平方米，买卖中涉及的税费均由买方来负担。据悉，该地区房地产买卖中应由卖方缴纳的税费为正常成交价格的 6%，应由买方缴纳的税费为正常成交价格的 5%。

则该宗房地产交易的正常成交价格为：

卖方实际得到的价格＝正常成交价格－应由卖方负担的税费

应由卖方负担的税费＝正常成交价格×应由卖方缴纳的税费比率

正常成交价格＝卖方实际得到的价格÷(1－应由卖方缴纳的税费比率)

＝2 350÷(1－6%)＝2 500(元/平方米)

二、交易日期修正

(一) 交易日期修正的含义

房地产市场的状况决定了不同时期房地产的价格水平，评估要求的是估价对象在估价时点的价格，可比实例的交易时期与估价对象房地产的估价日期(估价时点)往往有一定的差异，因此，应将可比实例在其成交日期时的价格调整为在估价时点时的价格，以符合估价时的市场行情，这种调整称交易日期修正。

(二) 交易日期修正的方法

在可比实例的成交日期至估价时点期间，随着时间的推移，房地产价格可能发生的变化有平稳、上涨、下跌等三种情况。当房地产价格为平稳发展时，可不进行交易日期修正。而当房地产价格上涨或下跌时，则必须进行交易日期修正。

实际估价中常采用百分率法进行交易日期修正，其公式为：

估价时点时的价格＝可比实例在成交日期时的价格×交易日期修正系数

特别强调的是，交易日期修正系数应以成交日期时的价格为基础来确定。假设从成交日期到估价时点时，可比实例价格涨跌的百分率为 $\pm T\%$(从成交日期到估价时点时，当可比实例价格上涨时为 $+T\%$，下跌时为 $-T\%$)，则：

$$估价时点时的价格＝可比实例在成交日期时的价格\times(1\pm T\%)$$

或：

$$估价时点时的价格＝可比实例在成交日期时的价格\times\frac{100\pm T}{100},$$

上式中 $(1\pm T\%)$ 或 $\frac{100\pm T}{100}$ 是交易日期修正系数。

交易日期修正的关键是要把握估价对象及类似房地产的价格随时间的变动规律，通过价格指数或价格变动率进行调整。在无类似房地产的价格变动率或指数的情况下，可根据当地房地产价格的变动情况和趋势做出判断，给予调整，一般有：利用房地产价格指数进行修正；利用房地产价格变动率进行修正；估价人员根据市场情况及自己的经验积累进行判断修正。

(1) 价格指数有定基价格指数和环比价格指数，在价格指数编制时，需要选择某个时期作为基期。如果是以某个固定时期作为基期的，称为定基价格指数；如果是以上一个时期作为基期的，称为环比价格指数。编制原理如表 4-4 所示。

表 4-4 价格指数的编制原理

时间	价 格	定基价格指数	环比价格指数
1	P_1	$P_1/p_1=100$	P_1/p_0
2	P_2	P_2/p_1	P_2/p_1
3	P_3	P_3/p_1	P_3/p_2
· · ·	· · ·	· · ·	· · ·
n	p_n	P_n/p_1	P_n/p_{n-1}

采用定基价格指数进行交易日期修正的公式为：

$$估价时点时的价格=可比实例在成交日期时的价格\times\frac{估价时点时的价格指数}{成交日期时的价格指数}$$

采用环比价格指数进行交易日期修正的公式为：

估价时点时的价格＝可比实例在成交日期时的价格
×成交日期的下一时期的价格指数
×再下一时期的价格指数×……
×估价时点时的价格指数

(2) 房地产价格变动率，有逐期递增或递减的价格变动率和期内平均上升或下降的价格变动率两种，采用逐期递增或递减的价格变动率进行交易日期修正的公式为：

估价时点时的价格＝可比实例在成交日期的价格×(1＋价格变动率)期数

采用期内平均上升或下降的价格变动率进行交易日期修正的公式为：

估价时点时的价格＝可比实例在成交日期时的价格×(1＋价格变动×期数)

在实际交易日期修正中，价格指数或变动率的选择非常关键，因为不是任何类型的房地产价格指数都可采用。适用的价格指数必须满足：① 是可信赖的，至少经过评估人员解释后，能使评估各方的当事人感到该指数确实是比较合适的。② 是与待估房地产相类似的房地产的价格指数，如待估房地产为普通住宅时，就应选用普通住宅的物价指数，而不能选用其他特殊类型房地产的价格指数。③ 是买卖实例房地产所在地区，或与该地区有相似的价格变动过程的类似地区的房地产的价格指数。原则上应使用买卖实例房地产所在地区的价格指数，只是在这些地区中不能求得这一指数时，才可采用与该地区有相似的价格变动过程的地区(如周围地区)的价格变动指数。

例 4-5 某地区某类房地产 2007 年 4 月至 12 的价格指数分别为 2 009，2 089，2 185，2 217，2 246，2 271，2 315，2 362，2 339 (定基价格指数)。其中某宗房地产在 2007 年 7 月的

价格为10 000元/平方米，对其进行交易日期修正，修正到2007年12月的价格为：

$$10\,000\times\frac{2\,339}{2\,217}=10\,550(\text{元/平方米})$$

例4-6 某地区某类房地产2002年4月至10月的价格指数分别为99.6，94.7，96.7，105.0，109.2，112.5，118.1（均以上个月为100）。其中某宗房地产在2002年6月的价格为2 000元/平方米，对其进行交易日期修正，修正到2002年10月的价格为：

$$2\,000\times1.05\times1.092\times1.125\times1.181=3\,046.8(\text{元/平方米})$$

例4-7 评估某宗房地产2002年9月末的价格，选取了下列可比实例：成交价格3 000元/平方米，成交日期2001年10月末。另调查获知该类房地产价格2001年6末至2002年2月末平均每月比上月上涨1.5%，2002年2月末至2002年9月末平均每月比上月上涨2%。对该可比实例进行交易日期修正，修正到2002年9月末的价格为：

$$3\,000\times(1+1.5\%)^4\times(1+2\%)^7=3\,658(\text{元/平方米})$$

例4-8 某个可比实例房地产2002年2月1日的价格为1 000美元/平方米，该类房地产以人民币元为基准的价格变动，平均每月比上月上涨0.2%。假设人民币与美元的市场汇率2002年2月1日为1美元=8.26元人民币，2002年10月1日为1美元=8.29元人民币。对该可比实例进行交易日期修正，修正到2002年10月1日的价格为：

$$1\,000\times8.26\times(1+0.2\%)^8=8\,393(\text{元人民币/平方米})$$

三、房地产状况修正

（一）房地产状况修正的含义

房地产本身的状况是影响房地产价格的一个重要因素，所以，对可比实例进行交易情况修正和交易日期修正后，还应进行房地产状况修正。房地产状况修正，是将可比实例在其房地产状况下的价格调整为在估价对象房地产状况下的价格。因此，经过了房地产状况修正后，就将可比实例在其房地产状况下的价格变成了在估价对象房地产状况下的价格。

（二）房地产状况修正的内容

房地产状况修正包括区位状况修正、权益状况修正和实物状况修正。

1. 区位状况修正

区位状况指房地产所处的区位环境对房地产价格有影响的因素，区位状况修正是将可比实例房地产在其区位状况下的价格调整为在估价对象房地产区位状况下的价格。

区位状况修正的内容包括：繁华程度、交通便捷程度、环境景观、公共设施配套完备程度（指估价对象以外的部分）临街状况、经济区位等。修正时应根据不同类型房地产分别选择有关因素。

2. 权益状况修正的内容

权益状况是对房地产价格有影响的房地产权益因素的状况，进行权益状况修正，是将可比实例房地产在其权益状况下的价格调整为在估价对象房地产权益状况下的价格。

权益状况比较修正的内容主要包括：土地使用权年限、城市规划限制条件（如建筑容积率）等。

3. 实物状况修正的内容

实物状况是指对房地产价格有影响的房地产实物因素的状况。进行实物状况修正，是将可比实例房地产在其实物状况下的价格调整为在估价对象房地产实物状况下的价格。

实物状况比较修正的内容，对于土地来说主要包括面积大小、形状、基础设施完备程度（属于估价对象之内的部分）、土地平整程度、地势、地质水文状况等；对于建筑物来说主要包括新旧程度、建筑规模、建筑结构、设备、装修、平面布置、工程质量等影响房地产价格的因素。

（三）房地产状况修正的方法

首先，列出对估价对象这类房地产的价格有影响的房地产状况各方面的因素，包括区位方面的、权益方面的和实物方面的；其次，判定估价对象房地产和可比实例房地产在这些因素方面的状况；然后，将可比实例房地产与估价对象房地产在这些因素方面的状况进行逐项比较，找出它们之间的差别以及造成的价格差异程度；最后，根据差异程度对比实例价格进行修正。总的来说，如果估价对象房地产优于可比实例房地产，则应对价格做增价修正；反之，则应做减价修正。

实际估价中，常采用百分率法进行房地产状况修正，公式为：

在估价对象房地产状况下的价格＝可比实例在其房地产状况下的价格×房地产状况修正系数

特别强调的是，房地产状况修正系数应是以估价对象的房地产状况为基准来确定。假设可比实例在其房地产状况下的价格比在估价对象的房地产状况下的价格高低的百分率为$\pm R\%$（当可比实例在其房地产状况下的价格比在估价对象房地产状况下的价格高时为$+R\%$，低时为$-R\%$），则：

$$\text{在估价对象房地产状况下的价格}=\text{可比实例在其房地产状况下的价格}\times\frac{1}{1\pm R\%}$$

或者，

$$\text{在估价对象房地产状况下的价格}=\text{可比实例在其房地产状况下的价格}\times\frac{100}{100\pm \mathrm{R}}$$

上式中，$\frac{1}{1\pm R\%}$或$\frac{100}{100\pm \mathrm{R}}$是房地产状况修正系数。

具体进行房地产状况修正的方法，有直接比较修正和间接比较修正两种。

1. 直接比较修正

直接比较修正一般是采用评分的办法，以估价对象的房地产状况为基准（通常定为100分），将可比实例的房地产状况与它逐项比较打分。如果可比实例的房地产状况劣于估价对象的房地产状况，打的分数就低于100；反之，打的分数就高于100。然后将所得的分数转化为修正价格的比率，参见表4-5。

采用直接比较进行房地产状况修正，则：

$$\text{在估价对象房地产状况下的价格} = \text{可比实例在其房地产状况下的价格} \times \frac{100}{(\quad)}$$

上式括号内应填写的数字，为可比实例房地产相对于估价对象房地产的得分。

2. 间接比较修正

间接比较修正是设想一个标准的房地产状况，以此标准的房地产状况为基准，将可比实例及估价对象的房地产状况均与它逐项比较打分，然后将所得的分数转化为修正价格的比率，参见表4-5。

如果采用间接比较进行房地产状况修正，则：

$$\begin{array}{c}\text{在估价对象房地产}\\\text{状况下的价格}\end{array} = \begin{array}{c}\text{可比实例在其房地产}\\\text{状况下的价格}\end{array} \times \underset{\text{修　正}}{\overset{\text{标准化}}{\frac{100}{(\quad)}}} \times \underset{\text{修　　正}}{\overset{\text{房地产状况}}{\frac{(\quad)}{100}}}$$

上式位于分母的括号内应填写的数字，为可比实例房地产相对于标准房地产的得分；位于分子的括号内应填写的数字，为估价对象房地产相对于标准房地产的得分。

表4-5　房地产状况直接比较表

房地产状况	权重	估价对象	可比实例 A	可比实例 B	可比实例 C
因素1	$F1$	100			
因素2	$F2$	100			
因素3	$F3$	100			
⋮	⋮	⋮			
因素n	Fn	100			
综合	1	100			

如果采用间接比较进行房地产状况修正，则：

$$\begin{array}{c}\text{在估价对象房地产}\\\text{状况下的价格}\end{array} = \begin{array}{c}\text{可比实例在其房地产}\\\text{状况下的价格}\end{array} \times \underset{\text{修　正}}{\overset{\text{标准化}}{\frac{100}{(\quad)}}} \times \underset{\text{修　　正}}{\overset{\text{房地产状况}}{\frac{(\quad)}{100}}}$$

上式位于分母的括号内应填写的数字，为可比实例房地产相对于标准房地产的得分；位于分子的括号内应填写的数字，为估价对象房地产相对于标准房地产的得分。

表 4-6　房地产状况间接比较表

房地产状况	权重	标准状况	估价对象	可比实例 A	可比实例 B	可比实例 C
因素 1	F1	100				
因素 2	F2	100				
因素 3	F3	100				
· · ·						
因素 n	Fn	100				
综合	1	100				

（四）房地产状况修正应注意的问题

估价对象房地产状况，必须是估价时点的房地产状况；可比实例房地产状况，必须是可比实例房地产在其成交日期时的状况，而不是在估价时点或其他时候可能发生了变化后的状况。

由于不同用途的房地产，影响其价格的区位因素和实物因素不同，因此，在进行区位状况和实物状况的比较修正时，具体比较修正的内容及权重应有所不同。例如，居住房地产讲求安静、安全、舒适；商业房地产着重繁华程度、交通条件；工业房地产强调对外交通运输；农业房地产则重视土壤、排水和灌溉条件等。即使某些因素相同，但对价格的影响程度也不一定相同。

四、求取比准价格

（一）求取公式

运用市场比较法时，需要进行交易情况、交易日期、房地产状况等三方面的修正。经过修正，就把可比实例房地产的实际成交价格变成了估价对象房地产在估价时点的客观合理价格。如果把这三大方面的修正综合起来，计算公式如下：

比准价格＝可比实例价格×交易情况修正系数×
　　　　交易日期修正系数×房地产状况修正系数

其中，交易情况、交易日期和房地产状况的修正，估价时可视具体情况灵活处理。

根据房地产状况修正方法的不同，综合修正公式分为直接比较修正公式和间接比较修正公式。

1. 直接比较修正公式：

$$\text{比准价格}=\text{可比实例价格}\times\underset{\text{交易情况修正}}{\frac{100}{(\quad)}}\times\underset{\text{交易日期修正}}{\frac{(\quad)}{100}}\times\underset{\text{房地产状况修正}}{\frac{(\quad)}{100}}$$

$$=\text{可比实例价格}\times\frac{\text{正常市场价格}}{\text{实际成交价格}}\times\frac{\text{价格时点价格}}{\text{成交日期价格}}\times\frac{\text{对象状况价格}}{\text{实例状况价格}}$$

上式中，交易情况修正以正常价格为基准，交易日期修正以成交日期时的价格为基准，房地产状况修正以做估价对象的房地产状况为基准。

2. 间接比较修正公式

$$\text{比准价格}=\text{可比实例价格}\times\overset{\text{房地产状况修正}}{\frac{100}{(\quad)}}\times\overset{\text{交易情况修正}}{\frac{(\quad)}{100}}\times\overset{\text{交易日期修正}}{\frac{(\quad)}{100}}\times\overset{\text{标准化修正}}{\frac{(\quad)}{100}}$$

$$=\text{可比实例价格}\times\frac{\text{正常市场价格}}{\text{实际成交价格}}\times\frac{\text{估价时点价格}}{\text{成交日期价格}}\times\frac{\text{标准状况价格}}{\text{实例状况价格}}\times\frac{\text{对象状况价格}}{\text{标准状况价格}}$$

上式中，标准化修正分子为100，表示以标准房地产的状况为基准，分母是可比实例房地产相对于标准房地产所得的分数；房地产状况修正的分母为100，表示以标准房地产的状况为基准，分子是估价对象房地产相对于标准房地产所得的分数。

（二）求取方法

所选取的若干个可比实例价格经过比较修正后，可选用下列方法之一计算综合结果：

1. 简单算术平均法

是求取具有同等重要性的若干价格之和，再除以其个数，求出综合价格的方法。例如：可比实例A、B、C经比较修正后的估价时点价格分别为1 080元/m^2、1 078元/m^2和1 110元/m^2，如果认为这三个价格具有同等重要性，则可求得一个综合结果，即：综合结果＝(1 080＋1 078＋1 110)/3＝1 089(元/m^2)。

2. 加权算术平均法

是指将修正出的各个价格综合成一个价格时，考虑到每个价格的重要程度不同，先赋予每个价格不同的权数，然后求出综合价格的方法。通常对于与估价对象房地产最类似的可比实例房地产所修正出的价格，赋予最大的权数；反之，赋予最小的权数。例如：上例中，若认为可比实例C与估价对象房地产的情况最为接近，A次之，B最差，则相应赋予权数为45%、35%、20%，则可求得一个综合结果，即：综合结果＝(1 080×35%＋1 078×20%＋1 110×45%)/100%＝1 093(元/m^2)。

3. 中位数法

是指将多个可比实例经修后的价格数额按大小顺序排列，当项数为奇数时，位于正中间位置的那个价格为综合价格；当项数为偶数时，位于正中间位置的那两个价格的简单算术平均数为综合价格的方法。例如：上例中的三个可比实例的价格按大小顺序排列分别为C、A、B，即1 110、1 080、1 078，位于中点位置上的为B，则可确定综合结果为1 080元/m^2。

4. 众数法

众数法与中位数一样，是一种位置平均数，是指将各总体单位按某一标志排序后整理成分布数列，如果其中有某一标志值出现的次数最多，即为众数值。在房地产估价中，则需要选择10个以上的可比实例，才可能用这个方法确定综合结果，目前采用较少。

5. 其他方法

还可以采用其他方法将修正出的多个价格综合成一个价格，如分别去掉一个最高价格和一个最低价格，求余下价格的简单算术平均数作为综合价格。

第四节　市场比较法运用举例

一、市场比较法的总结

（一）操作步骤

在房地产市场发育完善、交易实例资料比较丰富的地区，市场比较法除可直接用于评估房地产的价格或价值外，还可用于其他估价方法中有关参数的求取。例如，可用市场比较先求取估价对象房屋的单位售价，再采用假设法估算其土地价格；又如，先用市场比较法求取估价对象房地产的租金水平或净收益，再用收益法估算房屋或土地的价格或价值。

市场比较法的操作步骤如图 4-1 所示。

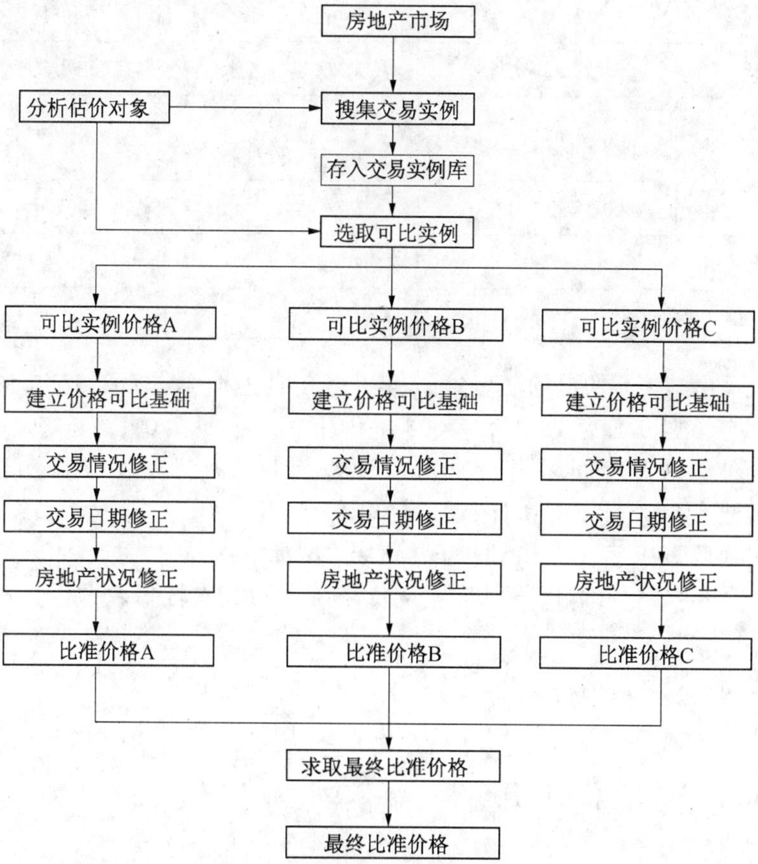

图 4-1　市场比较法的操作步骤

（二）计算公式

比准价格＝可比实例价格×交易情况修正系数×

交易日期修正系数×房地产状况修正系数

二、市场比较法运用举例

例4-9 为评估某房地产2008年5月1日的正常市场价格，在该房地产附近地区调查选取了A、B、C三宗类似的交易实例作为可比实例，有关资料见表4-7：

可比实例A为分期付款，即：于成交日首付15万元，时隔半年再付15万元，余款于1年后付清，利率以5%计；可比实例B为一次性付款；可比实例C为抵押贷款，即：于成交日首付30%，余款向银行申请15年期的抵押贷款，抵押贷款利率为6.84%。

在表4-7的交易情况中，正(负)值表示可比实例的成交价格高(低)于其正常价格的幅度；房地产状况中，正(负)值表示可比实例的房地产状况优(劣)于估价对象的房地产状况导致的价格差异幅度。

表4-7

	可比实例A	可比实例B	可比实例C
建筑面积	101.1平方米	120.3平方米	968.8平方英尺
成交价格	48.5万元人民币	650 (美元/平方米)	48.6万元人民币
成交日期	2007年10月1日	2007年8月1日	2008年3月1日
交易情况	－5%	0%	＋2%
房地产状况	－8%	－4%	－6%

另假设人民币与美元的市场汇率2007年8月1日为1∶7.57，2007年10月1日为1∶7.51；2008年3月1日为1∶7.11，2008年5月1日为1∶7.00；该类房地产以人民币为基准的市场价格2007年间逐月上涨1.5%；2008年以来逐月上涨0.8%。试利用上述资料估算该房地产2008年5月1日的正常市场价格。

估算该房地产2008年5月1日的正常市场价格如下：

(1) 建立价格可比基础，即将可比实例价格统一到一次性付款并以人民币表示的单价：

实例A价格

$$A=\left[150\,000+\frac{150\,000}{(1+5\%)^{0.5}}+\frac{185\,000}{(1+5\%)}\right]\div 101.1$$

$$=4\,674(\text{人民币元/平方米})$$

实例B价格

$$650\times 7.57=4\,920(\text{人民币元/平方米})$$

实例C价格

$$(486\ 000/968.8)\times10.764=5\ 400(\text{人民币元/平方米})$$

(2) 计算公式：

比准价格＝可比实例价格×交易情况修正系数×交易日期修正系数×房地产状况修正系数

比准价格

$$A=4\ 674\times\frac{100}{100-5}\times(1+1.5\%)^3\times(1+0.8\%)^4\times\frac{100}{100-8}$$
$$=5\ 774(\text{人民币元/平方米})$$

比准价格

$$B=4\ 920\times\frac{100}{100}\times(1+1.5\%)^5\times(1+0.8\%)^4\times\frac{100}{100-4}$$
$$=5\ 700(\text{人民币元/平方米})$$

比准价格

$$C=5\ 400\times\frac{100}{100+2}\times(1+0.8\%)^2\times\frac{100}{100-6}$$
$$=5\ 603(\text{人民币元/平方米})$$

(3) 将上述每个比准价格的简单算术平均数作为比较法的估算结果，则：

估价对象价格(单价)＝(5 774＋5 700＋5 603)÷3＝5 692(人民币元/平方米)

例 4－10　为评估某商品住宅2002年10月24日的正常市场价格，在该商品住宅附近地区调查选取了A、B、C三宗类似商品住宅的交易实例作为可比实例，有关资料如下：

表 4－8　可比实例的成交价格

	可比实例A	可比实例B	可比实例C
成交价格(元/平方米)	3 700	4 200	3 900
成交日期	2002年5月24日	2002年8月24日	2002年9月24日

表 4－9　交易情况的分析判断结果

	可比实例A	可比实例B	可比实例C
交易情况	－2%	0	＋1%

表4－9中交易情况的分析判断是以正常价格为基准，正值表示可比实例的成交价格高于其正常价格的幅度，负值表示低于其正常价格的幅度。

表 4-10 该类商品住宅 2002 年 4 月至 10 月的价格变动情况

月份	4	5	6	7	8	9	10
价格指数	100	92.4	98.3	98.6	100.3	109.0	106.8

表 4-10 中的价格指数为定基价格指数。

表 4-11 房地产状况的比较判断结果

房地产状况	权重	估价对象	可比实例 A	可比实例 B	可比实例 C
因素 1	0.5	100	90	100	80
因素 2	0.3	100	100	110	120
因素 3	0.2	100	125	100	100

试利用上述资料估算该商品住宅 2002 年 10 月 24 日的正常市场价格。

估算该商品住宅 2002 年 10 月 24 日的正常市场价格如下：

(1) 计算公式：

比准价格＝可比实例价格×交易情况修正系数
×交易日期修正系数×房地产状况修正系数

(2) 交易情况修正系数：

$$可比实例\ A:\frac{100}{100-2}=\frac{100}{98}$$

$$可比实例\ B:\frac{100}{100-0}=\frac{100}{100}$$

$$可比实例\ C:\frac{100}{100+1}=\frac{100}{101}$$

(3) 交易日期修正系数：

$$可比实例\ A:\frac{106.8}{92.4}$$

$$可比实例\ B:\frac{106.8}{100.3}$$

$$可比实例\ C:\frac{106.8}{109.0}$$

(4) 房地产状况修正系数：

$$可比实例\ A:\frac{100}{90\times 0.5+100\times 0.3+125\times 0.2}=\frac{100}{100}$$

$$可比实例\ B:\frac{100}{100\times 0.5+110\times 0.3+100\times 0.2}=\frac{100}{103}$$

$$可比实例\ C:\frac{100}{80\times 0.5+120\times 0.3+100\times 0.2}=\frac{100}{96}$$

(5) 计算比准价格(单价):

$$比准价格A=3\,700\times\frac{100}{98}\times\frac{106.8}{92.4}\times\frac{100}{100}=4\,364(元/平方米)$$

$$比准价格B=4\,200\times\frac{100}{100}\times\frac{106.8}{100.3}\times\frac{100}{103}=4\,342(元/平方米)$$

$$比准价格C=3\,900\times\frac{100}{101}\times\frac{106.8}{109.0}\times\frac{100}{96}=3\,941(元/平方米)$$

(6) 将上述三个比准价格的简单算术平均数作为市场比较法的估算结果,则:

估价对象价格(单价)=(4 364+4 342+3 941)÷3=4 216(元/平方米)

例4-11　某房地产估价技术报告片断

1. 评估对象概况

评估对象房地产为滨海市黄海南路80号阳光小区第9号楼一层公建,建筑面积1 400平方米。具体情况如下:

(1) 位置与环境。评估对象房地产位于滨海市黄海南路80号阳光住宅小区。小区北面靠山,南面俯瞰大海,地势北高南低,倚山望水。小区南靠滨海市主要交通干道黄海南路,总建筑面积16万平方米,各类住宅共1 300套,规划为南北向30栋多层和小高层住宅。小区中央设有宽阔的中央公园,各种配套设施齐全,小区内的交通组织体系采用完全人车分流设计,车道全部设置在社区的外围,真正确保住宅区内部居住生活环境的安静与安全。小区周边交通发达,通过此地的有十几条交通线路。

(2) 占用土地的基本情况。评估对象所在的住宅小区总占地面积98 000平方米,其中商服用地9 900平方米,住宅用地88 100平方米。根据滨海市政府〔2000〕40号文件,该地块土地级别为六级。该土地已取得了国有土地使用证,证号为滨海市国用〔2005〕字第58号。

(3) 评估对象房屋的基本情况。评估对象房屋位于阳光小区9号楼,建于2006年,9号楼共13层,总建筑面积11 000平方米,其中一层公建1 400平方米,层高3.3米,全部为框架结构,按八级抗震烈度设防。9号楼位于整个小区的中心,中央公园的北侧。评估对象房屋的外装修为塑钢门窗,西班牙瓦,进口高档外墙黏土砖;内装修为水泥地面,墙面、天棚刮白。评估对象房屋有完善的水、暖、电设施,冷水采用无毒、无味、无腐蚀性的进口塑料管,热水管采用紫铜管,并设置了结构化布线系统,主干线采用室外光缆。

2. 评估要求

评估该房地产2008年4月1日的市场价值。

3. 评估过程

(1) 选择评估方法。该类房地产有较多的交易实例,故采用市场法进行评估。

(2) 搜集有关的评估资料,选择可比实例。通过对所选择的类似房地产交易资料的分析和筛选,确定可比性较强的三个交易案例作为可比实例。

可比实例A:阳光小区12号楼一层公建。该建筑建于2006年,位于评估对象的东面,中央公园的东北角;框架剪力墙结构;装修水平及设备状况与评估对象基本相同其售价为5 300元/m^2,成交日期为2005年4月,当时为期房。

可比实例 B:光明住宅小区的步行商业街一层公建。光明小区位于阳光小区东侧900 米,南靠滨海市主要交通干道黄海南路,东邻幸福路,小区临幸福路一侧有多家店铺。可比实例位于阳光小区中部,建于 2005 年,其建筑结构、装修水平及设备状况与评估对象基本相同,售价为 5 800 元/m²,成交日期为 2007 年 9 月,交易情况为清盘。

可比实例 C:阳光小区西侧,靠近黄海南路的一层公建。该可比实例为一临街公建,建于 2005 年,其建筑结构、设备状况与评估对象基本相同,该建筑室内进行了精装修,售价为 7 000 元/m²,成交日期为 2007 年 11 月。

(3) 对可比实例进行交易情况、时间因素、区域因素和个别因素修正。评估对象房地产与三个可比实例各种因素比较情况见表 4-12。

表 4-12 因素条件说明表

比较因素 \ 评估对象及可比实例		评估对象	可比实例 A	可比实例 B	可比实例 C
交易日期			2005.4	2007.9	2007.11
交易情况		正常	期房	清盘	正常
区域因素	商服繁华度	一般	一般	一般	好
	离市中心距离	相同	相同	稍近	相同
	交通便捷度	较好	较好	好	好
	道路通达度	较好	较好	好	好
	土地级别	六级	六级	六级	六级
	环境质量	较好	较好	较好	较好
	绿地覆盖度	较好	较好	较好	较好
	基础设施完善度	较好	较好	较好	较好
	公用设施完备度	较好	较好	较好	较好
	规划限制	相同	相同	相同	相同
个别因素	小区内所处位置	较好	较好	较好	好
	临街状况	较好	较好	较好	好
	新旧程度	优	优	优	优
	楼 层	一层	一层	一层	一层
	朝 向	南北	南北	南北	南北
	建筑结构	框剪	框剪	框剪	框剪
	建筑质量	较好	较好	较好	较好
	建筑物用途	相同	相同	相同	相同
	权利状况	较好	较好	较好	较好
	装修水平	较好	较好	较好	好
	设备状况	好	好	好	好
	物业管理	优	优	优	优

① 进行交易情况修正。经分析，三个可比实例中，可比实例A为期房，与正常交易相比，交易价格偏低10%，交易情况修正系数为100/90；可比实例B为清盘房，与正常交易相比，交易价格偏低5%，交易情况修正系数为100/95；可比实例C为正常交易，交易情况修正系数为100/100。

② 进行交易日期修正。经调查分析，滨海市2008年4月该类房地产的市场价格与2005年4月、2007年9月和2007年11月相比分别上涨了15%、5%和3%。则可比实例A、B、C的交易日期修正系数分别为115/100、105/100、103/100。

③ 进行区域因素修正。将可比实例A、可比实例B和可比实例C的各区域因素分别与评估对象房地产进行比较，然后打分，并通过加权平均分别得到综合得分，最后得出可比实例A、B、C的区域因素修正系数分别为100/100、100/101.5.100/101.6，具体打分及计算情况见表4-13。

表4-13　区域因素直接比较表

区域因素	权重	评估对象	可比实例A	可比实例B	可比实例C
商服繁华度	0.15	100	100	105	103
离市中心距离	0.13	100	100	101	100
交通便捷度	0.12	100	100	103	105
道路通达度	0.11	100	100	102	105
土地级别	0.07	100	100	100	100
环境质量优劣度	0.10	100	100	100	100
绿地覆盖度	0.08	100	100	100	100
基础设施完善度	0.10	100	100	100	100
公用设施完备度	0.09	100	100	100	100
规划限制	0.05	100	100	100	100
比较结果	1	100	100	101.5	101.6

④ 进行个别因素修正。将可比实例A、B、C的各个别因素分别与评估对象房地产进行比较，然后打分，并通过加权平均分别得到综合得分，最后得出可比实例A、B、C的个别因素修正系数分别为100/99.6.100/100.2.100/101.4，具体打分及计算情况如表4-14所示。

表4-14　个别因素直接比较表

个别因素	权重	评估对象	可比实例A	可比实例B	可比实例C
小区内所处位置	0.12	100	98	100	105
临街状况	0.15	100	99	101	105
新旧程度	0.10	100	100	100	100
楼　层	0.08	100	100	100	100

续表

个别因素	权重	评估对象	可比实例 A	可比实例 B	可比实例 C
朝　向	0.07	100	100	100	100
建筑结构	0.13	100	100	100	100
建筑质量	0.10	100	100	100	100
建筑物用途	0.09	100	100	100	100
权力状况	0.06	100	100	100	100
装修水平	0.02	100	100	100	103
设备状况	0.05	100	100	100	100
物业管理	0.03	100	100	100	100
比较结果	1	100	99.6	100.2	101.4

⑤ 计算评估对象房地产价值。首先计算三个可比实例的比准价值，计算过程见表4－15。通过对三个可比实例的可比性分析，对可比实例 A、B、C 分别给出不同的权重 0.5、0.2、0.3，采用加权平均法计算评估对象房地产的单价为：

$$6\,799\times0.5+6\,303\times0.2+6\,998\times0.3=6\,760(\text{元/平方米})$$

表 4－15　房地产价值计算表

	可比实例 A	可比实例 B	可比实例 C
实际成交价格(元/平方米)	5 300	5 800	7 000
交易情况修正	100/90	100/95	100/100
交易日期修正	115/100	105/100	103/100
区域因素修正	100/100	100/101.5	100/101.6
个别因素修正	100/99.6	100/100.2	100/101.4
比准价值(元/平方米)	6 799	6 303	6 998

4. 评估结果

房地产单价：6 760 元/平方米；房地产总价：1 400×6 760＝9 464 000(元)

【小结】

本章主要介绍市场比较法的基本理论和评估步骤，市场比较法的概念、理论依据以及适用范围和条件，重点阐述了搜集交易实例的途径及内容、选取可比实例的标准、建立价格可比基础包括的具体内容；交易情况的修正、交易日期的修正、房地产状况的修正；比准价格的求取；最后通过相关实例介绍了市场比较法的应用。

【复习思考题】

1. 什么是市场比较法？

2. 市场比较法的理论依据是什么？

3. 市场比较法适用的条件是什么？
4. 市场比较法的操作步骤是什么？
5. 搜集交易实例的途径主要有哪些？
6. 什么是交易情况修正？如何进行交易情况修正？
7. 什么是交易日期修正？如何进行交易日期修正？
8. 什么是房地产状况修正？如何进行房地产状况修正？

【案例分析】

案例一　为评估某商住楼的价格，在该商住楼附近地区调查选取了A、B、C三宗类似商住楼的交易实例作为可比实例。

有关资料如下：

	A	B	C
成交价格(元/m^2)	3 600	3 500	3 750
成交日期	2004.2.31	2004.5.31	2004.8.31
交易情况	+1%	−1%	+2%
区域因素	0	−2%	0
个别因素	0	−2%	+2%

从2004年1月1日到2004年6月1日，该类商住楼的市场价格不变，以后月均递增0.5%。

问题：试利用上述资料估算该商住楼在2004年10月31日的正常单价(最后的比准价格采用简单算术平均)。

案例二　为评估某写字楼2005年10月1日的正常市场价格，估价人员在附近地区调查选取了A、B、C三宗类似写字楼的交易实例作为可比实例，有关资料如下：

(1) 可比实例的成交价格与成交日期

	可比实例A	可比实例B	可比实例C
成交价格(元/平方米)	7 000	6 800	7 120
成交日期	2005年4月1日	2005年2月1日	2005年5月1日

(2) 交易情况分析判断

	可比实例A	可比实例B	可比实例C
交易情况	+3%	−2%	+2%

交易情况分析判断中的数据是以正常价格为基准，正值表示可比实例的成交价格高于其正常价格的幅度，负值表示低于其正常价格的幅度。

(3) 调查获知该类写字楼的价格，2004年11月1日到2005年6月1日平均每月比上月上涨1.2%，2005年6月1日至2005年10月1日平均每月比上月上涨1.8%。

(4) 房地产状况分析判断

	可比实例 A	可比实例 B	可比实例 C
因素 1	+2%	+4%	0
因素 2	−4%	−1%	+6%
因素 3	+6%	+3%	−3%

房地产状况中的三个因素对价格影响的重要程度是：因素 1 是因素 3 的 4 倍，因素 2 是因素 3 的 2 倍，房地产状况各因素的正值表示可比实例的状况优于估价对象状况的幅度，负值表示劣于估价对象状况的幅度。

问题：试利用上述资料估算该写字楼 2005 年 10 月 1 日的正常市场价格(如需计算平均值，采用简单算术平均法)。

第五章　收益还原法

【学习目标】

1. 了解收益还原法的理论依据和适用范围，房地产纯收益、还原利率及收益年限等概念的含义；

2. 熟悉求取不同类型房地产纯收益的方法；

3. 掌握还原利率及收益年限的求取方法；

4. 重点掌握收益法的计算公式及应用。

【案例导入】

估价业逐渐市场化　楼市存无限潜力看好后市

《上海市国有土地上房屋征收与补偿实施细则(草案)》公开征求意见于 2011 年 9 月 27 日正式完成，并于 2011 年 10 月 10 日公布、施行。旧城改造动迁如何补偿，这个敏感的话题又让人们将关注的目光焦点落在了房地产估价行业上。新浪乐居有幸专访了上海城市房地产估价公司总经理许军，他对于估价这个专业且又神秘的行业进行了深入解读，并站在估价的角度就目前房地产市场的走势提出自己的观点。

估价专业始于 20 世纪 80 年代，21 世纪行业走向市场化，房地产评估行业虽与百姓日常息息相关，但相对房地产其他领域而言相对陌生，了解估价定义的人甚少，对此许军笑称："估价行业实属'低调'。"他介绍道，房地产估价的标准定义为，接受委托人的委托对房地产价格提供专业意见，并为此承担法律责任的活动。由此也可以看出，房地产估价与一般咨询性的估价有所区别。

实际上，房地产估价行业是随着改革开放市场经济的发展孕育而生。许军解释说，早在 20 世纪 80 年代整个上海房产市场形成后，估价行业也开始逐渐发展起来，所以就专业而言，估价并非一个新名词。

而随着房产市场的不断完善，在 1994 年时，城市房地产管理法确定了两项与房地产估价相关的制度。这两项制度具体内容分别针对房地产估价制度、一级房地产估价人员的资格认证制度，许军笑称："就行业的诞生来说，估价行业是一个标准的 90 后。"

同时，许军指出，整个估价行业真正的市场化过程是在 2000 年以后。2000 年国务院发布有关估价改制要求文件，要求中介鉴证类企业在 2000 年以后改制为市场化机制，并且名称、人员、财务和相关的职责方面都有所改变。从而估价行业转变成目前所能见到的这样一个市场化公司。

而在谈及估价行业在日常生活中所发挥的作用时，许军表示，虽然估价行业的"年纪较轻"，但是估价与日常经济活动等各方面都有着紧密联系。他举例称，从房地产市场的最前期土地，到最终产品诞生的整个过程中，房地产估计行业在各个环节中都发挥着作用。而目前市民们买房过程中，需要估价行业帮助的部分也日益增加，包括抵押贷款、房地产交易、对资产进行处理以及有些鉴证类需求，这些都需要进行评估。由此，许军总结认为，估价行业在市民们的经济生活中占据着举足轻重的地位。

对于自己的企业在房地产估价行业占据了较为重要的地位，许军表现得十分谦逊，他认为企业的发展与企业特点有关，且与企业所有员工的努力是分不开的。

许军介绍道，企业是2001年由上海市房地产评估中心改制出来的，其前属于事业单位，改制后才变为企业，而目前企业与政府部门及相关机构仍存有一定的关联。同时，他补充表示，通过自身的努力和在估价领域的一些研究，近年来企业也获得了不同领域客户的认可支持，在资质方面也取得较好的成绩。

而实际上，上海房地产估价有限公司中有部分特点都是之前改制出来的，不仅延续了原先事业单位的一些特点，同时还对原先体制中的弊端做出调整改进。另外，企业从现代企业管理制度的角度来理解企业并提出做估价要有客观、独立、公正的立场，许军表示，从某些程度上而言，这个立场也影响到了企业的一个精神。

“在整个企业经营过程中，我们也做了一些别人不愿做的，但我们觉得很有价值的事情。这些事情可能不能带来短期的利益，但会影响长远的管理和发展。包括了我们对房地产数据库的建设以及对于人才的培养。我们企业最早实行人员内部培养规章制度，并且为每位员工制定成长规划，人才的发展对于企业而言是相当重要的。”许军分享道。

在谈及今年9月27日正式完成的《上海市国有土地上房屋征收与补偿实施细则(草案)》公开征求意见时，许军显得颇具心得。他表示，此次征收管理条例与此前区别最大的地方在于征收的主体明确为政府，即政府为征收人，而此举使征收管理工作有了较大的改观。而该条例内在精神则体现了整个条例对于私有财产权益的保护，并体现了尊重精神。该条例明确作为被征收人的所有相关权益都应该得到补偿，相比之前的相关条例，显得充分许多。

而这也从另一方面体现目前房地产市场的发展。“对于房价的认识要有一个大的理解背景。”许军如是说。他解释道，经济发展的水平提高使房地产价格、市场完善度及繁荣度也提高到了一定的水平。

许军总结表示，中国前三十年的房价走势由外部因素造成，经济因素、制度因素和政治因素对房价推动力较强。将来面对的更多是内部因素，房地产本身的特点、区位和权益因素，未来房产会是不断细化、细分的市场，价格变化不但是由宏观环境决定，在相对成熟的市场环境下，每一种房地产的变化都会有其自身的变化规律。对市场经济的发展，对房产市场有信心，整个国家后三十年的发展很有潜力。目前需要注意的是保障体系如何完善，在完善的前提下，商品市场才可能会有良性理性的发展。

此外，城市化进程的动力还是会有一定持续期。整个城市的发展需要不断地完善。三五年之后，外在面貌改变后，城市内在理念、城市管理、内在气质也有变化，这是城市化进程的另一方面。城市如何发展与房地产是紧密相关，未来城市的发展空间非常巨大，总体看非常有信心。

第一节　收益还原法概述

一、收益还原法的概念

收益还原法又称收入资本化法、投资法或收益现值法，在土地经济理论和土地估价时又称为地租资本化法。收益还原法是预计估价对象未来的正常纯收益，选用适当的还原利率将其折现到估价时点后累加，以此估算估价对象的客观合理价格或价值的方法，收益还原法作为房地产市场价值的一种评估方法，以其充分的学术理论研究，被广泛地应用于具有收益的房地产的估价，采用收益法估价求得的价格称为收益价格。

二、收益还原法的理论依据

收益法的理论依据是经济学中的预期原理。

预期原理说明，决定房地产价值的，是房地产未来所能获得的收益，而不是过去已获得的收益。具体地说，房地产的价格是基于市场参与者对其未来所能获取的预期收益或得到的满足的程度，而不是基于其历史价格，即生产它所投入的成本或过去的市场状况。

由于房地产效用的长久性，在房地产耐用年限内，将会源源不断地给权利人带来经济收益。因而，房地产的价格可由房地产未来能给权利人带来的全部经济收益的现值来体现。按照收益法评估的房地产价格，相当于这样一个货币额，如果把它存入银行就会源源不断地得到与某一房地产的纯收益相当的利息收入，即此时房地产的价格就相当于这一货币额，即：

利息额(纯收益)＝某一货币额×利率

房地产价格＝纯收益/利率

因而购买收益性房地产可以视为一种投资，投资者购买收益性房地产，实质是以现在的资金去换取期望在未来可以获得的一系列资金。

假设某投资者拥有一宗房地产，每年能产生 15 万元的纯收益；同时，此投资者拥有 150 万元的资本金，将其存入银行。假设银行的年利率是 10%，则此投资者每年可得 15 万元的资本利息额。那么房地产每年产生的纯收益和 150 万元的资本金每年获得的利息是等价的，我们可以认为该房地产的价值是 150 万元。

上述收益还原法的基本思想是一种朴实、便于理解的表达，严格来说是不很确切的。这仅仅是假设房地产纯收益和还原利率每年均不变，获取收益的年限为无限年，并且获取房地产收益的风险和获取银行利息的风险相当的条件下，求取房地产收益价格的一种方法。由于影响房地产纯收益的因素很多，实际上，纯收益往往经常变化，又由于我国的土地出让制度是有偿、有限期的出让，不同类型房地产收益年限是有不同期限的，而收益折现率采用的还原利率等于银行利率也仅是特例。

普遍适用的收益法的基本思想表述如下：将估价时点视为现在，那么在现在购买有一定收益年限的房地产预示着在其未来的收益年限内可以源源不断地获取纯收益，如果现在有一货币额可与这未来源源不断的纯收益的现值之和等值，则这一货币额就是该房地产的价格。

收益性房地产的价值就是该房地产未来纯收益的现值之和，考虑到资金的时间价值，其高低取决于下列三个因素：① 可获纯收益的大小；② 可获纯收益期限的长短；③ 获得该纯收益的可靠性。

三、收益还原法的适用范围

房地产所产生的收益分为可以用货币来度量和无法用货币来度量两类。收益法适用于有收益或有潜在收益，并且收益和风险都能够量化的房地产，它不限于估价对象本身现在是否有收益，只要它属于收益性房地产即可，如商业、旅馆、餐饮、写字楼、公寓、游乐场、厂房、农地等房地产；而对于收益或潜在收益难以量化的房地产价格的评估则不适用。如政府办公楼、学校公园、图书馆、博物馆等公用、公益房地产的估价，收益法大多不适用。

收益法还可用来检验市场比较法和成本法评估出来的价值的可靠性。

四、收益还原法的操作步骤

运用收益法估价一般分为下列七个步骤进行：

(1) 搜集有关房地产收入和费用的资料；

(2) 估算潜在毛收入；

(3) 估算有效毛收入；

(4) 估算运营费用；

(5) 估算纯收益；

(6) 选用适当的还原利率；

(7) 选用适宜的计算公式求出收益价格。

其中，潜在毛收入、有效毛收入，运营费用、纯收益均以年度计。

第二节　收益还原法的计算公式

根据收益还原法的基本原理，假设在纯收益和还原利率都已知的条件下，我们来讨论收益还原法的各种计算公式。

一、货币时间价值

（一）货币时间价值概念

对于一个投资者，很重视其投资和收益，如果仅测算出某一项目未来时期的盈利值，并不能直接说明该项目该时期的现金收支的实际情况，因而在测算未来收益的时候，必须考虑货币的时间价值。一般来说，现在手持10元现金与一年后的10元，对所有者来说并不相同，以后者换前者，还要有一定的“附加”，这就是利息，决定利息大小的是利率。例如年利率为10%，年初存款为100元，在年末就可得到100×10%＝10元的利息。由此知道，未来一年后的110元刚好等于现在的100元，之间差的10元就是“附加”。那么，货币的时间价值的概念：在不考虑物价上涨因素影响的情况下，同样的货币，在今天要比今后的某个时期更值钱，即：同样数额的资金，在不同时间点上具有不同的价值。

下面讨论几个与资金时间价值有关的概念计算公式，假设：

P—本金，即现值

A—年金，即连续出现在各计息周期期末的等额支付金额

n—计息周期数

i—每个计息周期的利率

I—利息总额

F—本利之和，即将来值

1. 单利值

单利值是指现在存入一笔钱（本金），按期以一定利率计算利息，每期均按原始本金计息，这种计息方式为单利。在以单利计息的情况下，利息与时间是线性关系，不论计息期数为多大，只有本金计息，而利息不计息。则：

利息 $I = P \times i \times n$

n 期末的本利和 $F = P + I = P(1 + i \times n)$

2. 复利值

复利值是指按期按一定利率将本金所生利息加到本金上再计息，逐期滚算到预定期数的本利总值，这一过程通常称为“利滚利”。

利息 $I = P[(1 + i)^n - 1]$

n 期末的本利和 $F = P + I = P(1 + i^n)$

显然对同一笔本金，在利率和计息周期相同的情况下，用复利计算出的利息金额比用单利计算出的利息金额大。当本金越大，利率越高，计息周期越多时，两者差距越大。

要做到同样数额的本金，在计息周期相同的情况下，实现相同的时间价值，即本利之和相同或利息额相同，即单利计息的利率与复利计息的利率应不同，它们之间的关系是：

设单利利率为 i_1，复利利率为 i_2，那么：

$$P(1+n\times i_1)=P(1+i_2)^n \text{ 或 } P\times n\times i_1=P[(1+i_2)^n-1]$$

则：

$$i_1=\frac{(1+i_2)^n-1}{n}$$

$$i_2=(1+ni_1)^{\frac{1}{n}}-1$$

3. 现值

现值指未来某一金额的现在价值，也就是现在按一定利率，存入一笔现金，到未来恰好等于某一金额，该存入现金就是未来这一金额的现在价值。由 $F = P(1 + i^n)$ 得：

$$P=F\left[\frac{1}{(1+i^n)}\right]$$

式中，$\frac{1}{(1+i^n)}$ 被称为折现系数。

4. 年金的复利值

年金是指在某一特定时期内，每间隔相同时间收到或支付(偿还)一定数额的款项。年金的复利值则是指年金按复利计算的本利总值。年金的复利值为：

$$F=A(1+i)^{n-1}+A(1+i)^{n-2}+\cdots+A(1+i)+A=A\left[\frac{(1+i)^n-1}{i}\right]$$

式中，$\frac{(1+i)^n-1}{i}$ 被称为年金的复利值系数。

5. 年金的现值

年金的现值是指年金的复利值的现在价值。

由 $P=F\left[\frac{1}{(1+i^n)}\right]$ 和 $F=A\left[\frac{(1+i)^n-1}{i}\right]$ 得到：

$$P=A\left[\frac{(1+i)^n-1}{i}\right]\times\left[\frac{1}{(1+i^n)}\right]=A\left[\frac{(1+i)^n-1}{i(1+i^n)}\right]$$

式中，$\frac{(1+i)^n-1}{i(1+i^n)}$ 称为年金的现值系数。

6. 还本付息额

如果现在有一笔贷款 P，准备 n 年还清该笔贷款，年利率为 i，那么每年应还本付息额 A 的计算公式可由 $P=A\left[\frac{(1+i)^n-1}{i(1+i^n)}\right]$ 得到：

$$A=P\left[\frac{i(1+i^n)}{(1+i)^n-1}\right]$$

(二) 上述公式的运用

1. 某人于 1994 年 3 月将 2 000 元现金按年利率 2.2%存入银行，单利按年计息，问到 2004 年 3 月本利和为多少？

$$F=P(1+i\times n)=2\,000(1+2.2\%\times 10)=2\,440\text{ 元}$$

2. 某公司向银行贷款 12 万元，贷款利率为 5.85%，复利按年计息，期限为 5 年，问到期该公司应偿还银行多少钱？

$$F=P(1+i)^n=120\,000(1+5.85\%)^5=159\,454\text{ 元}$$

3. 某房地产商现正在建设一幢商住楼，预计两年后销售，其利润为 1 800 万元，问该利润现值是多少(年利率为 9.3%)？

$$P=F\left[\frac{1}{(1+i^n)}\right]=\frac{1\,800}{(1+9.3\%)^2}=1\,506.7\text{ 万元}$$

4. 某综合楼的年租金为 720 万元，问至第 10 年末共获多少租金(年利率为 2.0%)？

$$F=A\left[\frac{(1+i)^n-1}{i}\right]=720\times\frac{(1+2.0\%)^{10}-1}{2.0\%}=7\,883.8\text{ 万元}$$

5. 某综合楼拟出租 15 年，年租金为 570 万元，问 15 年的租赁价值是多少(年利率为 7.5%)?

$$P = A\left[\frac{(1+i)^n - 1}{i(1+i^n)}\right] = 570 \times \frac{(1+7.5\%)^{15} - 1}{7.5\%(1+7.5\%)^{15}} = 5\,031.46 \text{ 万元}$$

6. 某房地产公司向银行抵押贷款 12 亿元，年利率为 5.05%，在 10 年内分期偿还，问每年应还还本付息额是多少?

$$A = P\left[\frac{i(1+i^n)}{(1+i)^n - 1}\right] = 120\,000 \times \frac{5.05\%(1+5.05\%)^{10}}{(1+5.05\%)^{10} - 1} = 15\,578.3 \text{ 万元}$$

(三) 折现与折现率

在进行房地产投资开发项目评估以及其他项目评估时，都需要考虑货币的时间价值。房地产投资开发后，已建成物业出售或出租的收益相对于投资期是未来收益，需要调整到投资期的价值，以评估是否进行该项投资，这一过程称为折现。将未来值折现到现值，就需要应用折现率。所谓折现率就是一种将未来的价值折现到现在价值的利率，通过折现率计算所得的现值是复利的反向关系。

二、收益还原法不同情形下的计算公式

(一) 基本计算公式

根据资金的时间价值，我们将收益法的基本原理公式化：

$$V = \sum_{i=1}^{n} \frac{a_i}{(1+r)^i} = \frac{a_1}{(1+r)} + \frac{a_2}{(1+r)^2} + \frac{a_3}{(1+r)^3} \cdots \frac{a_{n-1}}{(1+r)^{n-1}} + \frac{a_n}{(1+r)^n}$$

式中，V—房地产收益价格

a_i—房地产第 i 年纯收益

r—房地产的还原利率

n—房地产自估价时点起至未来可获收益的年限

使用现金流量图将公式形象化如图 5-1 所示。

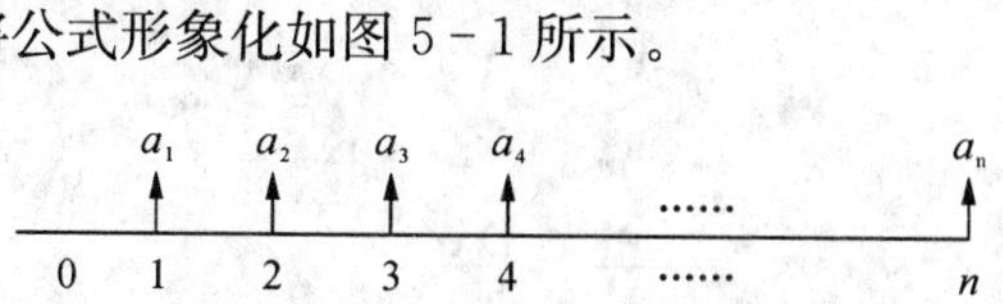

图 5-1

因未来各年度的纯收益无法准确预测，因此，该公式只有理论上的意义，在现实中难以操作。根据房地产未来获取纯收益流量的类型，我们可以推导出下述各种公式。

(二) 纯收益及其他因素每年不变的公式

该情形下的假设条件：① 纯收益每年不变为 a；② 还原利率 r 每年不变且大于零(当 $r=0$ 时，$V=a\times n$)。

若收益年限为 n 年，则：

$$V=\frac{a}{r}\left[1-\frac{1}{(1+r)^n}\right]$$

使用现金流量图将公式形象化如图 5－2：

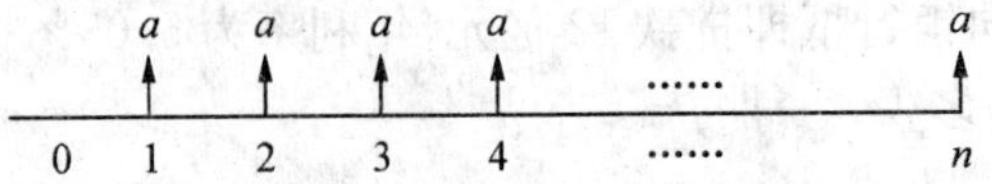

图 5－2

此公式适用于有限期出让大块土地地价的评估；对于单纯的建筑物估价，如果纯收益为折旧前的，也可近似采用此公式。

若收益年限无限，则：

$$V=\frac{a}{r}$$

该公式可直接用于估计土地的收益价格，因为土地的收益是无限期的；对于房地合一的房地产，当建筑物提取折旧时，其收益价格也可运用该公式。

例 5－1 某房地产是在政府有偿出让的土地上开发建造的，土地出让年限为 50 年，现已使用了 10 年；该房地产正常情况下的年纯收益为 20 万元，还原利率为 10%，则该房地产的收益价格为：

$$V=\frac{a}{r}\left[1-\frac{1}{(1+r)^n}\right]=\frac{20}{10\%}\left[1-\frac{1}{(1+10\%)^{50-10}}\right]=195.60(\text{万元})$$

除了直接计算房地产收益价格外，该公式还有其他用途：

1. 同一房地产不同年限的价格换算

假设 $K_n=1-\frac{1}{(1+r)^n}$

用 K_∞ 表示 n 为无限年期时的 K 值(当 $n=\infty$ 时，$K=1$)，K_n 表示收益年限为 n 时的 K 值，V_∞ 表示 n 为无限年时房地产的价格，V_n 表示 n 为有限年期时房地产的收益价格，进一步可推导出：

$$V_N=V_\infty\times K_N$$

$$V_n=V_\infty\times K_n$$

$$\frac{V_N}{V_n}=\frac{K_N}{K_n}$$

$$V_n=V_N\times\frac{K_N}{K_n}$$

$$V_\infty=\frac{V_n}{K_N}=\frac{V_N}{V_N}$$

该公式的运用前提为：

(1) V_n 与 V_N 对应的还原利率相同且不等于零，当 V_n 或 V_N 之一为 V_∞ 时，要求还原利率大于零；当 V_n 和 V_N 都不为 V_∞ 时，且还原利率等于零时 $V_n=V_N\times\frac{n}{N}$；

(2) V_n与V_N对应的纯收益相同或可转化为相同(如单位面积的纯收益相同);

(3) 如果V_n和V_N对应的是两宗房地产,则该两种房地产除年限(收益年限或土地使用权年)不同外,其他方面均应相同或修正为相同。

例 5-2　已知某收益性房地产 50 年的收益权利的价格为 3 000 元/平方米,还原利率 10%,试求其 30 年收益权利的价格。

$$V_{30}=\frac{V_{50}\cdot K_{30}}{K_{50}}=3\,000\times\left[1-\frac{1}{(1+10\%)^{30}}\right]\Big/\left[1-\frac{1}{(1+10\%)^{50}}\right]$$
$$=2\,852.38(\text{元/平方米})$$

2. 比较不同年限房地产价格的高低

如果两宗房地产收益的年限或土地使用权年限不同时,就不能直接比较该两宗房地产价格的高低,需将它们转换成相同年限下的价格。

例 5-3　有 A、B 两宗房地产,A 房地产的收益年限为 50 年,单价 2 000 元/平方米,B 房地产的收益年限为 30 年,单价 1 800 元/平方米。假设还原利率为 10%,试比较该两宗房地产价格的高低。

要比较该两宗房地产价格的高低,需要将它们先转换成相同年限下的价格。为计算的方便,将它们都转换成无限年下的价格:

A 房地产

$$V_{\infty}=\frac{V_{20}}{K_{20}}=V_{50}\div\left[1-\frac{1}{(1+r)^n}\right]=2\,000\div\left[1-\frac{1}{(1+10\%)^{50}}\right]$$
$$=2\,017.18(\text{元/平方米})$$

B 房地产

$$V_{\infty}=\frac{V_{20}}{K_{20}}=V_{30}\div\left[1-\frac{1}{(1+r)^n}\right]=1\,800\div\left[1-\frac{1}{(1+10\%)^{30}}\right]$$
$$=2\,114.27(\text{元/平方米})$$

通过上述处理之后知道,名义上 B 房地产的价格低于 A 房地产的价格,实际上却高于 A 房地产的价格。

3. 用于市场比较法中土地使用权年期修正

该公式可用于市场比较法估价时进行有关土地使用年限或不同收益年限的修正。

例 5-4　某宗工业用地出让的土地使用权年限为 50 年,所处地段的基准地价为 1 200元/平方米,制定基准地价时设想的土地使用权年限为无限年,现行土地还原利率为 10%。通过对基准地价进行土地使用权年限修正后的该宗工业用地的价格为:

$$V_{50}=V_{\infty}\times K_{50}=V_{\infty}\times\left[1-\frac{1}{(1+r)^n}\right]$$
$$=1\,200\times\left[1-\frac{1}{(1+10\%)^{50}}\right]=1\,190(\text{元/平方米})$$

4. 其他作用

该公式还可用来计算不同还原利率下,有限年土地使用权价格接近于无限年土地使用权价格的年限。

如可以用来说明还原利率不同，土地使用年限长到何时，有限年的土地使用权价格接近于无限年的土地所有权价格。通过计算可知，还原利率越高，接近于无限年的价格越快。当还原利率为2%时，需要520年才能达到无限年的价格，3%时为350年，4%时为260年，5%时为220年，6%时为180年，7%时为150年，8%时为130年，9%时为120年，14%时为80年，20%时为60年；当还原利率为25%时，只要50年就相当于无限年的价格。

（三）纯收益在前若干年有变化的公式

该情形下的假设前提：① 纯收益在未来前 t 年（含第 t 年）有变化，在 t 年以后无变化为 a；② 还原利率不等于零为 r。

若收益年限为 n 年，则：

$$V=\sum_{i=1}^{t}\frac{a_i}{(1+r)^i}+\frac{a}{r}\left[1-\frac{1}{(1+r)^{n-t}}\right]\cdot\frac{1}{(1+r)^t}$$

现金流量图如图5-3所示：

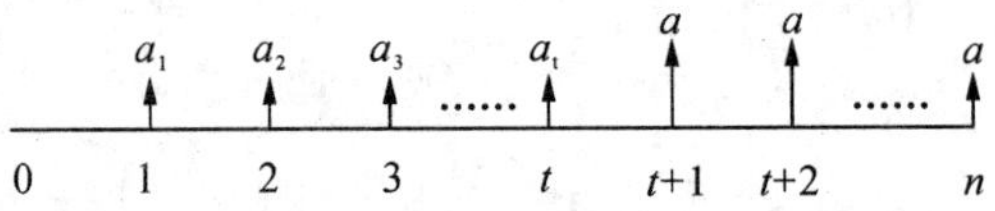

图5-3

该公式有重要的实用价值，在实际估价中，一般很难准确预测在房地产的整个使用周期内每年的纯收益，但可以根据估价对象的经营状况和市场环境，对其在未来3—5年或可以预测的更长时期的纯收益作出估计，并且假设从此以后的纯收益将不变，然后对这两部分纯收益进行折现处理，计算出房地产的价格。

若收益年限无限，则：

$$V=\sum_{i=1}^{t}\frac{a_i}{(1+r)^i}+\frac{a}{r(1+r)^t}$$

例5-5 某宗房地产，通过预测得到其未来5年的纯收益分别为20万元、22万元、25万元、28万元、30万元，从第六年到未来无穷远，每年的纯收益将稳定在35万元左右，该类房地产的还原利率为10%。该宗房地产的收益价格为：

$$V=\sum_{i=1}^{t}\frac{a_i}{(1+r)^i}+\frac{a}{r(1+r)^t}=\frac{20}{(1+10\%)}+\frac{22}{(1+10\%)^2}+\frac{25}{(1+10\%)^3}$$
$$+\frac{28}{(1+10\%)^4}+\frac{30}{(1+10\%)^5}+\frac{35}{10\%(1+10\%)^5}=310.2(\text{万元})$$

（四）预知未来若干年后房地产价格的公式

该情形下的假设前提：① 已知房地产在未来第 t 年末的价格为 V_t；② 房地产在未来前 t 年（含第 t 年）的纯收益有变化且已知。

预测房地产未来 t 年的纯收益为 a、a_1、a_2、a_3、……a_t；第 t 年末的价格为 V_t，则其现值的计算公式为：

$$V=\sum_{i=1}^{t}\frac{a_i}{(1+r)^i}+\frac{V_t}{(1+r)^t}$$

现金流量图如图 5-4 所示：

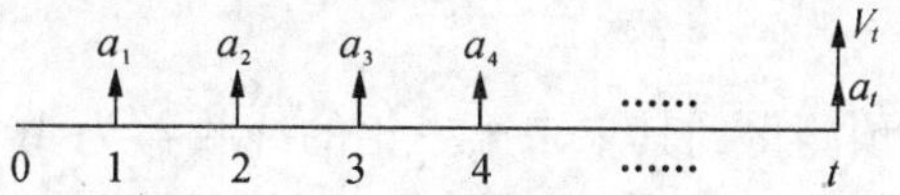

图 5-4

如果 a_i 每年相同均为 a，则公式简化为：

$$V=\frac{a}{r}\left[1-\frac{1}{(1+r)^t}\right]+\frac{V_t}{(1+r)^t}$$

实际估价中，难以获得待估房地产目前的价格，但根据城市规划的发展前景，或由于社会经济地理位置的改变，能够比较容易的预测待估房地产未来某一时期的房地产价格水平，适宜采用该公式，特别是某地区在若干年后，将会出现可以预见的较大改观的情况下。

例 5-6　目前的房地产市场不景气，但预测三年后会回升，现有一座出租写字楼需要估价。该写字楼现行市场租金较低，年出租纯收益为 500 万元，预计未来三年内仍然维持在该水平，但等到三年后市场回升时，将其转卖的售价会高达 7 950 万元，销售税费为售价的 6%。如果投资者要求该类投资的收益率为 10%，则该写字楼目前的价值为：

$$\begin{aligned}V&=\frac{a}{r}\left[1-\frac{1}{(1+r)^t}\right]+\frac{V_t}{(1+r)^t}\\&=\frac{500}{10\%}\left[1-\frac{1}{(1+10\%)^3}\right]+\frac{7\,950(1-6\%)}{(1+10\%)}\\&=6\,858(\text{万元})\end{aligned}$$

(五) 纯收益按等差级数递增或者递减的公式

该情形下的假设前提：① 纯收益按等差级数递增或者递减；② 还原利率不等于零为 r。

若收益年限为 n 年，则：

$$V=\left(\frac{a}{r}+\frac{b}{r^2}\right)\left[1-\frac{1}{(1+r)^n}\right]-\frac{b}{r}\times\frac{n}{(1+r)^n}$$

式中，b 为纯收益逐年递增或者递减的数额，如纯收益第一年为 a，则第二年为 $a+b$，第三年为 $a+2b$，第 n 年为 $a+(n-1)b$。当逐年递增时 b 为正，当逐年递增时 b 为负。

现金流量图如图 5-5 所示：

若收益年限无限，则：

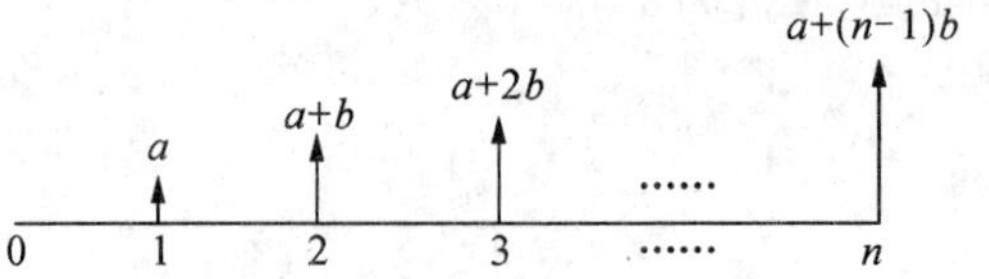

图 5-5

$$V=\frac{a}{r}+\frac{b}{r^2}$$

例 5-7 某宗房地产,通过预测得到其未来第一年的纯收益为 10 万元,此后每年的纯收益将在上一年的基础上增加 1 万元,收益年限为 40 年,该类房地产的还原利率为 7%。该宗房地产的收益价格为:

$$V=\left(\frac{a}{r}+\frac{b}{r^2}\right)\left[1-\frac{1}{(1+r)^n}\right]-\frac{b}{r}\times\frac{n}{(1+r)^n}$$

$$=\left(\frac{10}{7\%}\right)\left[1-\frac{1}{(1+7\%)^{40}}\right]-\frac{1}{7\%}\times\frac{40}{(1+7\%)^{40}}=285.6(\text{万元})$$

（六）纯收益按等比级数递增或者递减的公式

该情形下的假设前提:① 纯收益按等比级数递增或者递减;② 还原利率不等于零为 r。

若收益年限为 n 年,则:

$$V=\begin{cases}\dfrac{a}{r-g}\left[1-\left(\dfrac{1+g}{1+r}\right)^n\right] & r\neq g\\[2ex] \dfrac{a\times n}{1+r} & r=g\end{cases}$$

式中,g 为纯收益逐年递增的比率,如纯收益第一年为 a,则第二年为 $a(1+g)$,第三年为 $a(1+g)^2$,第 n 年为 $a(1+g)^{n-1}$。当逐年递增时 g 为正,当逐年递增时 g 为负。

现金流量图如图 5-6 所示:

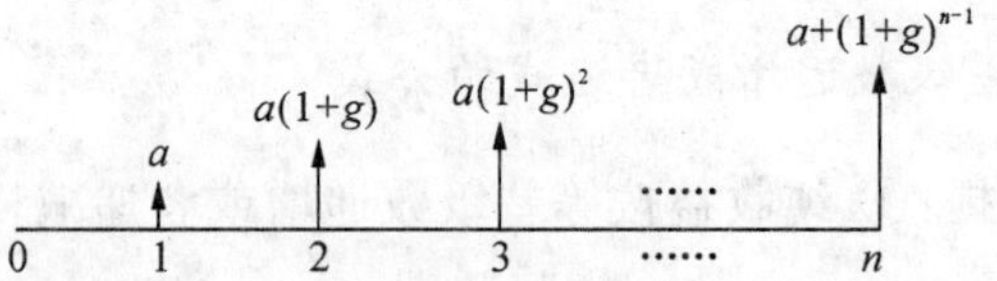

图 5-6

若收益年限无限,则:

$$V=\frac{a}{r-g}$$

例 5-8 某宗房地产是在政府有偿出让的土地上建造的,土地使用权的剩余年限为 50 年,预计该房地产未来第一年的纯收益为 16 万元,此后每年的纯收益会在上一年的基础上增长 2%,该类房地产的还原利率为 9%。该宗房地产的收益价格为:

$$V=\frac{a}{r-g}\left[1-\left(\frac{1+g}{1+r}\right)^n\right]=\frac{16}{10\%-2\%}\left[1-\left(\frac{1+2\%}{1+10\%}\right)^{50}\right]=195.41(\text{万元})$$

第三节　纯收益、还原利率及收益年限的确定

在了解了收益还原法的计算公式后，我们清楚地认识到，收益性房地产的价值就是该房地产的未来纯收益的现值之和。

$$V=\sum_{i=1}^{n}\frac{a_i}{(1+r)^i}$$

由此可见，房地产价格的高低取决于以下三个因素：

1. 可获得纯收益的大小，即 a_i 的大小

在其他因素不变的前提下，a_i 大则房地产价格高；反之，小则房地产价格低。

2. 获得纯收益的可靠性，即 r 的大小

由于获得的纯收益是否可靠将影响投资风险的大小，而风险的大小又决定了还原利率 r 的大小，它们之间的关系：获得 a_i 可靠则风险小，风险小则 r 小，房地产的价格就高；反之，则风险大，风险大则 r 大，房地产的价格就低。

3. 可获得纯收益期限的长短，即 n 的大小

在其他因素不变的前提下，n 大则房地产价格高；反之，则房地产价格低。

可见，收益还原法应用的关键是正确地确定待估房地产的纯收益 a_i、还原利率 r 及收益年限 n。

一、纯收益的确定

纯收益是由有效毛收入扣除运营费用后得到的归属于房地产的客观收益。纯收益的大小是决定房地产价格的一个重要因素。在实际估价中，只有全面了解有关收益性房地产的各种收益情况，才能客观地求取房地产的纯收益，准确地估计房地产价格。

（一）纯收益的计算公式

计算纯收益的基本公式为：

纯收益＝总收益－总费用＝潜在毛收入－空置等造成的收入损失－运营费用
　　　　＝有效毛收入－运营费用

潜在毛收入、有效毛收入、运营费用、纯收益通常以年度计。

潜在毛收入，是假定房地产在充分利用无空置状态下可获得的收入。

有效毛收入是由潜在毛收入扣除正常的空置、拖欠租金以及其他原因造成的收入损失后所得到的收入。

运营费用是指维持房地产正常生产、经营或使用必须支出的费用及归属于其他资本或经营的收益。运营费用与有效毛收入之比被称为运营费用率。

纯收益是由有效毛收入扣除合理运营费用后得到的归属于房地产的收益。

(二) 不同类型房地产纯收益的求取

纯收益应根据估价对象的具体情况,按下列规定求取。

1. 出租型房地产纯收益的求取

出租是收益型房地产常见的经营方式,因而出租型房地产是收益还原法估价的典型对象。出租型房地产,应根据租赁资料计算纯收益,纯收益为租赁收入扣除维修费、管理费、保险费和税金以及租赁代理费等由出租人负担的费用。

租赁收入包括有效毛租金收入、租赁保证金、押金等的利息收入。

维修费、管理费、保险费和税金应根据租赁契约规定的租金涵义决定取舍。若保证合法、安全、正常使用所需的费用都由出租方承担,应将四项费用全部扣除;若维修、管理等费用全部或部分由承租方负担,应对四项费用中的部分项目作相应调整。

2. 直接经营型房地产纯收益的求取

直接经营型房地产的最大特点:房地产所有者同时又是经营者,房地产租金与经营者利润没有分开。

(1) 商业经营型房地产,应根据经营资料计算纯收益,纯收益为商品销售收入扣除商品销售成本、经营费用、商品销售税金及附加、管理费用、财务费用和商业利润。

(2) 工业型生产型房地产,应根据产品市场价格以及原材料、人工费用等资料计算收益,纯收益为产品销售收入扣除生产成本、产品销售费用、产品销售税金及附加、管理费用、财务费用和厂商利润。

(3) 农地纯收益的估算,是由农地平均年产值扣除种苗费、肥料费、人工费、畜工费、机工费、农药费、材料费、水利费、农舍费、农具费、税费、投资利息等。

3. 尚未使用或自用的房地产纯收益的求取

可比照同一市场上有收益的类似房地产的有关资料按上述相应的方式计算纯收益,或直接比较得出纯收益。

4. 混合型房地产纯收益的求取

对于现实中包含有上述多种收益类型的房地产的纯收益的求取,可以把它看成各种单一收益类型房地产的组合,先分别求取,然后进行综合。

(三) 求取纯收益应注意的事项

在实际估价中,由于经营管理水平等原因,某一具体估价对象的实际毛收入和运营费用因为其自身原因而具有个别性;而估价要求评估的是客观合理价格,因而应该参照市场上类似房地产的一般收入和费用水平,对估价对象的实际收入和费用进行调整,调整为具有代表性的客观收入和客观费用作为估价依据。因此,在实际估价中纯收益的求取应注意以下几点:

(1) 房地产的纯收益,是指房地产本身所带来的纯收益,包括有形收益和无形收益。

(2) 运营费用包括两部分内容:① 维持房地产正常生产、经营或使用所必须支出的费用,例如维修费、管理费等;② 归属于其他资本的收益,或称非房地产本身所创造的收益,例如货币资金的利息和利润等。

(3) 由有效毛收入扣除合理运营费用,实际上是由有效毛收入中扣除非房地产本身所创造的收益,剩余的即是房地产本身所带来的收益,也即房地产的纯收益。

例 5-9　有一建筑面积为 1 000m^2的写字楼,其月毛租金水平为 100 元/m^2,空置率为 13%,租金损失为毛租金收入的 2%,合理运营费用为有效租金收入的 30%,则该写字楼的:

潜在毛收入=1 000m^2×100 元/m^2/月×12 个月=120(万元);
有效毛收入=120 万元×(1-13%)×(1-2%)=102.3(万元);
合理运营费用=102.3 万元×30%=30.7(万元);
纯收益=102.3 万元-30.7 万元=71.6(万元)。

(4) 实际估价中的潜在毛收入、有效毛收入、合理运营费用都应采用正常客观的数据,如果利用估价对象本身的资料推算出的潜在毛收入、有效毛收入、合理运营费用或纯收益与正常客观的情况不符,则应将其调整为正常客观的。

(5) 房地产有租约限制的,必须考虑租约对房地产价格的影响。租约期内的租金,宜采用租约所确定的租金,租约期外的租金应采用正常客观的租金。

例 5-10　某商店的土地使用年限为 40 年,从 2004 年 10 月 1 日起计。该商店共有两层,每层有出租面积为 200 平方米。一层于 2005 年 10 月 1 日租出,租期为 5 年,可出租面积的月租金为 180 元/平方米,且每年不变;二层现暂空置。附近类似商场一、二层可出租面积的正常月租金分别为 200 元/平方米和 120 元/平方米,运营费用率为 25%。该类房地产的还原利率为 9%。试估算该商场 2008 年 10 月 1 日带租约出售时的正常价格。

商店一层价格的估算:

租约期内年纯收益=200×180×(1-25%)×12=32.40(万元)
租约期外年纯收益=200×200×(1-25%)×12=36.00(万元)

$$V=\frac{32.40}{(1+9\%)}+\frac{32.40}{(1+9\%)^2}+\frac{36.00}{9\%((1+9\%)^2)}\left[1-\frac{1}{(1+9\%)^{40-4-2}}\right]$$
$$=375.69(万元)$$

商店二层价格的估算:

年纯收益=200×120×(1-25%)×12=21.60(万元)

$$V=\frac{21.60}{9\%}\left[1-\frac{1}{(1+9\%)^{40-4}}\right.=229.21(万元)$$

该商店的正常价格=商店一层的价格+商店二层的价格
=375.69+229.21 =604.90(万元)

(四) 纯收益流量的类型

求取纯收益时,应根据纯收益过去、现在、未来的变动情况及可获纯收益的年限,确定未来纯收益流量,并判断该未来纯收益流量属于下列哪种类型:

(1) 每年基本上固定不变;

(2) 每年基本上按某个固定的数额递增或递减;
(3) 每年基本上按某个固定的比率递增或递减;
(4) 其他有规则的变动情形。

二、还原利率的确定

(一) 还原利率的内涵

还原利率是将房地产的纯收益转换成价值的比率,实际上是一种投资收益率。如果将购买房地产看成一种投资行为,这种投资所需投入的资本额,是房地产的价格,这笔投资在将来获得的收益就是房地产每年产生的纯收益。简单地说,还原利率就是前述各种收益还原法公式中的 r。

从市场投资和统计角度而论,资本投资收益率的大小,与项目投资的风险大小直接相关,即:某类项目投资的风险越大,其收益率也相应越高;风险越小,其收益率越低。因此,选用还原利率时,应等同于与获取估价对象的纯收益具有同等风险投资的收益率。

由于房地产具有位置固定性等特点,其风险因不同地区而异,而且与房地产的类型或用途、投资者进入房地产市场的时机等因素相关。因此,不同地区、不同时期、不同用途的房地产,投资的风险不同,还原利率也不相同,选用还原利率时,这点应特别注意。

运用收益还原法估价时,房地产价格对还原利率这一参数变化反应最为敏感,确定合适的还原利率是最重要也是最困难的问题。由于还原利率的微小变化,将导致房地产价格的很大差异,从而直接影响估价结果的准确性。如果还原利率选取不当,即使纯收益的估算很精确,计算结果仍然不可信任,如表 5-1 所示。

表 5-1 产生定额纯收益的房地产在不同还原利率下的评估价值

纯收益(万元)	还原利率(%)	评估价值(万元)
6	4	150
6	5	120
6	6	100
6	7	85.71
6	8	75
6	9	66.67

注:表中使用的估价公式为:房地产价格=纯收益÷还原利率。

从表中可以看出,每年都产生 6 万元纯收益的房地产,在 4%的还原利率下,评估价值约 150 万元;在 5%的还原利率下,评估价值约 120 万元。还原利率发生 1%的变化,评估价值相差 30 万元,因此,实际估价中对还原利率选取的精度要求非常高。

(二) 还原利率的种类

在房地产估价中应用最广泛的有三种还原利率:综合还原利率、建筑物还原利率和土地还原利率,这是与房地产估价对象的三种实物存在形态相应的。

1. 综合还原利率

综合还原利率是应用于评估复合房地产时所采用的还原利率。采用综合还原利率估算复合房地产的收益价格时，所对应的纯收益也是复合房地产的纯收益，即土地和建筑物产生的年纯收益之和。

2. 建筑物还原利率

建筑物还原利率是运用收益还原法评估建筑物时所采用的还原利率。采用建筑物还原利率估算建筑物的收益价格时，所对应的纯收益也是建筑物的年纯收益，即从房地的总年纯收益中分离出建筑物的收益。

3. 土地还原利率

土地还原利率是运用收益还原法评估土地时所采用的还原利率。采用土地还原利率估算土地的收益价格时，所对应的纯收益是土地的年纯收益，这个纯收益不应包括其他方面带来的部分。如果在求取土地的价值时选用的还原利率不是土地还原利率，即使得出了一个结果，这个结果也不能说是土地价值。

综合还原利率、建筑物还原利率、土地还原利率三者虽然是严格区分的，但又是相互联系的。如果知道了其中的两种还原利率，便可求出另外一种还原利率。此三种还原利率相联系的公式如下：

$$r_o = \frac{r_L V_L + r_B V_B}{V_B + V_L}$$

$$r_L = \frac{r_o(V_L + V_B) - r_B V_B}{V_L}$$

$$r_B = \frac{r_o(V_L + V_B) - r_L V_L}{V_B}$$

式中：r_o—综合还原利率；

r_L—土地还原利率；

r_B—建筑物还原利率；

V_L—土地价值；

V_B—建筑物价值。

运用上述公式必须确切地知道土地价值和建筑物价值是多少，这有时难以做到。但如果知道了土地价值占房地产价值的比率，建筑物价值占房地产价值的比率，也可以找出综合还原利率、建筑物还原利率和土还原利率三者的关系，其公式如下：

$$\begin{aligned} r_o &= L \cdot r_L + B \cdot r_B \\ &= L \cdot r_L + (1-L) \cdot r_B = (1-B)r_L + B \cdot r_B \end{aligned}$$

式中：L—土地价值占房地产价值的比率；

B—建筑物价值占房地价值的比率，$L+B=100\%$。

例 5-11 某宗房地产，土地价值占总价值的 40%，土地还原利率为 6%，建筑物还原利率为 8%，综合还原利率为：

$$\begin{aligned} r_o &= L \cdot r_L + (1-L)r_B \\ &= 40\% \times 6\% + (1-40\%) \times 8\% \\ &= 7.2\% \end{aligned}$$

（三）还原利率求取的基本方法

合理确定还原利率是科学、准确地确定估价结果的关键，在房地产估价实践中，主要运用下列方法确定还原利率。

1. 市场提取法

市场提取法又称实例法，是利用收益还原法公式，通过搜集市场上相类似房地产的纯收益、价格等资料，反求出还原利率的方法。如果房地产市场比较发达，容易获得可靠的房地产交易资料，则市场提取法是一种有效而实用的方法。运用市场提取法求取资本比率时，所选取的实例必须是与待估房地产相类似的实例；为了避免偶然性所带来的误差，需要抽取多宗类似房地产交易实例来求取。具体要求是，选择近期发生的三宗以上与估价对象房地产相似的交易实例。通过搜集的类似房地产的价格、纯收益等资料，分析纯收益的现金流量，选用相应的收益法计算公式，反求出还原利率。

(1) 在 $V=a/r$ 的情况下，通过 $r=a/v$ 直接求取。例如在房地产市场中收集到五个待估房地产类似的交易实例，如表 5－2 所示：

表 5－2　选取的可比实例及相关资料

可比实例	纯收益(万元/年)	价格(万元)	还原利率%
1	12	102	11.8
2	23	190	12.1
3	10	88	11.4
4	65	542	12.0
5	90	720	12.5

表 5－2 中的 5 个可比实例的还原利率的简单算术平均数为：(11.8%＋12.1%＋11.4%＋12.0%＋12.5%)÷5＝11.96%。

(2) 在 $V=\frac{a}{r}\left[1-\frac{1}{(1+r)^n}\right]$ 的情况下，是通过 $V-\frac{a}{r}\left[1-\frac{1}{(1+r)^n}\right]=0$ 来求取 r。具体是采用试错法，计算到一定精度后，再采用线性内插法来求取，即 r 是通过试错法与线性内插法相结合的方法来求取，可通过计算机来完成。

(3) 在 $V=\frac{a}{r-g}$ 的情况下，是通过 $r=\frac{a}{V}+g$ 来求取。

2. 安全利率加风险调整值法

安全利率加风险调整值法又称累加法，是以安全利率加上风险调整值作为还原利率的方法，该方法将还原利率分为无风险投资收益率和风险投资收益率两大部分，分别求出每一部分，然后相加得到还原利率。

(1) 无风险投资收益率又称安全利率，由于现实经济生活中不存在无风险的投资，所以通常可选用风险相对较低的投资收益率来代替安全利率，如同一时期的一年定期存款法定利率或一年期国债利率。

(2) 风险投资收益率又称风险调整值,是超出无风险投资收益率的部分,是承担额外风险所要求的补偿。

还原利率其基本计算公式为:

还原利率=安全利率+风险调整值
=安全利率+投资风险补偿+管理负担补偿
+缺乏流动性补偿-投资带来的优惠

该方法主要是从投资者获取期望目标收益的角度考虑,其技术关键是风险调整值的确定。风险调整值是根据估价对象所在地区的经济现状及未来预测,估价对象的用途及新旧程度等各种风险因素,确定增加或减小的风险利率。在不考虑时间和地域范围差异的情况下,风险调整值主要与房地产的类型相关,通常情况下,商业零售用房、写字楼、住宅、工业用房的投资风险依次降低,风险调整值也相应下降。

该方法的具体操作步骤为:首先,找出安全利率;其次,确定在安全利率基础上对投资风险、管理负担和投入资金缺乏流动性的各项补偿。

3. 复合投资收益率法

复合投资收益率是将购买房地产的抵押贷款收益率与自有资本收益率的加权平均数作为还原利率。

其计算公式为:

$$R = M \cdot R_M + (1 - M)R_E$$

式中:R—还原利率(%);

M—贷款价值比率(%),抵押贷款额占房地产价值的比率;

R_M—抵押贷款资本比率(%),第一年还本付息额与抵押贷款额的比率;

R_E—自有资本要求的正常收益率(%)。

下列几点有助于理解上述公式:

(1) 可以把购买房地产视作一种投资行为:房地产价格为投资额,房地产纯收益为投资收益。

(2) 购买房地产的资金来源可分为抵押贷款和自有资金两部分,特别是在房地产与金融紧密联系的现代社会,所以:

房地产价格 = 抵押贷款额 + 自有资金额

(3) 房地产的收益相应的也有这两部分构成,即:

房地产纯收益 = 抵押贷款收益 + 自有资金收益

(4) 于是有:

房地产价格×还原利率=抵押贷款额×抵押贷款利率+自有资金额
×自有资金收益率

(5) 于是有:

$$资本化率=\frac{抵押贷款额}{房地产价格}\times 抵押贷款利率+\frac{自有资金额}{房地产价格}\times 自有资金收益率$$

$$=贷款价值比率\times 抵押贷款利率+(1-贷款价值比率)\times 自有资金收益率$$

例 5-12 某类房地产，在其购买中通常抵押贷款占七成，抵押贷款的年利率为 8%，自有资金要求的年收益率为 15%，则该类房地产的还原利率为：

$$\begin{aligned} r_o &= M \cdot r_M + (1-M)r_E \\ &= 70\% \times 8\% + (1-70\%) \times 15\% \\ &= 10.1\% \end{aligned}$$

4. 投资收益率排序插入法

投资收益率排序插入法是指找出相关投资类型及其收益率，风险程序，按风险大小排序，将估价对象与这投资的风险程序进行比较、判断，确定资本比率。

具体步骤如下：

(1) 调查、搜集估价对象所在地区的房地产投资、相关投资及其收益率和风险程度的资料，如各种类型的银行存款、贷款、政府债券、保险、企业债券、股票，以及有关领域的投资收益率等。

(2) 将所搜集的不同类型投资的收益率按低到高的顺序排列，制成图 5-7。

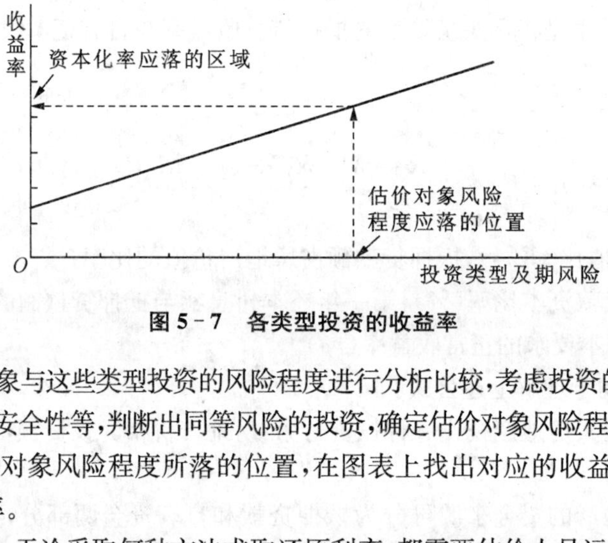

图 5-7 各类型投资的收益率

(3) 将估价对象与这些类型投资的风险程度进行分析比较，考虑投资的流动性、管理的难易以及作为资产的安全性等，判断出同等风险的投资，确定估价对象风险程度应落的位置。

(4) 根据估价对象风险程度所落的位置，在图表上找出对应的收益率，从而就确定了所要求的还原利率。

需要说明的是，无论采取何种方法求取还原利率，都需要估价人员运用自己掌握的关于还原利率的理论知识，结合实际估价经验和对当地的投资及房地产市场的充分了解等作出综合判断。因此，还原利率的确定同整个房地产估价活动一样，是科学与艺术的有机结合。

三、收益年限的确定

对于单独土地和单独建筑物的估价，应分别根据土地使用权年限和建筑物经济寿命确定未来可获收益的年限，选用对应的有限年的收益法计算公式，纯收益中不扣除建筑物折旧费和土地摊提费。

对于土地与建筑物合成体的估价对象，如果是建筑物的经济寿命晚于或与土地使用年限一起结束的，就根据土地使用年限确定未来可获收益的年限，选用对应的有限年的收益法计算公式，纯收益中不扣除建筑物折旧费和土地摊提费。

对于土地与建筑物合成体的估价对象，如果是建筑物的经济寿命早于土地使用年限结束的，可采用下列方式之一处理：

(1) 先根据建筑物的经济寿命确定未来可获收益的年限，选用对应的有限年的收益法计算公式，纯收益中不扣除建筑物折旧费和土地摊提费；然后再加上土地使用年限超出建筑物经济寿命的土地剩余使用年限价值的折现值。

(2) 将未来可获收益的年限设想为无限年，选用无限年的收益法计算公式，纯收益中应扣除建筑物折旧费和土地摊提费，即：

$$V=\frac{a-D_B-D_L}{r}$$

或者：

$$V=\frac{a}{r+d_B+d_L}$$

式中：D_B—建筑物折旧费；

D_L—土地摊提费；

D_B—建筑物折旧率；

D_L—土地费用摊提率。

扣除建筑物折旧费和土地摊提费，相当于在每次建筑物经济寿命结束和土地使用年限到期时，能分别累积到一笔资金，利用该资金可对建筑物和土地进行不断地“复制”，最终使房地产的收益年限拓展为无限年。

第四节　收益还原法运用举例

例 5-13　某宗房地产在正常情况下每年可获得总收益 55 万元，年支出总费用 30 万元。在附近选取了 A、B、C、D 四宗类似房地产，其价格及纯收益如下表所示。试用所给资料估计该宗房地产的价格（如需计算平均值，请采用简单算术平均法）。

该题关键是利用类似房地产的纯收益和价格资料求取还原利率。

(1) 年纯收益＝55－30＝25 万元

(2) 还原利率：

类似房地产	价格（万元）	纯收益（万元/年）
A	252	30
B	294	35
C	238	28
D	166	20

A 房地产还原利率$=\frac{30}{252}\times100\%=11.90\%$

B 房地产还原利率$=\frac{35}{294}\times100\%=11.90\%$

C 房地产还原利率＝$\frac{28}{238}$×100％＝11.76％

D 房地产还原利率＝$\frac{20}{166}$×100％＝12.05％

还原利率＝(11.90％＋11.90％＋11.76％＋12.05％)÷4＝11.90％

(3) 房地产价格＝$\frac{25}{11.90\%}$＝210(万元)

例 5－14 某旅馆需要估价，据调查，该旅馆共有 300 张床位，平均每张床位每天向客人实收 50 元，年平均空房率为 30％，该旅馆营业平均每月花费 14 万元；当地同档次旅馆一般床价为每床每天 45 元，年平均空房率为 20％，正常营业每月总费用平均占每月总收入的 30％；该类房地产的还原利率为 10％。试选用所给资料估算该旅馆的价值。

该题主要是注意实际收益与客观收益的问题：除了有租约限制的以外，应采用客观收益。在弄清了此问题的基础上，该旅馆的价值估算如下：

(1) 年有效毛收入＝300×45×365×(1－20％)＝394.20(万元)

(2) 年运营费用＝394.2×30％＝118.26(万元)

(3) 年纯收益＝394.2－118.26＝275.94(万元)

(4) 旅馆价值＝275.94÷10％＝2 759.4(万元)

例 5－15 某房地产建成于 1999 年 12 月 30 日，此后收益年限为 50 年；2000 年 12 月 30 日至 2002 年 12 月 30 日分别获得纯收益 85、90、95 万元；预计 2003 年 12 月 30 日至 2005 年 12 月 30 日要分别获得纯收益 95、92、94 万元，从 2006 年 12 月 30 日起每年可获得的纯收益将稳定在 95 万元；购买该类房地产通常可得到银行 70％的抵押贷款，抵押贷款的年利率为 6％，自有资本要求的收益率为 10％。试利用上述资料估算该房地产 2002 年 12 月 30 日的收益价格。

该题主要是注意过去收益与未来收益的问题：收益价格是未来的纯收益折现到估价时点的价值之和。在弄清了此问题的基础上，该房地产 2002 年底的收益价格估算如下：

(1) 计算公式为：

$$V=\sum_{i=1}^{t}\frac{a_i}{(1+r)^i}+\frac{a}{r(1+r)^t}\left[1-\frac{1}{(1+r)^{n-t}}\right]$$

(2) $a_1=94$(万元)；$a_2=93$(万元)；$a_3=96$(万元)；$a=95$(万元)

(3) $r=M\cdot r_M+(1-M)r_E$

$=80\%\times 8\%+(1-80\%)\times 13\%=9\%$

(4) $n=48-4=44$(年)

(5) $t=3$(年)

(6) 将上述数字代入公式中计算如下：

$$V=\frac{94}{(1+9\%)}+\frac{93}{(1+9\%)^2}+\frac{96}{(1+9\%)^3}+\frac{95}{9\%(1+9\%)^3}\left[1-\frac{1}{(1+9\%)^{44-3}}\right]$$

$=1\ 029.92$(万元)

例 5－16 某房地产估价技术报告节选：

1. 估价对象概况

待估房地产位于××市××路××号，总用地面积为 4 752.00 平方米，总建筑面积：厂房建筑面积 1 023.68 平方米，办公楼建筑面积 626.96 平方米。土地性质：划拨用地，土地使用期限自 1999 年 8 月至 2049 年 8 月。

2. 估价要求

要求评估该房地产 1999 年 8 月 25 日的价值。

3. 估价方法选用及测算

根据估价对象的特点和实际情况，认为该房地产同类市场出现较多，采用收益还原法进行估价。

计算公式：

(1) 在还原利率不变，年收益不变，收益年期有限的情况下：

$$V=\frac{a}{r}\left[1-\frac{1}{(1+r)^{n}}\right]$$

V— 房地产价格；

a— 房地产年纯收益；

r— 还原利率；

n— 房地产收益年限。

(2) 计算过程：(按每平方米单位面积计算)

1) 确定租金价格

根据该区类似估价对象房地产租赁市场的调查和租赁案例的收集资料显示，其月租金水平厂房一般为 10—18 元/平方米、厂区内办公楼为 20—35 元/平方米，现根据对估价对象地理位置及装修情况等因素的综合考虑，确定估价对象的月租金为厂房为 13 元/平方米、办公楼为 20 元/平方米。

2) 确定还原利率

通过安全利率加风险调整值的方法来求取综合还原利率，安全利率取银行一年期存款利率 2.25%，再根据估价对象所处地区社会经济环境及比较投资估价对象与投资其他经济行为的风险后，认为风险调整值取 6%比较合理，所以，综合还原利率为 8.25%。

3) 确定有效收益年期

根据估价规范，委估建筑物出现于补办土地使用权出让手续之前，其耐用年限早于土地使用权年限而结束时，应按建筑物耐用年限计算折旧。厂房生产用房耐用年限为 50 年，办公楼耐用年限为 60 年，因委估物建于 1982 年，厂房剩余使用年限为 33 年、办公楼剩余使用年限为 43 年。

4) 计算年租金收益

年租金：

厂房：13×12×1 023.68=159 694.08(元)

办公楼：20×12×626.9=150 470.40(元)

5) 计算年租赁成本

① 房产税：按租金的 12%，则：

厂房：159 694.08×12%＝19 163.29(元)

办公楼：150 470.40×12%＝18 056.45(元)

② 营业税附加：按租金的5.875%，则：

厂房：159 694.08×5.875%＝9 382.03(元)

办公楼：150 470.40×5.875%＝8 840.14(元)

③ 管理费：按租金的1.5%，则：

厂房：159 694.08×1.5%＝2 395.41(元)

办公楼：150 470.40×1.5%＝2 257.06(元)

④ 维修费：按建筑物重置价格的2.0%，根据××市建设安装工程定额和取费标准，参考类似工程的造价，确定该工程的造价为920元/平方米，则：

厂房：920×1 023.68×2%＝18 835.71(元)

办公楼：920×626.96×2%＝11 536.06(元)

⑤ 保险费：按建筑物重置价格的1.5‰，则：

厂房：920×1 023.68×1.5‰＝1 412.68(元)

办公楼：920×626.96×1.5‰＝865.20(元)

⑥ 年租金损失：按半个月租金计算，折算为：

厂房：13×13×1 023.68×(1÷24)＝6 653.92(元)

办公楼：20×12×626.96×(1÷24)＝6 269.60(元)

年租金成本合计：

厂房：57 843.04元

办公楼：47 824.51元

6）计算年纯收益：年纯收益＝年总收益－成本，则：

厂房：101 851.04元

办公楼：102 645.89元

7）利用还原公式计算评估标的物现值，则：

厂房：

$$V=\frac{101\,851.04}{8.25\%}\times\left[1-\frac{1}{(1+8.25\%)^{33}}\right]=1\,144\,319.81(\text{元})$$

办公楼：

$$V=\frac{102\,645.89}{8.25\%}\times\left[1-\frac{1}{(1+8.25\%)^{43}}\right]=1\,203\,031.44(\text{元})$$

【小结】

本章主要介绍了收益还原法的基本理论和评估步骤，收益还原法的概念、理论依据以及适用范围，重点阐述了收益还原法的计算公式，纯收益、还原利率及收益年限的确定。最后通过相关实例介绍了收益还原法的应用。

【复习思考题】

1. 收益法的含义及其理论依据是什么？

2. 收益法适用的对象和条件。

3. 收益法估价的操作步骤是什么？
4. 列举收益法的各种计算公式及其应用条件。
5. 如何运用有限年期的收益法公式进行不同年期价格之间的换算？
6. 什么是纯收益？纯收益求取中应注意哪些问题？
7. 何谓还原利率？其实质是什么？
8. 收益率与投资风险的关系如何？
9. 何谓求取还原利率的市场提取法？
10. 何谓求取还原利率的累加法？
11. 何谓求取还原利率的投资收益率排序插入法？
12. 土地还原利率、建筑物还原利率、综合还原利率三者的含义及相互关系如何？

【案例分析】

案例一　某宾馆总建筑面积 10 000 m^2；一层建筑面积 2 000 m^2，其中 500 m^2 为宾馆大堂，150 m^2 出租用于餐厅和咖啡厅；其余各层为宾馆客房、会议室和自用办公室。该宾馆共有客房 190 间(建筑面积 7 600 m^2)，会议室 2 间(建筑面积 200 m^2)，自用办公室 3 间(建筑面积 200 m^2)。当地同档次宾馆每间客房每天的房价为 200 元，年平均空置率为 30%；会议室的租金平均每间每次 500 元，平均每间每月出租 20 次；附近同档次一层商业用途房地产的正常市场价格为 15 000 元/m^2，同档次办公楼的正常市场价格为 8 000 元/m^2，该宾馆正常经营平均每月总费用占客房每月总收入的 40%，当地宾馆这种类型的房地产的还原利率为 8%。

问题：试利用上述资料估计该宾馆的正常总价格。

案例二　某单位通过有偿出让方式取得了一宗地的土地使用权，当时购入价为每平方米 400 元，宗地占地面积为 10 000 平方米，出让期为 40 年，在此地块上建设了一饭店，建筑容积率为 3，目前已使用了 10 年，根据当地市场资料，用比较法评估此地块得到目前出让期为 40 年时的地价为每平方米 500 元(容积率为 1 时的地价)，据当地资料，当容积率每增加 1 时，宗地单位面积地价比容积率为 1 时的地价的基础上增加 6%，该饭店现在每月的房地经营净收入为 11 万元，当地同类型饭店现在每月的房地产经营净收入为 10 万元。若土地还原利率为 8%，建筑物还原利率为 10%。

问题：试评估其不动产的现时价格？

第六章　成本法

【学习目标】

1. 通过本章学习了解成本法含义、理论依据；
2. 熟悉成本法适用的估价对象、估价需要具备的条件；
3. 掌握成本法估价的操作步骤、基本公式以及每个操作步骤所涉及的具体内容。

【案例导入】

深圳一品牌开发商欲成本价 4 900 每平售房　价格调整一步到位

自金九银十开发商促销的如意算盘落空之后，全国楼市便陷入降声一片的哀嚎之中，上海、北京品牌开发商领衔降价。而深圳市场在这场席卷全国的降价大潮却显得相对风平浪静。然而近期，深圳卓越集团将对其位于深圳东部一楼盘采取成本价出售，再次引起整个房地产行业的轩然大波！

降价潮蔓延至深圳，一楼盘将按成本价 4 900 元/m^2 出售。

据了解，在全国金九银十均惨淡开局之后，上海楼市在龙湖、星河湾率先降价促销之下，越来越多的房企正前仆后继地投身降价大潮中，后继者包括绿地、中海、华润等超大型房企，降价幅度更扩大至 20%—40%。上海之后，北京各大房企假加入房价跳水大军，北京华业东方玫瑰、珠江拉维、润枫领尚等项目降价幅度与最高价时相比普遍在 20%以上，有些甚至已经超过 40%。

而一直为中国楼市风向标的深圳市场在这场席卷全国的降价大潮却显得相对风平浪静，十一之后仅有位于龙华新区的花半里项目在开盘一月之后价格直降两成，诸如万科、招商、金地、中海等开发商虽然都已经保守定价，但尚未有在售项目直接大幅降价的行为发生。

但近期，深圳全国性著名房地产企业，总部位于深圳的卓越集团将对其位于深圳东部一楼盘采取成本价出售，直接将价格调整一步到位，不再给购房者以降价想象空间的做法，再次引起整个房地产行业的轩然大波！

据卓越集团项目负责人介绍，该项目位于深圳东部与惠州交汇处，为卓越在全国第六座蔚蓝海岸，也是深圳第二座蔚蓝海岸，全国规模最大的蔚蓝系产品，总规模超过 200 万平方米。考虑到整体市场不景气和购房者承受能力，即将推出的卓越东部蔚蓝海岸 300 多套高层单位将全部以成本价发售，均价为 4 900 元/平方米，相当于深圳另外一座蔚蓝海岸二手房价格的 1/6 左右，同时也低于周边项目价格两三成，价格一步到位，不再给购房者继续调价的预想空间，让买房人也买得安心，住得顺心！

记者就此采访了中原地产事业一部徐智勇总经理。徐总向记者确认了卓越将以成本价推货的信息，按照卓越集团目前在深圳的品牌影响力和卓越东部蔚蓝海岸的产品品质，该产品正常定价应为 5 500—6 000 元/m^2，高于周边房价一两成为合理价位，但此次卓越却反其道而行之，低于周边在售项目定价两三成，这个价格放出来之后，估计会对整个深圳东部市场都会有相当大的冲击力。

按照中原地产对整个深圳东部市场多个项目的成本核算的调查，2011 年深圳东部土地成本每平方米均价约为 1 500 元，建安成本约为 2 500 元/平方米，财务成本和其他开支和税费约占总成本的 20%，深圳东部项目的平均开发成本约为 4 800 元/m^2 左右，品牌开发商如果楼盘品质做得比较好的话，则成本可能会上升到 4 900 左右，所以卓越集团首次推售的东部蔚蓝海岸高层 4 900 元/m^2 的均价说是开发成本价，我认为是实情！

为了进一步深入了解卓越集团此举对整个深圳市场的冲击，记者连线采访了深圳职业技术学院邓志旺教授。邓教授认为，深圳房价之所以晚于上海北京价格变动，是因为深圳目前房价与北京、上海等城市相比，仍属偏低，泡沫化程度不算太高。以深圳 1 300 多万的城市人口，自有商品住房率低于 15%的情况来看，与北京上海自有住房率仍有很大的差距，与一般发达国家 50%左右的自有住房率相比更有较大差距，所以深圳刚需购房动力一直十分强劲。

由于近年来深圳房价上涨过快，远超过市民收入增上水平，因此楼市的确积累了一定的泡沫，楼市的价格的回调是正常的市场规律所至，但调价幅度会远远低于北京和上海等大中城市。对于卓越集团以成本价推出东部项目，邓教授认为，这可能是企业的个别行为，深圳整体楼市不可能都回到成本价发售，不太可能导致深圳全局范围的大降价，但会对深圳东部市场形成较大冲击，也会引导大量的买房客户前往东部置业，甚至有可能激发深圳投资者的又一轮投资热情，毕竟楼市一直在酝酿抄底情绪！

（来源：新浪房产，2011 年 10 月）

第一节　成本法概述

一、成本法的概念

成本法是房地产估价的基本方法之一，又称原价法、承包商法、成本逼近法或重置成本法，英文名称为 cost approach 或 contractors method。成本法是求取估价对象在估价时点的重置价格或重建价格，扣除折旧，以此估算估价对象的客观合理价格或价值的方法。

成本法中的“成本”一词，并不是一般理解的成本，而指的是价格。其主要表现在以下几个方面：

(1) 成本不仅包括开发商的开发成本，还应包括开发商的应纳税金和应得到的正常利润，是对于房地产购买者而言所必须支付的全部金额。

(2) 成本是当前成本，而不是过去或将来的成本，即是待估房地产在估价时点的重新构建成本。

(3) 成本是在估价时点的经济、技术条件下重新建造该类房地产所必须花费的正常成本（平均成本），而不是房地产企业在开发过程中实际发生的成本（个别成本）。

故成本法也可以理解成将房地产价格各构成部分累加起来评估房地产价值的方法。采用成本法求取的估算结果，称为积算价格。

二、成本法的理论依据

成本法的理论依据是生产费用价值论——商品的价格是依据其生产所必需的费用而决定。具体又可以分为从卖方的角度来看和从买方的角度来看。

从卖方的角度看：是生产费用价值论，即房地产的价格是基于其过去的"生产费用"，重在过去的投入。具体地讲，是卖方愿意接受的最低价格，不能低于开发商开发建设该房地产所花费的代价，如果低于这个价格，卖方就要亏本。

从买方角度看：是替代原理，即房地产的价格是基于社会上"生产费用"，具体的讲，是买方愿意支付的最高价格，不能高于他预计的重新开发建设该房地产所需花费的代价，如果高于该代价，买方会自己或委托他人去建设房地产。

由上可见，卖方是不低于开发建造已花费的代价，买方是不高于预计重新开发建造所需花费的代价，买卖双方可接受的共同点是正常的开发建设代价。因此，房地产估价人员便可以根据重新开发建造估价对象所需的正常费用、税金和利润之和来估算其价格。

三、成本法适用的估价对象

一般来说，新近开发建造、计划开发建造或可以假设重新开发建造的房地产，都可以采用成本法估价，但是成本法特别适用于以下评估对象：

(1) 由于房地产市场狭小，没有交易实例或交易实例很少，或由于新开发地区形成独立的地域环境而无法运用市场法或收益法进行评估时；

(2) 既无收益又很少发生交易的公共建筑、公共设施的评估，如学校、图书馆、体育场馆、医院、政府办公楼、军队营房、博物馆、纪念馆、公园、桥梁、涵洞等；

(3) 特殊房地产或只针对个别用户的特殊需要而开发建造的房地产的评估，如化工厂、钢铁厂、发电厂、油田、码头、机场、寺庙、教堂等；

(4) 在房地产保险（包括投报和赔偿）及其他损害赔偿中，常用的评估；

(5) 抵押贷款、房地产拍卖的"底价"和拆迁房地产补偿等特殊的房地产的评估。

成本法中重新购建价格和折旧的估算都有相当的难度，尤其是那些较老的、陈旧的房地产，因此，该法适于评估新的或者比较新的房地产的价值，过于老旧的房地产，因其新旧程度难以判断，一般不采用成本法评估其价值。

成本法的出发点决定了估价结果往往偏于保守，通常低于市场价值，因此，本法主要适用于工业用地估价，对商业及住宅用地则不太适用。对商业用途房地产价格评估时要首选其他方法，必要时可以选用成本法作为补充。

成本法虽有缺陷和限制，但可作为投资者衡量投资效益、进行房地产开发可行性分析等的重要方法，同时也是估算成本价格的一种途径。

成本法估价往往需要估价人员针对建筑物实地勘察，依靠其主观判断，要求估价人员有丰富的经验，特别是要具有良好的建筑、建材和工程造价等方面的专业知识。

四、成本法的操作步骤

运用成本法估价一般分为下列四个步骤进行：

（一）搜集整理材料

搜集有关房地产开发的成本、税费、利润等资料。

（二）估算重新购建价格

估算重新购建价格，即估算在估价时点的重置价格或重建价格。

（三）估算折旧

建筑物折旧是指估价上的折旧，是各种原因所造成的价值损失，是建筑物在估价时点时的市场价值与其重新购建价格之间的差额，扣除折旧即是减价修正。建筑物折旧可以分为物质折旧、功能折旧和经济折旧。求取建筑物折旧的方法可以采取年限法、实际观察法、成新折扣法或者多种折旧方法的综合运用。

（四）求取积算价格

可以运用成本法公式求取不动产的积算价格。

第二节　房地产价格的构成

运用成本法进行估价，首先要弄清房地产价格的构成。房地产价格的构成复杂，不同时期、不同地区、不同用途、不同类型的房地产，其价格构成可能不同。在实际运用中，不论估价对象的价格构成多么复杂，房地产估价人员必须调查从取得土地一直到建筑物竣工验收乃至完成销售的全过程，以及在全过程中的必要支出和其缴纳标准、支付时间，做到既不漏项，也不重复，从而在此基础上针对实际情况，确定估价对象价格的构成并测算出金额。其中以取得开发用地，销售所建成的商品房这种典型的房地产开发类型为例，来划分房地产价格构成，房地产价格通常由七大项构成，如图 6-1 所示。

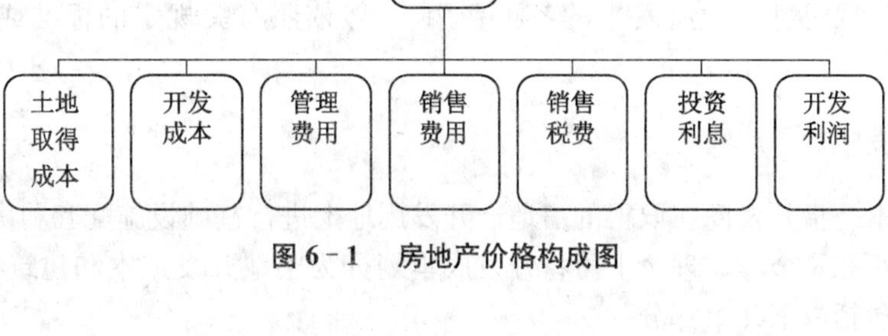

图 6-1　房地产价格构成图

一、土地取得成本

土地取得成本是指取得房地产开发用地所需的费用、税金等。目前，根据房地产开发用地取得的途径，土地取得成本的构成可分为下列三类情况：

（一）通过市场购买取得

在成熟的土地市场下，主要是通过购买政府招标、拍卖、挂牌出让的或者其他房地产开发商转让的已完成征收或拆迁补偿安置的土地取得土地使用权。土地取得成本包括下列两个部分：

1. 土地使用权购买价格

一般是采用市场法求取，也可以采用基准地价修正法、成本法求取。

2. 买方（在此为房地产开发商）应缴纳的税费

包括契税、印花税、交易手续费等。通常根据政府有关规定，按照土地使用权购买价格的一定比例来测算。

（二）通过征收集体土地取得

通过征收集体土地取得的土地取得成本包括下列三部分：

1. 征地补偿安置费用

包括土地补偿费、安置补助费、地上附着物和青苗的补偿费、安排被征地农民的社会保障费用。

2. 相关税费

包括征地管理费、耕地占用税、耕地开垦费、新菜地开发建设基金。

3. 土地使用权出让金等土地有偿使用费

（三）通过城市房屋拆迁取得

通过城市房屋拆迁取得的土地取得成本包括下列三部分：

1. 房屋拆迁补偿安置费用

包括被拆迁房屋的房地产市场价格、被拆迁房屋室内自行装饰装修的补偿金额、搬迁补助费、安置补助费、拆迁非住宅房屋造成停产停业的补偿费。

2. 相关费用

包括房屋拆迁管理费、房屋拆迁服务费、房屋拆迁估价费、房屋拆除和渣土清运费。

3. 土地使用权出让金等土地有偿使用费

上述土地取得过程中所发生的各项费用，一般依照有关规定的标准或采用市场法求取。

二、开发成本

开发成本是指开发商在取得的房地产开发用地上进行基础设施配套和房屋建设所必需的直接费用和税金等。理论上可将开发成本划分为土地开发成本和建筑物建造成本，实际中主要包括以下几个部分：

（一）勘察设计和前期工程费

包括可行性研究、前期规划、工程勘察、建筑设计、工程招投标及“三通一平”等工程前期所发生的费用。

（二）基础设施建设费

包括所需要配套的道路、给排水、通讯、燃气等建设费用。

（三）公共配套设施建设费

包括城市规划要求配套的公共非营业性设施（如幼儿园、医院、文化活动中心等）的建设费用。

（四）建筑安装工程费

包括建造商品房及附属工程所发生的土建、安装、装饰装修等工程费用。

知识小贴士：建筑安装工程费用

建筑安装工程费由直接费、间接费、利润和税金组成。

一、直接费

由直接工程费和措施费组成。

(1) 直接工程费：是指施工过程中耗费的构成工程实体的各项费用，包括人工费、材料费、施工机械使用费和构件增值税。

(2) 措施费：是指为完成工程项目施工，发生于该工程施工准备和施工过程中技术、生活、安全、环境保护等方面的非工程实体项目的费用。措施费分为技术措施费和组织措施费。

二、间接费

由规费、企业管理费组成。

(1) 规费：是指政府和有关权力部门规定必须缴纳的费用。

(2) 企业管理费：是指建筑安装企业组织施工生产和经营管理所需费用。

三、利润

是指施工企业完成所承包工程获得的盈利。

四、税金

是指国家税法规定的应计入建筑安装工程造价内的营业税、城市维护建设税及教育费附加等。

（五）开发期间税费

包括有关税收和政府有关部门收取的其他费用，如人防工程费、绿化建设费等。

三、管理费用

管理费用是指房地产开发商为组织和管理房地产开发经营活动所必要的费用，包括房地产开发商的人员工资及福利费、办公费、差旅费等。在估价时，管理费用通常可按照土地取得成本与开发成本之和乘以一定比例来测算。

四、销售费用

销售费用也称销售成本，是指销售开发完成后的房地产所必需的费用，包括广告宣传费、样板间建设费、售楼处建设费、销售人员费用或者销售代理费等。销售费用通常按照售价乘以一定比例来测算。

五、销售税费

销售税费是指销售开发完成的房地产应由房地产开发商（卖方）缴纳的税费，一般可分为以下两类：

（一）销售税金及附加

包括营业税、城市维护建设税和教育费附加（简称为“两税一费”）。

（二）其他销售税费

包括印花税、由卖方负担的交易手续费等。销售税费一般是按照售价的一定比例收取，在估价时通常按照售价乘以一定比例来测算。

六、投资利息

在评估土地或房地产时要考虑资金的时间价值，不管资金的来源是借贷还是自有都需计算利息。因此，投资利息是指在房地产开发完成所有必要费用应计算的利息，包括土地取得成本、开发成本、管理费用和销售费用的利息，而不仅是借款的利息和手续费。土地取得费用及其税费在土地开发动工前要全部付清，经历整个开发期，因此，计息期为整个开发期。此外，从估价角度来看，开发商自有资金应得的利息也要与开发商应获得的利润分开，不能算作利润。

七、开发利润

开发利润是指房地产开发商的利润。开发利润是由销售收入（售价）减去各项成本、费用、税金后的余额。在成本法中，销售收入未知，是需要求取的，开发利润作为开发商所期望获得的利润，是需要事先估算的。因此，运用成本法估价需要先估算出开发利润。在估算开发利润时应当注意下列几点：

（1）开发利润是土地增值税、企业所得税前的，即税前利润：

开发利润＝开发完成后的房地产价值－土地取得成本－开发成本－管理费用－销售费用－投资利息－销售税费

（2）开发利润是在正常条件下开发商所能获得的平均利润，而不是个别开发商最终获得的实际利润,也不是个别开发商所期望获得的利润。

(3) 开发利润是按一定基数乘以相应平均利润率来计算。利润率是通过大量调查、了解同一市场上类似房地产开发项目的利润率得到的。

知识小贴士:企业利润率的主要形式

1. 销售利润率

一定时期的销售利润总额与销售收入总额的比率。它表明单位销售收入获得的利润,反映销售收入和利润的关系。

2. 成本利润率

一定时期的销售利润总额与销售成本总额之比。它表明单位销售成本获得的利润,反映成本与利润的关系。

3. 产值利润率

一定时期的销售利润总额与总产值之比。它表明单位产值获得的利润,反映产值与利润的关系。

4. 资金利润率

一定时期的销售利润总额与资金平均占用额的比率。它表明单位资金获得的销售利润,反映企业资金的利用效果。

5. 净利润率

一定时期的净利润(税后利润)与销售净额的比率。它表明单位销售收入获得税后利润的能力,反映销售收入与净利润的关系。

第三节　成本法的基本公式

成本法中,三大类估价对象:新开发的土地、新建的房地产、旧的房地产,均可以运用成本法最基本的公式:积算价格=重新购建价格-折旧。

新开发的土地和新建的房地产采用成本法估价一般不扣除折旧,但应考虑其选址是否适当、规划设计是否合理、工程质量的优劣、周围环境景观的好坏、该类房地产的供求状况等,全面衡量其功能折旧、经济折旧以及可能的增值因素,予以适当的减价或增价调整。

一、适用于新开发的土地的基本公式

成本法对于新开发的土地估价,是一种有效的方法。因为新开发区在初期,房地产市场一般还未形成,土地收益也还没有。此时新开发的土地包括征收农用地并且进行基础设施和平整场地后的土地、城市房屋拆迁并进行基础设施改造和平整场地后的土地、填海造地、开山造地等。适用于新开发土地的基本公式为:

新开发土地价格=取得待开发土地的成本+土地开发成本+管理费用+投资利息+

销售费用＋销售税费＋开发利润

例 6－1 某市经济技术开发区内有一块土地面积为 15 000 m^2，该地块的土地征地费用(含安置、拆迁、青苗补偿费和耕地占用税)为每亩 10 万元，土地开发费为每平方公里 2 亿元，土地开发周期为两年。第一年投入资金占总开发费用的 35%，开发商要求的投资回报率为 10%，当地土地出让增值收益率为 15%，银行贷款年利率为 11%，试评估该土地的价格。

【解】 该地块的各项投入成本均已知，可用成本法评估。

(1) 计算土地取得费

$$土地取得费=10\ 万元/亩=150\ 元/m^2$$

(2) 计算土地开发费

$$土地开发费=2\ 亿元/平方公里=200\ 元/m^2$$

(3) 计算投资利息

土地取得费的计息期为两年，土地开发费为分段均匀投入。

$$土地取得费利息=150\times[(1+11\%)^2-1]=34.8(元/m^2)$$

$$\begin{aligned}土地开发费利息&=200\times35\%\times[(1+11\%)^{1.5}-1]+200\times65\%\times[(1+11\%)^{0.5}-1]\\&=18.82(元/m^2)\end{aligned}$$

(4) 计算开发利润

$$开发利润=[(1)+(2)]\times10\%=35(元/m^2)$$

(5) 计算土地价格

$$土地价格=[(1)+(2)+(3)+(4)]\times(1+15\%)=504.39(元/m^2)$$

(6) 评估结果

该宗地单价为 504.39 元/m^2，总价为 7 565 850 元。

二、适用于新建房地产的基本公式

(一) 适用于新建房地的基本公式

在新建房地的情况下，成本法的基本公式为：

$$\begin{aligned}新建房地价格=&土地取得成本+开发成本+建筑物建造成本+管理费用\\&+投资利息+销售费用+销售税费+开发利润\end{aligned}$$

例 6－2 某新建房地产：土地面积 20 000 m^2，建筑面积 50 000 m^2，现时土地重新取得价格为 3 000 元/m^2，建筑物建造的成本为 1 800 元/m^2，管理费用为建造成本的 3%，该房地产开发周期为 2.5 年，其中半年准备期，两年建设期。土地费用在准备期内均匀投入；建安成本及管理费用在建设期内第一年均匀投入 40%，第二年均匀投入 60%，年利率为 6%。销售税费是房地产价格的 7%；开发利润为房地产价值的 20%，试评估该房地产的总价与单价。

【解】新建房地价格＝土地取得成本＋开发成本＋建筑物建造的成本＋管理费用＋投资利息＋销售费用＋销售税费＋开发利润

$$\begin{aligned}新建房地价格=&\{3\,000\times20\,000\times(1+6\%)^{2.5}+1\,800\times50\,000\times(1+3\%)\\&\times[40\%\times(1+6\%)^{1.5}+60\%\times(1+6\%)^{0.5}]\}\\&\times(1+7\%+20\%)=22\,758.40(万元)\end{aligned}$$

$$\begin{aligned}单价=&新建房地价格/建筑面积=22\,758.40/50\,000\\=&0.455\,2(万元/m^2)=4\,552(元/m^2)\end{aligned}$$

（二）适用于新建建筑物的基本公式

在新建建筑物的情况下，成本法的基本公式为：

新建建筑物价格＝建筑物建造成本＋管理费用＋投资利息＋销售费用＋销售税费＋开发利润

在新建建筑物公式中不包含土地取得成本、土地开发成本以及与土地取得成本、土地开发成本相应的管理费用、销售费用、投资利息、销售税费和开发利润。

在实际估价中应根据估价对象和当地的实际情况，对上述公式进行具体化。

三、适用于旧的房地产的基本公式

旧的房地产可以分为旧的房地和旧的建筑物两种情况。

（一）适用于旧的房地的基本公式

在旧的房地的情况下，成本法的基本公式为：

旧的房地价值＝土地重新取得价格或重新开发成本＋建筑物重新建造成本－建筑物折旧

例 6－3　某宗房地产的土地总面积为 1 000 m^2，是十年前通过征收农地取得的，当时取得的费用为 18 万元/亩，现时重新取得该类土地需要的费用为 620 元/m^2；地上建筑物总建筑面积 2 000 m^2，是八年前建成交付使用的，当时的建筑造价为每平方米建筑面积 600 元，现时建造类似建筑物的建筑造价为每平方米建筑面积 1 200 元，该建筑物折旧额为 480 000 元，试测算该宗房地产的现时总价和单价。

【解】　土地现值＝620×1 000＝620 000(元)

建筑物现值＝1 200×2 000－480 000＝1 920 000(元)

估价对象的现时总价＝620 000＋1 920 000＝2 540 000(元)

估价对象的现时单价＝2 540 000÷2 000＝1 270(元/m^2)

（二）适用于旧的建筑物的基本公式

在旧的建筑物的情况下，成本法的基本公式为：

旧的建筑物价值＝建筑物重新建造成本－建筑物折旧

第四节　重新购建价格

一、重新购建价格的概念

重新购建价格也称重新购建成本，是假设在估价时点重新取得或者重新开发建设估价对象所需的各项成本费用、税金和正常利润之和。在这里，应特别注意下列三点：

(1) 重新购建价格应是估价时点时的价格。

(2) 重新购建价格应是客观的价格。重新购建价格，是所必须付出的成本、费用、税金和应当获得的利润，为同类开发建设活动的平均水平，而不是个别单位实际的支出和利润，不是实际成本。

(3) 建筑物的重新购建价格是未扣除折旧的全新状况下的价格，土地的重新购建价格要考虑使用年限限制。

二、建筑物重新购建价格的求取方式

建筑物的重新购建价格根据建筑物重新建造方式的不同可以分为重置价格和重建价格。

(一) 重置价格

又称重置成本，是采用估价时点时的建筑材料、建筑构配件、建筑设备和建筑技术等，按照估价时点时的价格水平，重新建造与估价对象建筑物具有同等效用的新建筑物所必需的支出和应该获得的利润，可以理解为“替代”。

(二) 重建价格

又称重建成本，是采用与估价对象建筑物相同的建筑材料、建筑构配件、建筑设备和建筑技术等，按照估价时点时的价格水平，重新建造与估价对象建筑物完全相同的新建筑物所必需的支出和应该获得的利润，可以理解为“复制”。

在房地产估价中，一般的建筑物和因年代久远、已缺少与旧有建筑物相同的建筑材料，或因建筑技术变迁，使得旧有建筑物复原建造有困难的建筑物的估价，适用重置价格。有特殊保护价值的建筑物的估价，适用于重建价格。重置中采用新的材料、设备、结构、技术、工艺等，使得成本降低，因此，重置价格通常比重建价格低。

三、重新购建价格的求取思路

(一) 房地重新购建价格的求取思路

求取房地的重新购建价格有两大路径：一是模拟房地产开发商的房地产开发过程，采用成本法来求取；二是将该房地分为土地和建筑物两个相对独立的部分，先求取土地的重新购建价格，再求取建筑物的重新购建价格，然后将两者相加来求取。后一种适用于能直接进行房屋建设的小块熟地交易情况，或者各项费用较容易在土地和建筑物之间进行划分或分摊的情况。

（二）土地重新购建价格的求取思路

求取土地的重新购建价格，通常是假设土地上的建筑物不存在，再采用市场法、基准地价修正法求取其重新取得价格。在求取旧的房地，有时需要考虑土地上已有的旧建筑物可能导致的土地价值减损，空地的价值反而大于有旧的建筑物的土地价值。这种方法特别适用于城市建成区内难以求取重新开发成本的土地。

（三）建筑物重新购建价格的求取思路

求取建筑物的重新购建价格，是假设旧建筑物所在的土地已取得，旧建筑物不存在，在此空地上重新建造与旧建筑物完全相同或等效的新建筑物所必需的支出和应获得的利润；也可假设全新建筑物由承包商建造，发包人应支付给建筑承包商的全部费用和发包人所必需的其他支出。

四、建筑物重新购建价格的求取方法

建筑物的重新购建价格相当于在估价时点新建成的建筑物价值。求取建筑物重新购建价格的具体方法，有单位比较法、分部分项法、工料测量法和指数调整法。

（一）单位比较法

单位比较法是以估价建筑物为整体，选取与该建筑物造价密切相关的计量单位为比较单位，通过调查类似建筑物的单位造价，并对其做适当的调整修正来估算建筑物重新购建价格的方法。单位比较法较为简单、实用，因此被广泛使用，但这种方法比较粗略。单位比较法主要有单位面积法和单位体积法。

1. 单位面积法

单位面积法是根据当地近期建成的类似建筑物的单位面积造价，对其作适当的修正、调整，然后乘以估价对象建筑物的面积来估算建筑物的重新购建价格，主要适用于造价与面积关系较大的房屋，如住宅、办公楼等。

例 6-4 某建筑物的建筑面积为 500 m^2，该类建筑结构和用途的建筑物的单位建筑面积造价为 1 000 元/m^2，则该建筑物的重新购建价格为多少？

【解】 重新购建价格＝500×1 000＝500 000(元)

2. 单位体积法

单位体积法与单位面积法相似，是根据当地近期建成的类似建筑物的单位体积造价，对其作适当的修正、调整，然后乘以估价对象建筑物的体积来估算建筑物的重新购建价格。该方法主要适用于造价与体积关系较大的房屋，如储油罐、地下仓库等。

例 6-5 某建筑物的体积为 1 000 m^3，该类建筑结构和用途的建筑物的单位体积造价为 600 元/m^3，则该建筑物的重新购建价格为多少？

【解】 重新购建价格＝1 000×600＝600 000(元)

（二）分部分项法

分部分项法是假设将估价对象建筑物分解为各独立的构建或分部分项工程，测算各部分的数量，再调查各部分的单位价格或成本，最后将各部分的数量乘以相应的价格或成本后，累加求得建筑物的总成本，再加上税费、利润等求得建筑物的重新购建价格的方法。

运用分部分项法测算建筑物的重新购建价格时，需要注意结合各个构件或分部分项工程的特点使用计量单位，有的要用面积，有的要用体积，有的要用长度，有的要用容量。例如，基础工程的计量单位通常为体积，装修工程的计量单位通常为面积。在测算时，不要漏项也不要重复计算，以免造成测算不准。

例 6－6 某建筑物建筑面积为 430 m^2，基础工程、墙体工程、楼地面工程、屋面工程分别为 150 m^3、160 m^3、150 m^3、150 m^3，单位直接成本分别为 200 元、400 元、200 元、300 元，安装工程直接成本为 60 000 元，税费、利息、管理费为全部直接成本的 20％，求该建筑物的重新购建价格。

项目	数量	单位成本	成本(元)
基础工程	150 立方米	200 元/立方米	30 000
墙体工程	160 立方米	400 元/立方米	64 000
楼地面工程	150 立方米	200 元/立方米	30 000
屋面工程	150 立方米	300 元/立方米	45 000
给排水工程			25 000
供暖工程			15 000
电气工程			20 000
合计			229 000
税费、利息和管理费		20％	45 800
重新购建价格			

【解】 重新购建价格＝30 000＋64 000＋30 000＋45 000＋25 000＋15 000＋20 000＋229 000＋45 800＝274 800(元)

（三）工料测量法

工料测量法是将估价对象重新建造所需要的建筑材料、建筑构配件、建筑设备种类、数量和人工时数，然后逐一将数量乘以估价时点的各该相同材料、设备的单价和人工费标准，再将其相加来求取建筑物重新购建价格的方法。

工料测量法的优点是详细、准确，缺点是比较费时费力并需要建筑师、造价工程师等专家的参与，它主要用于求取具有历史价值的建筑物的重新购建价格。

例 6－7 采用工料测量法估算建筑物重新建造成本

项目	数量	单价	成本(元)
现场准备			3 000
水泥			6 000
砂石			5 000
砖块			10 000
木材			7 000
瓦面			3 000
铁钉			300
人工			15 000
税费			3 000
其他			8 000
重新购建价格			60 300

【解】　重新建造成本＝3 000＋6 000＋5 000＋10 000＋7 000＋3 000＋300＋15 000＋3 000＋8 000＝60 300(元)

(四) 指数调整法

指数调整法也称为成本指数趋势法,是运用有关成本指数或变动率,将估价对象建筑物的历史成本调整到估价时点的成本来求取建筑物重新购建价格的方法。这种方法主要用于检验其他方法的测算结果,将估价对象建筑物的原始价值调整到估价时点的价值的具体方法,与市场比较法中交易日期调整的方法相同。

第五节　建筑物折旧

一、建筑物折旧的概念和原因

(一) 建筑物折旧的概念

成本法中的建筑物折旧,是指各种原因造成建筑物价值的损失,其数额为建筑物在估价时点的市场价值与重新购建价格的差额(建筑物折旧＝重新购建价格－市场价值)。

(二) 建筑物折旧的原因

引起建筑物折旧的原因,包括三大类:物质折旧、功能折旧和经济折旧。

1. 物质折旧

物质折旧是指建筑物在实体上的老化、损坏所造成的建筑物价值损失，也称有形损耗。进一步可以归纳为四个方面：① 自然经过的老化；② 正常使用的磨损；③ 意外破坏的损毁；④ 延迟维修的损坏残存。

(1) 自然经过的老化

由自然力作用引起的，如风吹、日晒、雨淋等引起的建筑物风化腐朽、生锈等。它与建筑物的实际年龄相关，同时也与建筑物所在地区的气候和环境条件相关。

(2) 正常使用的磨损

主要是指由人工使用引起的，它与建筑物使用性质、使用强度正相关，如居住用途的建筑物比工业用途的建筑物磨损要小。

(3) 意外破坏的损毁

主要是指突发性的天灾人祸引起的，包括自然方面和人为方面的，如地震、水灾、失火等，这些损坏有可能进行修缮，但是不能完全恢复得和以前一样。

(4) 延迟维修的损坏残存

主要是由于没有适时地采取预防、养护措施或修理不够及时引起的，造成建筑物不应有的损坏或者提前损坏，如门窗有损坏、墙体有裂缝未修复等。

2. 功能折旧

功能折旧是指建筑物在功能方面的缺乏、落后或过剩所造成的建筑物价值损失，也称无形损耗。导致建筑物功能落后的原因，可能是社会进步、建筑技术进步、人们居住习惯的改变等。

(1) 功能缺乏是指建筑物没有应有的某些部件、设备、设施或系统等，如住宅没有卫生间、燃气、电话线路等。

(2) 功能落后是指建筑物已有的部件、设备等标准低于正常标准。如高档办公楼，需要较好的智能化系统，如果某高档办公楼的智能化程度不够，其功能就落后了。

(3) 功能过剩是指建筑物已有的部件、设备等标准超过市场要求的标准而对房地产价值的贡献小于其成本。如二层住宅设置电梯，使其所多花的成本成为无效成本。

3. 经济折旧

经济折旧是指建筑物以外的各种不利因素所造成的建筑物价值损失，也称为外部性折旧。不利因素包括市场供给过量、自然环境恶化、环境污染、交通拥挤、城市规划改变、政府政策变化、经济影响等，其中自然环境恶化是永久性的，经济影响可能是暂时性的。

例 6-8 某住宅估算重置价格为 50 万元，地面、门窗等破旧引起的物质折旧为 1 万元，因户型设计不好、公用厕所等导致的功能折旧为 2 万元，由于位于交通不便地区引起的经济折旧为 5 万元。请求取该套旧住宅的折旧总额和现值。

【解】 该住宅的折旧总额＝物质折旧＋功能折旧＋经济折旧＝1＋2＋5＝8(万元)

该住宅的现值＝重置价格－折旧＝50－8＝42(万元)

二、建筑物折旧的求取方法

求取建筑物折旧的方法主要有三种，分别是年限法、市场提取法、分解法。

(一) 年限法

1. 年限法的相关概念

年限法是根据建筑物的经济寿命、有效经过年数或剩余经济寿命来求取建筑物折旧的方法。

建筑物寿命分为自然寿命和经济寿命。自然寿命是指从建筑物竣工之日起到建筑物主要结构构件和设备的老化或损坏而不是继续保证建筑物安全使用为止的时间；经济寿命是指从建筑物竣工之日起到建筑物对房地产价值不再有贡献为止的时间。建筑物的经济寿命一般要短于其自然寿命。建筑物的经济寿命具体来说是根据建筑物的结构、用途和维修保养情况，结合市场状况、周围环境、经营收益状况等综合判断。利用年限法求取建筑物折旧时，建筑物的寿命应为经济寿命。

建筑物经过年数分为实际经过年数和有效经过年数。建筑物实际经过年数是指从建筑物竣工之日开始到估价时点为止的日历年数，类似于人的实际年龄。建筑物有效经过年数是指估价时点的建筑物状况和效用所显示的经过年数，类似于人看上去的年龄。建筑物有效经过年数可能短于也可能长于其实际经过年数：① 建筑物的维修养护正常的，有效经过年数与实际经过年数相当；② 建筑物的维修养护比正常维修养护好或经过更新改造的，有效经过年数短于实际经过年数；③ 建筑物的维修养护比正常维修养护差的，有效经过年数长于实际经过年数。利用年限法求取建筑物折旧时，建筑物的经过年数应为有效经过年数。

建筑物剩余寿命是其寿命减去建筑物经过年数之后的寿命，分为剩余自然寿命和剩余经济寿命。利用年限法求取建筑物折旧时，剩余寿命应为剩余经济寿命，即剩余经济寿命＝经济寿命－有效经过年数。

2. 年限法求取折旧的方法

年限法求取折旧的方法很多，包括直线法、余额递减法、年金法、成新折扣法等，其中直线法和成新折扣法最常用。

(1) 直线折旧法

直线折旧法是年限法中最主要的方法，也是最简单和迄今应用最普遍的一种折旧方法，它假设在建筑物的经济寿命期间每年的折旧额相等。

① 直线法的年折旧额计算公式为：

年折旧额＝建筑物的重新购建价格×(1－净残值率)÷建筑物的经济寿命

即：
$$Di = D = (C-S)/N = C(1-R)/N$$

式中：

Di—第 i 年的折旧额(是一个常数 D)；

C—建筑物的重新购建价格；

S—建筑物的净残值，是建筑物的残值减去清理费用后的余额；

N—建筑物的经济寿命；

R—建筑物的净残值率，是建筑物的净残值与其重新购建价格的比率($R=S/C\times100\%$)。

② 有效经过年数为 t 年的建筑物折旧总额计算公式为：

$$Et = D \times t = (C - S)t/N = C(1 - R)t/N$$

式中：

Et—建筑物的折旧总额。

③ 采用直线法折旧下的建筑物现值的计算公式为：

$$V = C - Et = C - (C - S)t/N = C[1 - (1 - R)t/N]$$

式中：

V—建筑物的现值。

例 6-9 某建筑物的建筑面积 1 000 m^2，单位建筑面积的重置价格为 1 500 元/m^2，其有效经过年数为 10 年，经济寿命为 30 年，残值为 5%。试用直线折旧法计算该建筑物的年折旧额、折旧总额，并计算其现值。

【解】 已知：C=1 500×1 000=1 500 000=150(万元)；R=5%；N=30 年；t=10 年。

则：年折旧额=$C(1-R)/N$=150×(1-5%)/30=4.75(万元)

折旧总额=$C(1-R)t/N$=150×(1-5%)×10/30=47.5(万元)

建筑物现值=$C[1-(1-R)t/N]$=150×[1-(1-5%)×10/30]=102.5(万元)

知识小贴士：房屋与建筑物的经济使用年限和折旧

一、各类建筑物经济耐用年限：

1. 钢结构：生产用房 70 年，受腐蚀的生产用房 50 年，非生产用房 80 年；
2. 钢筋混凝土结构(包括框架结构、剪力墙结构、简体结构、框架-剪力墙结构等)：生产用房 50 年，受腐蚀的生产用房 35 年，非生产用房 60 年；
3. 砖混结构一等：生产用房 40 年，受腐蚀的生产用房 30 年，非生产用房 50 年；
4. 砖混结构二等：生产用房 40 年，受腐蚀的生产用房 30 年，非生产用房 50 年；
5. 砖木结构一等：生产用房 30 年，受腐蚀的生产用房 20 年，非生产用房 40 年；
6. 砖木结构二等：生产用房 30 年，受腐蚀的生产用房 20 年，非生产用房 40 年；
7. 砖木结构三等；生产用房 30 年，受腐蚀的生产用房 20 年，非生产用房 40 年；
8. 简易结构：10 年。

二、残值率：

1. 钢筋混凝土结构：0；
2. 砖混结构一等：2%；
3. 砖混结构二等：2%；
4. 砖木结构一等：6%；
5. 砖木结构二等：4%；
6. 砖木结构三等：3%；
7. 简易结构：0。

(2) 成新折旧法

早期运用成本法常用成新折扣法。成新折旧法是根据建筑物的建成年代、新旧程度或完损程度等，判断出建筑物的成新率，或者用建筑物的寿命、经过年数计算出建筑物的成新率，然后将建筑物的重新购建价格乘以该成新率来直接求取建筑物的现值。

① 成新折旧法的计算公式为：

$$V = C \times q$$

式中：V—建筑物的现值；

C—建筑物的重新购建价格；

q—建筑物的成新率(%)。

这种成新折扣法比较粗略，主要用于初步估价，或者同时需要对大量建筑物进行估价的场合，尤其是大范围的建筑物现值摸底调查。

如果利用建筑物的经济寿命、有效年龄或剩余经济寿命来求取建筑物的成新率，则成新折扣法就成了年限法的另一种表现形式。

② 用直线法计算成新率的公式为：

$$V = C[1-(1-R)t/N] = C \times q$$

式中：

N—建筑物的经济寿命；

t—有效经过年数；

q—建筑物的成新率(%)。

$$\text{推断出 } q = 1-(1-R)t/N \times 100\%$$
$$= [1-(1-R)] \times (N-n)/N \times 100\%$$
$$= [1-(1-R)] \times t/(t+n) \times 100\%$$

式中：

n—剩余经济寿命；

$n=N-t$。

当 $R=0$ 时，即建筑物的残值率为零，有

$$q = (1-t/N) \times 100\% = (n/N) \times 100\% = n/(t+N) \times 100\%$$

例 6-10　某建筑物是 10 年前竣工交付使用的，估价人员实地勘查判定该建筑物剩余经济寿命为 30 年，残值率为零。试用直线法测定该建筑物的成新率。

【解】　已知：$t=10$ 年；$n=30$ 年；$R=0$；求 q

$$q = [n/(t+n)] \times 100\% = 30/(10+30) \times 100\% = 75\%$$

即该建筑物的成新率为 75%。

知识小贴士：房屋新旧程度评定标准

根据《房屋完损等级评定标准(试行)》，参考典型代表城市的有关资料确定，原则上将房屋按常用结构分为钢筋混凝土结构、混合结构、砖木结构、简易结构等四种类型。这四种类型房屋的新旧程度，都是以各类房屋的结构、装修、设备三个组成部分十二个工种项

目的状况评估的。评估的房屋新旧程度,应与相应的质量等级相吻合。

质量等级	新旧程度	备注
完好房	十、九、八成	确定需要拆除改建的危险房按残值计算其现值
基本完好房	七、六成	
一般损坏房	五、四成	
严重损坏房	三成	
危险房	二、一成	

级别	成新	主体结构划分标准	非主体结构划分标准
一级房	十成新	新建房屋竣工验收合格使用期在五年以内的,主体结构(基础、内外承重墙、梁、柱、屋架平直牢固),没有倾斜变形和裂缝情况;非主体结构个别部位有微小破损者。	屋内不渗漏。门窗个别开关不灵或缺少小五金,地板轻微磨损、地面抹层轻微破损。天棚、墙壁抹层粉刷色泽新鲜。楼梯、走台稳固。
	九成新	地基基础有足够承载能力,无不均匀沉降,承重件完好兼顾,主体结构没有变形和破坏情况,只有非主体结构个别部位有小量破损者。	屋面轻微渗漏。门窗个别开关不灵,个别破损缺少小五金。地板少量磨损,地板抹层有轻微破损。天棚、墙壁抹灰层有细微裂缝、脱落。楼梯、走台抹层有少量脱落。
二级房	八成新	主体结构基本完好,仅有轻微腐蚀破损,但无变形下沉,只是非主体结构局部有破损者。如主体结构(基础、墙体)个别部位腐蚀或碰撞掉砖,经小修剔补或补抹即可完整如初。	屋面轻微漏雨。门、窗局部腐朽破损或开关不灵。地板局部磨损凸凹不平,地面抹层少量破损。天棚、墙壁抹灰层有少量裂缝、脱落。楼梯。走台稳固,档杆等局部活动,但不影响使用者。
	七成新	基础有承载能力,稍超过允许范围的不均匀沉降,但已稳定,承重件基本完好,如主体结构(基础,墙体)个别部位松动或碰撞掉砖,经小修剔补可完整如初;非主体结构有三分之一以内有破损者。	屋面局部漏雨。门、窗局部腐朽破损或开关不灵、缺少小五金。个别五金锈蚀腐朽需要更换。地板不到半数磨损,凸凹不平,地面抹层局部起砂。天棚、墙壁抹层局部裂缝、脱落。
三级房	六成新	主体结构有三分之一以内的数量发生裂缝,下沉变形或破损,破损部分个别有发展趋势,但大部分主体结构完整如初,基本上不影响使用;非主体结构发生微小变形或不到半数破损,需要维修者。	屋面不到半数漏雨。门、窗框、扇半数腐朽或开关不灵,半数小五金锈蚀,腐朽需要拼换,地板大部分磨损,地面抹层不到半数破损起砂。天棚,墙壁抹层不到半数裂缝脱落。
	五成新	地基基础承载能力不足,有较大不均匀沉降,主体结构有半数发生裂缝、松动或破损,承重构件有轻微裂缝,混凝土剥露筋锈蚀;非主体结构非半数以上破损。	屋面大部分漏雨。门窗框、扇半数以上腐朽或开关不灵。半数以上小五金锈蚀、腐朽,需要折迁地面抹层大部分破损起砂,地板年久磨损、凸凹不平。天棚、墙壁抹层半数以上裂缝脱落。

续表

级别	成新	主体结构划分标准	非主体结构划分标准
四级房	四成新	主体结构破损面超过二分之一，变形或破损较严重，有局部坍塌现象，但无整体倒塌危险，仍有修复价值；非主体结构大部分破坏严重，对正常使用有一定影响。	屋面大部分漏雨，门、窗框、扇大部分腐朽或开关不灵，大部分小五金锈蚀、腐朽，需要拆换。地面抹层大部分破损起砂。地板年久磨损、凸凹不平。天棚、墙壁抹层大部分裂缝、脱落。
	三成新	基础，墙体腐朽裂缝隙，屋架倾斜下沉严重，倾斜度超过轴线或接近超过轴线，有局部坍塌观象，继续大面积拼砌；屋架、梁、柱大部分需要抽换或改换者。	屋面普遍漏雨。门、窗框、扇腐朽较严重，小五金锈蚀、腐朽较严重，需要拆换。地面抹层破损起砂较严重，地板年久磨损凸凹不平。天棚、墙壁抹层裂缝、脱落较严重。
五级房	二成新	主体结构大部分变形破坏严重，有随时倒塌危险，已无修复价值，需要淘汰者；对部分简易结构房屋破坏程度严重，虽无随时倒塌危险，但已无修复价值。也应划分为五级房。	屋面漏雨严重。门、窗框、扇腐朽。破损严重，小五金锈蚀腐朽严重，需要拆换。地面抹层破损起砂严重。天棚、墙壁抹层基本脱落。
	一成新	主体结构变形破坏严重，有随时坍塌危险，已无修复价值，需要淘汰的房屋和需要拆除的房屋。	屋面漏雨严重。门、窗框、扇破损腐朽已不能使用，小五金全部锈蚀。地面抹层全部破损起砂，地板年久失修全部破损。天棚、墙壁抹层全部脱落。

（二）市场提取法

市场提取法是利用与估价对象建筑物具有类似折旧程度的可比实例来求取估价对象建筑物折旧的方法。

市场提取法求取建筑物折旧的步骤和主要内容如下：

(1) 在当地房地产市场上搜集大量的交易实例；

(2) 从交易实例中选取三个以上与估价对象建筑物具有类似折旧程度的可比实例；

(3) 对可比实例进行付款方式、交易情况等换算、修正及调整；

(4) 求可比实例在其成交日期的土地价值，并计算建筑物折旧后价值；

可比实例建筑物折旧后价值＝可比实例成交价格－土地价值

(5) 求可比实例在其成交日期时的建筑物重新购建价格，并计算折旧；

折旧＝可比实例建筑物重新购建价格－可比实例建筑物折旧后价值

(6) 计算可比实例建筑物折旧率；

(7) 计算估价对象建筑物折旧。

估价对象建筑物折旧＝估价对象建筑物重新购建价格×可比实例建筑物折旧率

利用市场提取法求出的年折旧率，还可以求取年限法所需要的建筑物经济寿命，即：建筑物经济寿命＝1/年折旧率

例如，如果通过市场提取法求出的估价对象建筑物的年平均折旧率为2%，则可以根

据2%的倒数估计估价对象建筑物的经济寿命为50年。

（三）分解法

分解法是对建筑物各种类型的折旧分别予以分析、测算和确定，然后加总来求取建筑折旧的方法。它是求取建筑物折旧最详细、最复杂的一种方法。

分解法中将建筑物折旧分为物质折旧、功能折旧和经济折旧三种类型，并根据各自的具体情况分别采用适当的方法来求取。

分解法求取建筑物折旧的步骤：

(1) 求取物质折旧；

(2) 求取功能折旧；

(3) 求取经济折旧；

(4) 求取建筑物的折旧总额。

【小结】

本章介绍房地产估价三大基本方法之一的成本法，包括其含义、理论依据、适用的估价对象、估价需要具备的条件、估价的操作步骤以及每个操作步骤所涉及的具体内容。

【复习思考题】

1. 成本法的理论依据是什么？
2. 成本法适用的对象是什么？
3. 房地产价格是如何构成的，各构成项目如何估算？
4. 建筑物的自然耐用年限和经济耐用年限的含义是什么？
5. 建筑物的剩余经济寿命的含义是什么？
6. 建筑物的残值和残值率的含义，与建筑结构的关系。

【案例分析】

案例一：某建筑物为钢筋混凝土结构，经济寿命为50年，有效经过年数为8年。经调查测算，现在重新建造全新状态的该建筑物的建造成本为800万元(建设期为两年，假定第一年投入建造成本的60%，第二年投入40%，均为均匀投入)，管理费用为建造成本的3%，年利息率为6%，销售税费为50万元，开发利润为120万元。又知该建筑物的墙、地面等损坏的修复费用为18万元；装修的重置价格为200万元，平均寿命为5年，已使用2年；设备的重置价格为110万元，平均寿命为10年，已使用8年。

问题：假设残值率均为零，试计算该建筑物的折旧总额。

案例二：某房地产的土地面积1 000平方米，建筑面积2 000平方米。土地于1994年10月1日通过有偿出让方式获得，使用年限为50年，当时的单价为1 000元/平方米；建筑物的结构为钢筋混凝土，于1995年10月1日竣工投入使用，当时的建筑造价为每平方米建筑面积为800元。1999年10月1日与该房地产的地段和用途相同、使用年限为50年的土地单价为1 100元/平方米；该类房屋的重置价格(含使用年限为50年的土地价格)为每平方米建筑面积2 000元。估计该类建筑物的残值为零，土地资本化率为6%。

问题：试利用上述资料估算该房地产1999年10月1日的总价。

第七章　假设开发法

【学习目标】

1. 假设开发法是房地产估价实践中一种科学而实用的方法，无论在房地产估价还是房地产投资中都有很重要的应用；

2. 了解假设开发法的基本思路和理论依据；

3. 熟悉假设开发法的概念、前提条件和适用范围；

4. 掌握假设开发法的基本公式、假设开发法估价的程序和内容。

【案例导入】

今后凡涉及拆迁的被征收房屋，其价值评估应综合考虑区位、用途、建筑面积以及占地面积、土地使用权等因素来进行评估，估价方法也由原来的单纯参照市场价格变为根据被征收房屋情况，选用市场法、收益法、成本法、假设开发法等多种方法。这是记者昨日从住建部发布的《国有土地上房屋征收评估办法》（以下简称《办法》）中了解到的。

此次《办法》的出台是年初颁布《国有土地上房屋征收与补偿条例》之后为进一步解决涉及房屋征收补偿纠纷、确定被征收房屋价值而实行的新办法，《办法》强调了对房屋各方面因素的综合考虑，将估价目的视为"为确定被征收房屋价值的补偿提供依据"，而非此前的"确定被拆迁房屋货币补偿金额"。

被征收房屋的价值评估方法相比之前也更加灵活。此前的评估方法一般采用市场比较法，也即参照类似房地产价格的办法，新《办法》中评估方法更加灵活，需对市场法、收益法、成本法、假设开发法等评估方法进行适用性分析后，选用其中一种或者多种方法对被征收房屋价值进行评估。

例如，被征收房屋的类似房地产有交易的，选用市场法评估；被征收房屋或者其类似房地产有经济收益的，选用收益法评估；被征收房屋是在建工程的，选用假设开发法评估。

对于人们较为关注的被征收房屋室内装饰装修价值、机器设备物资等搬迁费用以及停产停业损失等补偿，《办法》遵循征收当事人协商原则，如果协商不成，可以委托房地产价格评估机构通过评估确定。

另外，负责评估的房地产价格评估机构的确定由原来的直接投票或拆迁决定变为先协商，协商不成再投票、抽签、摇号等方式确定。《办法》第六条中还新加了委托评估合同的详细内容，规范了委托人和被委托评估机构的行为。

此外，如果对评估结果有异议，新《办法》对被征收房屋申请复核的期限做出了延长的规定，由原来的5日变为10日。取消了复核时拆迁当事人另行委托估价机构评估的规定，仍由原机构进行复核，复核结果仍有异议时可在10日内申请由房地产估价师以及价格、房地产、土地、城市规划、法律等方面的专家组成的专家评估委员会进行鉴定。

新《办法》还对房屋评估和鉴定费用做出了详细规定，一般由房屋征收部门承担。

（来源：北京商报，2011 年 6 月 8 日）

第一节 假设开发法的基本原理

一、假设开发法的含义和理论依据

（一）假设开发法的含义

假设开发法(Hypothetical Development Method)，又称剩余法、预期开发法、倒算法或余值法，是将待估房地产的预期开发价格或价值，扣除预计的正常投入费用，正常税金及合理利润等，以此估算待估房地产的客观合理价格或价值的方法。

假设开发法在房地产评估实务中运用得较为普遍，在评估待开发土地价值时应用得最为广泛。

（二）假设开发法的基本思路

假设开发法的基本思路可以通过房地产开发商购置待建土地的报价过程这一具体事例来加以体现。

某房地产开发商准备购置一块土地开发成房屋出售，为了获得一定的开发利润，开发商一般可这样确定购置该土地的最高价格：首先研究这块土地的内外条件，如坐落位置、面积大小、周围环境、规划所允许的用途、容积率和覆盖率等，并分析房地产市场状况，据此选择这块土地的开发方案；选定了开发方案后，开发商就要预测大楼建成后的总售价，然后计算建造该大楼需要支付的总费用(主要包括前期费、建安工程费、配套费以及利息和税收等)，这些数据确定之后，开发商就可将楼价减去总开发费用，再减去所要获得的开发利润后的余额作为购置该土地的最高价格。

（三）假设开发法的理论依据

假设开发法在形式上是评估新建房地产价格的成本法的倒算法。两者的主要区别：成本法中的土地价格为已知，需要求取的是开发完成后的房地产价格；假设开发法中开发完成后的房地产价格已事先通过预测得到，需要求取的是土地价格。

假设开发法的理论依据与收益法相同，是预期原理。假设开发法更深的理论依据，类似于地租原理。只不过地租是每年的租金剩余，假设开发法通常估算的是一次性的价格剩余。

小贴士：地租介绍

地租是土地所有权的实现形式，一切形式的地租，都是土地所有权在经济上实现自己、增值自己的形式。马克思指出:"不论地租有什么独特的形式,它的一切类型有一个共同点,地租的占有是土地借以实现的经济形式。"资本主义地租就是农业资本家为获取土地的使用权而交给土地所有者的超过平均利润的那部分价值。在资本主义生产方式下,实际的耕作者是雇佣工人,他们受雇于一个只是把农业作为资本的特殊使用场所,作为把自己的资本投在一个特殊生产部门来经营的资本家即农场主。这个作为租地农场主的资本家,为了得到在这个特殊生产厂所使用自己资本的许可,要在一定期限内按契约规定支付给土地所有者一个货币额,这个货币额就是地租。

西方经济学回避地租所反映的经济关系,把地租定义为物主将其所有的土地、房屋或任何财产租给他人使用所获得的报酬,并不一定专指出租土地而获得的租金。

按照这个定义,把地租分为契约地租和经济地租两类。契约地租又称商业地租,是指物主将土地或其他财物出租给承租者,承租者按租赁契约支付给物主之租金。经济地租又称理论地租,有广义和狭义之分。广义上,经济地租是指人们使用任何生产要素所获得的超额利润。狭义上,经济地租是指人们利用土地所获的超额利润,即土地总收益扣除总成本的剩余部分。一般所谓地租,是针对狭义地租而言的。

二、假设开发法的前提条件与适用范围

(一) 假设开发法的前提条件

根据假设开发法的基本思路,该方法主要是从开发商的角度进行分析的,在分析测算时,必须遵循以下前提条件:

(1) 必须假设土地或房地产的利用为最佳开发利用方式,包括用途、使用强度、建筑物的设计等。

(2) 售价的预测和成本的测算必须符合合法原则,符合国家有关政策,包括税收政策。

(3) 正确分析房地产市场行情,掌握房地产市场中的有关数据信息,正确预测售价和开发成本。

(4) 假设在开发期间各项成本的投入是均匀投入或分段均匀投入。

(5) 开发商的利润和开发成本为社会正常平均水平。

假设开发法的可行性主要取决于最佳开发利用方式的选择和未来开发完成的房地产销价的推测,只要做到这两项预测具有一定的准确性,假设开发法的可靠性也就有了一定的保证。要做到这两项预测具有一定的准确性,总的来看就是要求房地产市场比较规范和稳定,具体来说应具备如下五个条件:

(1) 要有一个明朗、开放及长远的房地产政策;

(2) 要有一整套稳定、健全的房地产法规;

(3) 要有一个完整、公开的房地产信息库;

(4) 要有一个稳定、清晰及全面的有关房地产投资与交易的税费清单;

(5) 要有一个长远、公开及稳定的政府土地供给(出让)计划。

(二) 假设开发法的适应范围

假设开发法适用于具有投资开发或再开发潜力的房地产的估价，具体来说主要有以下几种类型的房地产估价：

(1) 待开发土地(包括生地、毛地、熟地)的估价；

(2) 将生地、毛地等开发成熟地的土地估价；

(3) 再开发待拆迁的房地产的估价；

(4) 具有装修改造潜力的旧房地产的估价；

(5) 在建工程的估价。

第二节　假设开发法的基本公式

一、假设开发法的基本公式

待开发房地产价值＝待开发房地产的预期开发价值－开发成本－管理费用－投资利息销售税费－开发利润－投资者购买待开发房地产应负担的税费

其中：

管理费用＝开发成本×正常管理费率

投资利息＝(待开发房地产价格＋开发成本＋管理费用)×正常利息率

开发利润＝(待开发房地产价格＋开发成本＋管理费用)×正常利润率

二、假设开发法的具体计算公式

(一) 开发成房屋的待开发土地价值的公式

生地价值＝生地的预期开发价值－由生地建造房屋的开发成本
　　－管理费用－投资利息－销售总费－开发利润
　　－买方购买生地的税费

毛地价值＝毛地的预期开发价值－由毛地建造房屋的开发成本
　　－管理费用－投资利息－销售总费－开发利润
　　－买方购买毛地的税费

熟地价值＝熟地的预期开发价值－由熟地建造房屋的开发成本
　　－管理费用－投资利息－销售总费－开发利润
　　－买方购买熟地的税费

(二) 开发成熟地的待开发土地价值的公式

生地价值＝生地预期开发成熟地价值－由生地开发成熟地的开发成本
　　－管理费用－投资利息－销售总费－土地开发利润

－买方购买生地的税费

毛地价值＝毛地预期开发成熟地价值－由毛地开发成熟地的开发成本
－管理费用－投资利息－销售总费－土地开发利润
－买方购买毛地的税费

（三）再开发待拆迁房地产的价值的公式

待拆迁房地产价值＝待拆迁房地产的预期开发价值－再开发投资利润－管理费用
－投资利息－销售总费－再开发投资利润
－买方购买待拆迁房地产的税费

（四）具有装修改造潜力的旧房地产价值的公式

旧房地产价值＝装修改造完成后的房地产价值－装修改造成本－管理费用
－投资利息－销售总费－装修改造投资利润
－买方购买旧房地产的税费

（五）在建工程价值的公式

在建工程价值＝续建完成后的房地产价值－续建成本－管理费用－投资利息
－销售总费－续建投资利润－买方购买在建工程的税费

三、假设开发法估价的程序和内容

根据假设开发法的基本思路，假设开发法估价的程序和内容如下：

（一）调查待估房地产的基本情况

1. 调查土地的位置

土地位置包括土地所在城市的性质、土地所在地区的性质和土地的具体坐落状态等三个方面。这些主要是为选择最佳的土地用途服务的。

2. 调查土地面积大小、形状、平整程度、基础设施通达程度、地质和水文状况等

调查这些，主要是为估算开发成本、费用等服务。

3. 调查政府的规划限制

包括调查规定的用途、建筑高度、容积率等。调查这些，主要是为确定最佳的开发利用方式服务。

4. 调查房地产的各项权利

房地产的各项权利包括待估房地产的权利性质、使用年限、可否续期，以及对转让、出租、低押等的有关规定等。这些资料主要是为预估未来的售价、租金水平等服务的。

（二）确定待估房地产的最佳开发利用方式

根据调查的土地状况和房地产市场条件等，在城市规划及法律法规等限制所允许的范围内，确定地块的最佳利用方式，包括确定用途、建筑容积率、土地覆盖率、建筑高度、建筑装修档次等。在选择最佳的开发利用方式中，最重要的是选择最佳的土地用途。土地

用途的选择，要与房地产市场的需求相结合，并且，要有一定的预测。最佳的开发利用方式就是开发完成后（销售时）能获得最高的收益。

（三）估计开发建设期

开发建设周期是指从取得土地使用权一直到房地产全部销售或出租完毕的这一段时期。开发建设期多为政府规定，有的由开发商自己确定。若不能从以上两方面得到，则根据市场同类开发项目所需时间来确定。另外，估价师还必须估计出建设完成到租出或售出的时间。

估计开发建设期的主要目的是把握建筑物的竣工时间，为预测建筑物竣工时的价格、建筑费用等的投入、利息的负担以及各项收入与支出的折现计算等服务。估计开发建设期的方法应参照各地的工期定额指标进行估计，也可采用比较法，即根据其他相同类型、同等规模的建筑物已有正常建设周期进行估计。

（四）预测开发完成后的房地产价值

根据所开发房地产的类型，开发完成后的房地产总价可通过以下两个途径获得：

（1）对于出售的房地产，如居住用商品房、工业厂房等，可采用市场比较法确定开发完成后的房地产总价，需预测未来的价格。

（2）对于出租的房地产，如写字楼和商业楼宇等，其开发完成后房地产总价的确定，可采用市场比较法确定所开发房地产出租的纯收益，再采用收益还原法将出租收益转化为房地产总价。

（五）估算各项成本费用

1. 开发成本

可采用比较法来估算，即通过同类建筑物当前开发成本大致金额来估算，也可采用类似建筑工程概算的方法来估算。具体包括：勘察设计和前期工程费；基础设施建设费；房屋建筑安装工程费；公共配套设施建设费；开发过程中的税费。

2. 管理费用

管理费用主要是指开办费和开发过程中管理人员工资等，一般根据开发成本的一定比率估算。

3. 投资利息

根据未知的地价、开发成本、管理费用者之和的一定比率估算，这个比率通常可选银行通行贷款利率。在计算投资利息时应注意计息基础、利息率、计息期和计息方法等问题。

4. 销售税费

销售税费包括销售费用（即销售广告宣传费、委托销售代理费等）、销售税金及附加（即营业税、城市维护建设税、教育税附加）、其他销售税费（即应当由卖方负担的印花税、交易手续费、产权转移登记费等）。在现实估价中往往根据未来楼价的一定比率估算，还包括一些其他需发生的费用。

5. 投资者购买待开发房地产应负担的税费

根据本地政府的税费政策，估算从获得土地至出售建筑物期间可能发生的税费额度，也可以根据过去或其他类似开发经营项目所需支付的税费情况来估算。在现实估价中往往根据未来楼价的一定比率估算，还包括一些其他需发生的费用。

（六）确定开发商的合理利润

开发商的合理利润应以待估的房地产价格、开发成本、管理费用之和的一定比率估算，这个比率通常为正常的类似项目要求的平均利润率，它与投资年限呈正方向变化。

（七）估算待估房地产价格

在上述计算中，考虑资金时间价值的计算称为动态计算，而不考虑资金时间价值的计算称为静态计算。

小贴士：利润率的种类及其定义

1. 销售利润是企业在其全部销售业务中实现的利润，又称营业利润、经营利润，它包含主营业务利润。

销售利润的计算公式：

销售利润＝主营业务利润＋其他业务利润－营业费用－管理费用－财务费用

利润率反映企业一定时期利润水平的相对指标。利润率指标既可考核企业利润计划的完成情况，又可比较各企业之间和不同时期的经营管理水平，提高经济效益。

销售利润率＝利润÷售价×100％

成本利润率＝利润÷成本×100％

① 销售利润率：一定时期的销售利润总额与销售收入总额的比率。它表明单位销售收入获得的利润，反映销售收入和利润的关系。

② 成本利润率：一定时期的销售利润总额与销售成本总额之比。它表明单位销售成本获得的利润，反映成本与利润的关系。

③ 产值利润率：一定时期的销售利润总额与总产值之比，它表明单位产值获得的利润，反映产值与利润的关系。

④ 资金利润率：一定时期的销售利润总额与资金平均占用额的比率。它表明单位资金获得的销售利润，反映企业资金的利用效果。

⑤ 净利润率：一定时期的净利润（税后利润）与销售净额的比率。它表明单位销售收入获得税后利润的能力，反映销售收入与净利润的关系。

2. 销售毛利＝销售收入－销售成本

毛利率指的是毛利与销售收入（或营业收入）的百分比，其中毛利是收入和与收入相对应的营业成本之间的差额，用公式表示：

毛利率＝毛利/营业收入×100％ 就是商品的出售价格减去成本价格（并不需要减去水电、员工工资、地租）

3. 加价率，指销售额减去销售成本后的金额与销售成本的比率，是制定商品价格的重要依据之一。

加价率=(销售额－销售成本)/销售成本×100%

第三节　假设开发法应用实例

例 7－1　某在建工程开工于 2001 年 11 月 30 日，拟建为商场和办公综合楼；总用地面积 3 000m²，土地使用权年限 50 年，从开工之日起计；规划建筑总面积 12 400m²，其中商场建筑面积 2 400m²，办公楼建筑面积 10 000m²；该工程正常施工期两年，建筑费用每平方米建筑面积 2 300 元，专业费为建筑费的 10%；至 2002 年 5 月 31 日已完成 7 层主体结构，已投入总建筑费用及专业费的 36%，还需要投入总建筑费及专业费的 64%(假设均匀投入，视同发生在该投入期中)；贷款年利率为 8.5%。预计该工程建成后商场即可租出，办公楼即可售出；办公楼售价为每平方米建筑面积 5 000 元，销售税费为售价的 8%；商场可出租面积的月租金为 80 元/m²，建筑面积与可出租面积之比为 1∶0.75，正常出租率为 85%，出租的成本及税费为有效总收益的 25%，经营期资本化率为 8%。估计购买该在建工程后于建成时应获得的正常投资利润为 5 200 000 元。试利用上述资料以动态方式估计该在建工程于 1998 年 5 月 31 日的正常总价格。

解：(1) 此题的计算公式应为：

在建工程价格=预期建成后的价值－需投入的建筑费－需投入的专业费－销售税费－投资利润

(2) 计算预期建成后的价值：

$$5\,000\times10\,000\times\frac{1}{(1+8.5\%)^{1.5}}+\frac{80\times2\,400\times0.75\times12\times0.85\times(1-25\%)}{8\%}\times\left[1-\frac{1}{(1+8\%)^{48}}\right]\times\frac{1}{(1+8.5\%)^{1.5}}$$

$$=44\,241\,046.92+11\,880\,979.82=56\,122\,026.74(\text{元})$$

(3) 计算建筑费：

$$2\,300\times12\,400\times64\%\times\frac{1}{(1+8.5\%)^{0.75}}=17\,169\,481.92(\text{元})$$

(4) 计算专业费：

$$17\,169\,481.92\times10\%=1\,716\,948.19(\text{元})$$

(5) 计算销售税费：

$$44\,241\,046.92\times8\%=3\,539\,283.75(\text{元})$$

(6) 计算投资利润：

$$\frac{5\,200\,000}{(1+8.5\%)^{1.5}}=4\,601\,068.88(\text{元})$$

(7) 计算在建工程的正常总价格：

$$\begin{aligned}56\,122\,026.74&-17\,169\,481.92-1\,716\,948.19-3\,539\,283.75\\&-4\,601\,068.88=29\,095\,244(\text{元})\\&=2\,909.5(\text{万元})\end{aligned}$$

例 7-2　该房地产为一块七通一平的待建筑空地，土地总面积为 1 000m²，形状规则，允许用途为商业居住混合，允许容积率为 7，允许覆盖率≤50%，土地使用权年限为 50 年，出售时间为 2002 年 7 月。要求评估该宗土地 2002 年 7 月的出售价格。

解：(1) 选择估价方法。该宗土地为待建筑土地，适合于采用假设开发法估价。

(2) 选择最佳开发利用方式。通过调查研究得知最佳开发利用方式为：容积率 7，覆盖率为 50%，建筑面积 7 000 m²，建筑物总层数 14 层，各层建筑面积均为 500 m²，地上一、二层为商店，总面积为 1 000 m²；地上三至十四层为住宅，总面积为 6 000 m²。

(3) 估计开发建设期。预计共需三年时间完成全部建筑，即 2005 年 7 月完成。

(4) 预测开发完成后的楼价。建筑完成后商业楼即可全部售出。住宅楼的 30%在建造完成后即可售出，50%半年后才能售出，20%一年后才能售出。预计商业楼出售的平均售价为 4 000 元/m²，住宅楼出售当时的平均售出价为 2 000 元/m²。

(5) 估算开发费用及开发利润。开发成本为 500 万元；管理费用为开发成本的 6%；年利息率为 10%；销售税费为楼价的 3%；税费为楼价的 4%，即建成出售时所需由卖方承担的那部分营业税、印花税、交易手续费等，其他类型的税费已考虑在开发成本之中；投资利润率为 20%。

在未来三年的建设期内，开发费用的投入情况为：第一年需投入 50%的开发成本及相应的管理费用；第二年需投入 30%的开发成本及相应的管理费用；第三年需投入 20%的开发成本及相应的管理费用。

(6) 计算地价。分静态和动态两种方式进行试算：

① 采用静态方式进行地价试算。

A. 楼价＝4 000×1 000＋2 000×6 000＝1 600(万元)

B. 开发成本＝500(万元)

C. 管理费用＝开发成本×6%＝500×60%＝30(万元)

D. 利息＝(地价＋开发成本＋管理费用)×利息率×计息期

＝地价×10%×3＋500(1＋6%)×50%×10%×2.5＋500(1＋6%)

×30%×10%×1.5＋500(1＋6%)×20%×10%×0.5

＝地价×0.30＋95.4(万元)

上述利息的计算采用的是单利，计算期至 2002 年 7 月止。各年开发成本和管理费用的投入实际上是覆盖全的，但计息时假设各年开发成本和管理费用的投入集中在各年的年中或年内每月均投入，这样上述利息计算中的计算期分别取 2.5、1.5 和 0.5。

E. 销售税费＝楼价×3%＝1 600×3%＝48(万元)

F. 税费＝楼价×4％＝1 600×4％＝64(万元)

G. 投资利润＝(地价＋开发成本＋管理费用)×利润率

＝地价×20％＋(500＋30)×20％＝地价×0.20＋106(万元)

则:地价＝1 600－500－30－(地价×0.30＋95.4)－48－64－(地价×0.20＋106)

$$\text{地价}=\frac{1\,600-500-30-95.4-48-64-106}{1+0.30+0.20}=504.40(\text{万元})$$

② 采用动态方式进行地价试算。计算的基准时间定为该块土地的出售时间,即 2000 年 7 月,资本化率选取为 10％。

A. 楼价＝商业楼价＋住宅楼价

$$=\frac{4\,000\times1\,000}{(1+10\%)^3}+\frac{2\,000\times6\,000}{(1+10\%)^3}\left[\frac{30\%}{(1+10\%)^0}+\frac{50\%}{(1+10\%)^{0.5}}+\frac{20\%}{(1+10\%)^1}\right]$$

$$=1\,164.73(\text{万元})$$

$$\text{B. 开发成本}=\frac{500\times50\%}{(1+10\%)^{0.5}}+\frac{500\times30\%}{(1+10\%)^{1.5}}+\frac{500\times20\%}{(1+10\%)^{2.5}}$$

$$=447.18(\text{万元})$$

各年开发成本的投入实际上是覆盖全年的,但为贴现计算的方便起见,假设各年开发成本的投入集中在各年的年中,或年内每月均匀投入,这样上述开发成本计算中的贴现年数分别是 0.5、1.5、2.5。

C. 管理费用＝开发成本×6％＝447.18×6％＝26.83(万元)

D. 利息＝(地价＋开发成本＋管理费用)×利息率×计息期

由于地价、开发成本、管理费用在动态方式中已考虑了时间因素,实际上均已含利息,故在此不必再单独计算利息。

E. 销售税费＝楼价×3％＝1 164.73×3％＝34.94(万元)

F. 税费＝楼价×4％＝1 164.73×4％＝46.59(万元)

G. 投资利润＝(地价＋开发成本＋管理费用)×利润率

＝地价×20％＋(447.18＋26.83)×20％＝地价×0.20＋94.80

则:地价＝1 164.73－447.18－26.83－34.94－46.59－(地价×0.20＋94.80)

$$\text{地价}=\frac{1\,164.73-447.18-26.83-34.94-46.59-94.80}{1+0.20}=428.66(\text{万元})$$

【小结】

假设开发法是我们在房地产估价中常用的方法,在具体估价时有现金流折现法和传统方法。有观点认为现金流折现法和传统方法有着明显的区别,且从理论上讲,前者优于后者。其实,它们之间的区别只是表面上的,具体出发点不同而已,从理论上来讲并不存在优劣,只是在考虑资金的时间价值时,前者是现值原理,后者是终值原理。它们之间应该是等价的。搞清上述原理可以澄清一些错误认识,有利于在估价实践中正确确定有关项目。

假设开发法适用于具有投资开发或再开发潜力的房地产的估价。运用此方法应把握待开发房地产在投资开发前后的状态,以及投资开发后的房地产的经营方式。

【复习思考题】

1. 何谓假设开发法?其理论依据是什么?

2. 影响假设开发法评估准确性的因素有哪些?
3. 假设开发法估价步骤有哪些?
4. 生地、毛地、熟地开发及其价格评估公式的运用有何异同?
5. 假设开发法中动态方式与静态方式的主要区别是什么?
6. 开发经营期、开发期、前期、建造期、租售期的含义及其区别与联系是什么?
7. 开发完成后不动产价值如何求取?
8. 投资利息如何计算?
9. 投资者购买开发房地产应负担的税费如何求取?
10. 折现率如何求取?

【案例分析】

案例一:

有一成片荒地需要估价。获知该成片荒地的面积为2平方公里,适宜进行"五通一平"的开发后分块有偿转让。可转让土地面积的比率为60%,附近地区与之位置相当的"小块"、"五通一平"熟地的单价为800元/平方米,开发期需要三年,将该成片荒地开发成"五通一平"熟地的开发成本、管理费用等估计为每平方公里2.5亿元。贷款年利率为10%,投资利润率为15%,当地土地转让中卖方需要缴纳的税费为转让价格的6%,买方需要缴纳的税费为转让价格的4%。试用静态方法估算该成片荒地的总价和单价。

问题:1. 试用静态方法估算该成片荒地的单价。
　　2. 试用静态方法估算该成片荒地的总价。

案例二:

需要评估一宗"七通一平"熟地于2002年9月的价格。获知该宗土地的面积为5 000平方米,土地剩余使用年限为65年,容积率为2,适宜建造某种类型的商品住宅;预计取得该土地后建筑面积800元,勘察设计等专业费用及管理费为建筑安装工程费的12%,第一年需要投入60%的建筑安装工程费、专业费用及管理费;第二年需要投入40%的建筑安装工程费、专业费用及管理费;销售商品住宅时的广告宣传等费用为其售价的2%,房地产次交易中卖方需要缴纳的营业税等为交易价格的6%,买方需要缴纳的契税等为交易价格的3%;预计该商品住宅在建成时可全部售出,售出时的平均价格为每平方米建筑面积2 000元(折现率为12%)。

问题:试利用所给资料用动态法估算该宗土地2002年9月的总价、单价及楼面地价。

案例三:

某旧厂房的建筑面积为5 000平方米。根据其所在地点和周围环境,适宜装修改造成商场出售,并可获得政府批准,但需补交土地使用权出让金等400元/平方米(按建筑面积计),同时取得40年的土地使用权。预计装修改造期为1年,装修改造费为每平方米建筑面积1 000元;装修改造完成后即可全部售出,售价为每平方米建筑面积4 000元;销售税费为售价的8%;购买该旧厂房买方需要缴纳的税费为其价格的4%。(折现率为12%)

问题:试利用上述资料用动态法估算该旧厂房的正常购买总价和单价。

案例四:

某在建工程开工于2001年3月1日,总用地面积3 000平方米,规划总建筑面积12 400平方米,用途为写字楼。土地使用年限为50年,从开工之日起计;当时取得土地的花费为楼面价 800 元/平方米。该项目的正常开发期为 2.5 年，建设费用（包括前期工程费、建筑安装工程费、管理费等）为每平方米建筑面积 2 300 元。至 2002 年 9 月 1 日实际完成了主体结构，已投入 40%的建设费用。但估计至建成尚需 1.5 年，还需投入 60%的建设费用。建成后半年可租出，可出租面积的月租金为 60 元/平方米，可出租面积为建筑面积的 70%，正常出租率为 85%，出租的运营费用为有效毛收入的 25%。当地购买在建工程买方需要缴纳的税费为购买价的 3%，同类房地产开发项目的销售税费为售价的 8%。（资本化率为 9%，折现率为 13%）

问题：试利用上述资料用动态法估算该在建工程 2002 年 9 月 1 日的正常购买总价和按规划建筑面积折算的单价。

第八章　其他估价方法

【学习目标】

1. 了解长期趋势法的基本原理；
2. 熟悉路线价法的评估方法。

【案例导入】

我国房地产估价、经纪行业概况及学会简介

房地产估价、经纪行业属于房地产中介业，是改革开放后，随着房地产市场的发展而快速发展起来的两个新兴行业，是我国房地产业的重要组成部分。我国法律规定实行房地产价格评估制度和房地产价格评估人员资格认证制度，通过国家举办的执业资格考试并取得房地产估价师和房地产经纪人资格的人才能从事房地产估价、经纪活动。目前，我国有房地产估价机构 5 000 余家，房地产估价师 3.9 万人，房地产估价行业从业人员超过 25 万人；房地产经纪机构 3 万余家，房地产经纪人 3.5 万人，房地产经纪从业人员超过百万人。房地产估价、经纪机构已经成为解决年轻人，特别是高校毕业生就业的重要渠道。

中国房地产估价师与房地产经纪人学会是房地产估价、经纪行业唯一的全国自律性社会团体，其前身是成立于 1994 年 8 月的中国房地产估价师学会。2004 年 7 月，经原建设部同意、民政部批准，变更为现名。本会的主要职能：开展房地产估价和经纪研究、交流、教育及宣传活动，拟订并推行相关技术标准和执业规则，加强行业自律管理，开展国际交流合作，不断提升房地产估价和经纪人员及机构的专业胜任能力和职业道德水平，维护其合法权益，促进房地产估价和经纪行业规范健康持续发展。2006 年，本会成为国际测量师联合会(FIG)全权团体会员，2009 年被民政部授予首批 4A 级全国性行业协会商会、全国先进社会组织。

第一节　长期趋势法

一、长期趋势法的基本原理

长期趋势法是运用预测科学的有关理论和方法，特别是时间序列分析和回归分析，对房地产的未来价格作出推测、判断的方法。

（一）时间序列

事物的发展有一大类呈现很强的规律性，要么随着时间的变化上升，要么随着时间的变化下降。如果将间隔相等时刻点上事物的变化值排成一列的话，那么这些值就构成了时间序列。在相当长的一段时间间隔内，时间序列变化的规律不会改变，那么寻找出这种规律就能预测出时间序列的未来值。换言之，人们可以根据时间序列变化的规律，将时间序列外延或类推，从而能够预测该事物下一期或以后若干期可能发生的数值。

在国民经济持续发展时期，一般说房地产价格会呈现不断上升趋势。人们可以根据这一时期内的历史资料建立某类房地产价格的时间序列，研究发现它的总体变动规律，运用一定的数学手段就能对未来时刻的房地产价格作出一个比较科学的推断。相反，在国民经济低速发展或出现负增长时期，房地产需求萎缩，价格也会出现下降趋势，采用相同方法也会比较正确地估计出房地产未来的价格。

（二）运用长期趋势法预测房地产价格的步骤

根据长期趋势法的基本原理，预测房地产价格可以分为如下几个步骤：① 搜集关于估价对象房地产或类似房地产价格的历史资料，并进行检查和鉴别；② 整理这些价格资料，按时间顺序排成时间序列；③ 分析上述时间序列，找出变化规律，得出一定的模式趋势；④ 以此模式趋势去判断确定房地产在目前或其他估价时点的价格。

（三）长期趋势法的其他作用

长期趋势法不仅能够预测房地产未来的价格，还具有其他作用：① 用于收益法中对未来净收益等的预测；② 用于比较法中对可比实例价格进行交易日期修正；③ 用来比较、分析两宗（或两类）以上房地产价格的发展趋势或潜力；④ 用来填补某些房地产历史价格资料的缺乏等。

（四）长期趋势法适应的对象和条件

长期趋势法是根据房地产价格在长期内形成的规律作出判断，借助历史统计资料来推测未来，通过对这些资料的统计、分析得出一定的变动规律，并假定其过去形成的趋势在未来继续存在。因此，长期趋势法适应的对象与价格无明显季节波动的房地产，适应的条件是拥有估价对象或类似房地产的较长时期的历史价格资料，而且所拥有的历史价格资料要真实。拥有越长时期、越真实的历史价格资料，作出的推测、判断就越准确、可信，因为长期趋势可以消除房地产价格的短期上下波动和意外变动等不规则变动。

二、平均增减趋势法

平均增减趋势法又分为平均增减量趋势法和平均发展速度趋势法。

（一）平均增减量趋势法

如果房地产价格时间序列逐期增减量大致相同，也就是时间序列显示出大致等差数列的特性，那么就可以用最简单的平均增减量趋势法。具体做法：首先考察前一期与后一期之间的差，如果每个差波动不大的话，可取其平均值：

$$Vi = p_0 + dx_i$$

$$d = [(p_1 - p_0) + (p_2 - p_1) + (p_i - p_{i-1}) + \cdots + (p_n - p_{n-1})]/n = (p_n - p_0)/n$$

式中：Vi— 第 i 期(可为年、半年、季、月等，下同) 房地产价格的趋势值；

i— 时期序数，$i = 1,2,\cdots,n$；

p_0— 基期房地产价格的实际值；

d— 逐期增减量的平均数；

p_i— 第 i 期房地产价格的实际值。

例 8-1　需要预测某地区某类房地产 2003 年的价格，已知该地区该类房地产 1998—2002 年的价格及其逐年上涨额如表 8-1 中第二列和第三列所示。

表 8-1　某地区某类房地产 1998 年—2002 年的价格　　单位：元/平方米

年份	房地产的实际价格	逐年上涨额	房地产的趋势值
1998 年	1 090		
1999 年	1 250	160	1 255
2000 年	1 420	170	1 240
2001 年	1 586	166	1 585
2002 年	1 750	164	1 750

根据历史数据计算出逐年变动额，其逐年变动额平均值，$d = (160+170+166+164) = 165$ 元/平方米，所以该类房地产 2003 年的预测值为：$V = 1\,090 + 165\times5 = 1\,915$ 元/平方米。

运用平均增减量法进行估价的条件是，房地产价格的变动过程是持续上升或下降的，且各期上升或下降的数额大致接近，否则就不适宜采用这种方法。

由于接近估价时点时的增减量对估价更为重要，因此，对过去各期的增减量如果能用不同的权数予以加权后再计算其平均增减量，则更能使评估价值接近或符合实际。至于在估价时究竟应采用哪种权数予以加权，一般需要根据房地产价格的变动过程和趋势以及估价人员的经验来判断确定。

（二）平均发展速度趋势法

如果房地产价格时间序列逐期发展速度大致相同，就可以根据逐期发展速度的平均值来推算各期遥趋势值。计算公式如下：

$$V_i = p_0 \times t_i$$

$$t = (p_1/p_0 \times p_2/p_1 \times p_3 t_i = t_i/p_2 \cdots \times p_i/p_{i-1} \times \cdots \times p_n/p_{n-1})^{1/n} \Big| = (p_n/p_0)^{\frac{1}{n}}$$

式中：t—房地产价格平均发展速度；

V_i—第 i 期(可为年、半年、季、月等，下同)房地产价格的趋势值；

I—时间序列，$i=1,2,3\cdots n$；

p_i—第 i 期房地产价格的实际值；

p_0—基期房地产价格的实际值。

例 8-2 需要预测某宗房地产 2005 年的价格，已知该类房地产 2000—2004 年的价格及其逐年上涨速度如表 8-2 中第 2 列和第 3 列所示。

表 8-2 某类房地产 2000—2004 年的价格 单位：元/平方米

年份	房地产价格的实际值	逐年上涨速度(%)	房地产价格的趋势
2000	560		
2001	675	120.5	678
2002	820	121.5	820
2003	985	120.1	992
2004	1 200	121.8	1 200

【解】 由题意：

本例房地产价格的平均发展速度为：$t=(1\,200/560)^{1/4}=1.21$

据此预测该宗房地产 2005 年的价格为：

$$V_5=452(\text{元}/\text{m}^2)$$

如果利用上述资料预测该宗房地产 2006 年的价格，则为：

$$V_6=560\times 1.216=1\,758(\text{元}/\text{m}^2)$$

运用平均发展速度法进行估价的条件是，房地产价格的变动过程是持续上升或下降的，且各期上升或下降的幅度大致接近，否则就不适宜采用这种方法。

与平均增减量法类似，由于越接近估价时点的发展速度对估价更为重要，因此，对过去各期的发展速度如果能用不同的权数予以加权后再计算其平均发展速度，则更能使评估价值接近或符合实际。至于在估价时究竟应采用哪种权数予以加权，一般需要根据房地产价格的变动过程和趋势，以及估价人员的经验来判断确定。

三、移动平均趋势法

移动平均趋势法分为简单移动平均法和加权移动平均法，是对原有价格按照时间序列进行修匀，即采用逐项递移方法分别计算一系列移动的时序价格平均数，形成一个新的派生平均价格的时间序列，消除价格短期波动的影响，呈现出价格长期的基本发展趋势。运用移动平均法时，应当按照房地产价格变化的周期长度移动平均。

（一）简单移动平均法

例 8-3 某地区某类房地产 2002 年各月平均价格如表 8-3 所示，试预测该类房地产 2003 年 1 月份的平均价格。

表 8-3　某地区某类房地产 2002 年各月平均价格　单位:元/平方米

月份	实际平均价格	3 个月移动平均值	5 个月移动平均值
1	1 682		
2	1 422		
3	1 726		
4	1 770	1 610	
5	2 098	1 639	
6	1 706	1 865	1 740
7	1 694	1 858	1 744
8	1 998	1 833	1 799
9	1 910	1 799	1 853
10	1 526	1 867	1 881
11	1 698	1 811	1 767
12	1 774	1 711	1 765
		1 666	1 781

分析历史数据,房地产价格随机波动较大,经移动平均法计算后,波动减少,消除了随机干扰。移动平均项数取值越大,修匀程度也就越大,波动也就越小,但是这种情况下对真实价格变化趋势反应也就越迟钝。相反,如果移动平均项数取值越小,对真实房地产价格变化趋势反应越灵敏,易于把随机干扰反映出来。因此,移动平均项数的选择至关重要,应根据具体情况作出决定。

简单移动平均法只适合近期预测,而且是预测目标发展趋势变化不大。如果目标发展趋势存在其他变化,采用简单移动平均法就会产生较大的预测偏差。

(二) 加权移动平均法

加权移动平均法是将估价时点前若干时期的房地产价格的实际数据经加权后,再采用上述类似简单移动平均法的方法进行趋势估计。之所以需要加权,是因为接近估价时点的房地产价格的实际数据对评估更为重要,加权后能使评估更接近或符合实际。

四、数学曲线拟合法

数学曲线拟合法有直线趋势法、指数曲线趋势法和二次抛物线趋势法。运用直线趋势法估价,估价对象历史价格的时间序列散点图应当表现出明显的直线趋势,数据点偏离拟合直线估计值的离差平方的算术平均数的平方根(即估计值的标准误差)不得大于允许的误差值。

设 y 为各时期的房地产价格,x 为时间,根据若干组 x 与 y 的历史数据,在直角坐标系上绘出各组数据的散点图,然后求出离各组数据点距离最小的直线,即为预测值的回归直线。该直线方程为:

$$y = a + bx$$

式中：a—回归直线在 y 轴上的截距；

b—回归直线的斜率。

用最小二乘法解得的 a、b 的值分别为：

$$b = \frac{\sum xy - N\overline{xy}}{\sum x^2 - N\overline{x}^2} \qquad a = \overline{y} - b\overline{x}$$

五、指数修匀法

指数修匀法是以本期的实际值和本期的预期值为依据，经过修匀后得出下一时期预测值的一种预测方法。其计算公式为：

$$V_{t+1} = V_i + \alpha(p_i - V_i) = \alpha p_i + (1-\alpha)V_i$$

式中：V_{t+1}—第 $i+1$ 期的预测值；

V_i—第 i 期的预测值；

P_i—第 i 期的预测值。

α 修匀常数，$0 \leqslant \alpha \leqslant 1$。

指数修匀法的关键在于修匀系数 α 的确定。在实际应用中，可通过试算法来确定 α 值。比如，可对某一个房地产同时用 $\alpha=0.3$、0.5、0.7、0.9 进行试算，看哪个常数修正的预测值与实际值的绝对误差最小，就以这个常数进行修正最合适。修匀系数 α 是一个加权系数，它是新旧数据的分配比置。α 越小，Vi 所占的比重越大，所得的预测值就越平稳；α 越大，Pi 所占的比重越大，预测值对最新趋势的反映越灵敏；当 $\alpha=1$ 时，最近的实际数据就是下一周期预测值；当 $\alpha=0$ 时，该期预测值等于上一周期的预测值。关于初始值 Vi，当历史数据相当多（$\geqslant 50$）时，可取 $Vi=Pi$，因为初始值 Pi 的影响将逐步修匀；当历史数据较少（$\leqslant 50$ 时，可取 $V_i=\overline{P}$）。

第二节　路线价法

一、路线价法的基本原理

路线价法是根据土地价值随街道距离增大递减的原理，在特定街道上设定单价，依此单价配合深度百分率表及其他修正率表，用数学方法来计算同一街道的其他宗地地价的一种估价方法。与比较法、收益法等估价方法对个别宗地地价评估相比，这种方法能对大量土地迅速估价，是评估大量土地的一种常用方法。

对面临特定街道而接近距离相等的市街土地，设定标准深度，求取的该标准深度的若干宗地的平均单价即为路线价。

路线价估价法的基本理论依据是级差地租原理，城市土地的土地位置有不同的使用效果和产生不同的经济效益。城市的主要街道，尤其是商业区街道的地块的临街位置直接关系到未来房地产，尤其是商业房地产的使用效率。地块临街的宽度、进深的长度、地形的形状、临街的位置等反映了房地产使用的方便性和可用性，故应依此进行适当调整，才能求得待估地块的合理价格。

路线价估价法认为：市区各宗土地价值与其临街深度大小关系很大，土地价值随临街深度而递减，一宗地越接近道路部分价值越高，离开街道越远价值越低。临接同一街道的宗地根据可级性大小，可划分为不同的地价区段，以不同的路线价区段来表示宗地的不同可及性。在同一路线价区段内的宗地，虽然可及性基本相等，但由于宗地的深度、宽度、形状、面积、位置等仍有差异，可用性相差很大，所以需制定各种修正率，对路线价进行调整。因此路线价法的理论基础也是替代原理。根据上述原理，路线价估价法的关键是标准宗地的确定、路线价的附设和深度修正率的确定。

路线价法用于一面临街矩形土地价格的计算公式为：

土地价格(单价)＝路线价×深度价格修正率

土地价格(总价)＝路线价×深度价格修正率×土地面积

如果土地的形状和临街状况有特殊者，除了上述计算公式计算价格，还要做加价或减价修正。计算公式如下：

土地价格(单价)＝路线价×深度价格修正率×其他价格修正率

土地价格(总价)＝路线价×深度价格修正率×其他价格修正率×土地面积

或者：

土地价格(单价)＝路线价×深度价格修正率±单价修正额

土地价格(总价)＝路线价×深度价格修正率×土地面积±总价修正额

二、路线价法的适应范围

路线价法适宜于同时对大量土地进行估价，特别适宜于土地课税、土地重划、征地拆迁等需要在大范围内对大量土地进行估价的场合。路线价法是否运用得当，还依赖于较为整齐的道路系统和宗地以及完善合理的深度修正率表和其他条件修正率。

三、路线价法的操作步骤

运用路线价法估价一般分为划分路线价区段、设定标准深度、选取标准宗地、调查评估路线价、制作深度价格修正率表和其他价格修正率表、计算临街各宗土地的价格等六个步骤。

(一) 划分路线价区段

路线价区段是沿街带状的。一个路线价区段是指具有同一个路线价的地段。两个路线价区段的分界线，原则上是地价有显著差异的地点，通常是从十字路或丁字路中心处划分，两路口之间的地段为一个路线价区段。但较长的繁华街道，有时需要将两路口之间的地段划分为两个以上的路线价区段，分别附设不同的路线价；而某些不很繁华的街道，同一路线价区段可延长至数个路口。另外，在同一条道路上，如果某一侧的繁华程度与对侧有显著差异时，应以道路中心为分界线，将该道路的两侧各视为一个路线价区段，附设两种不同的路线价。

路线价是路线的平均地价，因此路线价区段划分合理与否直接影响路线价水平。路线价区段划分除在室内进行外，还要进行实地外业调查。路线价区段划分完毕，对每一路线段求该路线段内标准宗地的平均地价，附设于该路线段上。

（二）设定标准深度

从理论上讲，标准深度是地价变化的转折点，由此向街道方向地价受街道的影响而有所变化，由此远离街道方向地价不受街道的影响。但实际估价中的标准深度，通常是路线价区段内临街各宗土地深度的众数。

以临街土地的临街深度的众数为标准深度，可以简化以后各宗土地价格的计算。如果不以临街土地的临街深度的众数为标准深度，由此制作的深度价格修正率表，将使以后多数土地价格的计算都要用深度价格修正率进行修正。这不仅会增加计算的工作量，而且会使所求得的路线价失去代表性。

（三）选取标准宗地

标准宗地是路线价区段内具有代表性的宗地。选取标准宗地的具体要求：① 一面临街；② 土地形状为矩形；③ 临街深度为标准深度；④ 临街宽度为标准宽度（可为同一路线价区段内临街各宗土地的临街宽度的众数）；⑤ 用途为所在区段具有代表性的用途；⑥ 容积率为所在区段具有代表性的容积率（可为同一路线价区段内临街各宗土地的容积率的众数）；⑦ 其他方面，如土地使用权年限、土地生熟程度等也应具有代表性。

路线价是标准宗地的单位价格，路线价的设定必须先确定标准宗地面积。标准宗地的面积大小因各国而异。美国为使城市土地的面积单位计算容易，把位于街区中间宽 1 英尺，深 100 英尺的细长形地块作为标准宗地；日本的标准宗地为宽 3.63 米、深 16.36 米的长方形土地。

（四）调查评估路线价

路线价是附设在道路上的若干标准宗地的平均水平价格。通常在同一路线价区段内选择一定数量以上的标准宗地，运用收益法（通常是其中的土地剩余技术）、比较法等，分别求其单位价格或楼面地价。然后求这些标准宗地的单位价格或楼面地价的简单算术平均数或加权算术平均数、中位数、众数，即得该路线价区段的路线价。

路线价通常为土地单价，也可为楼面地价；可用货币表示，也可用相对数表示。东京都法则，选择评价对象区域的土地当中价值最高的地段以 1 000 点表示，其他地段与1 000 点相比较，得到以点数表示的相应数值。采用点数有以下优点：① 点数容易换算成金额；② 点数不受币值变动的影响；③ 点数容易直接估算估价前后的价值差；④ 点数容易求取地价上涨率。而采用货币金额表示则较为直观，易于理解，在交易中便于参考，规定的路线价便于土地持有人及有关人士批评监督。将标准宗地的平均价格作为路线价，以此为标准，就可以评定同一地价区段内其他宗地的价格。

（五）制作深度百分率表和其他修正率表

深度百分率又称深度指数；深度百分率表，又称深度指数表。深度百分率是指距临街的深度不同而引起地价变化的相对程度。如将临街土地划分为许多与道路平行的细条，由于越接近道路的细条的利用价值越大，越远离道路的细条的利用价值越小，则接近道路的细条的价值高于远离道路的细条的价值。

临接同一街道的土地，路线价虽然相同，但由于宗地的宽度、深度、形状不同，单位面积的价格不同。在影响地价的因素中，深度对地价影响较大。在影响价格的因素中，依深度深浅所表示的价格变化比率，称为深度价格递减比率。这种由深度的深浅而引起的相对价格关系，如果编制成一张表，则称为深度百分率表。深度百分率表制作，是路线价法的难点和关键所在。

假设有一临街宽度 m 米，深度 n 米的长方形宗地，每平方米平均单价为 A 元，则该宗地的总价格为 mnA，如图 8－1 所示。

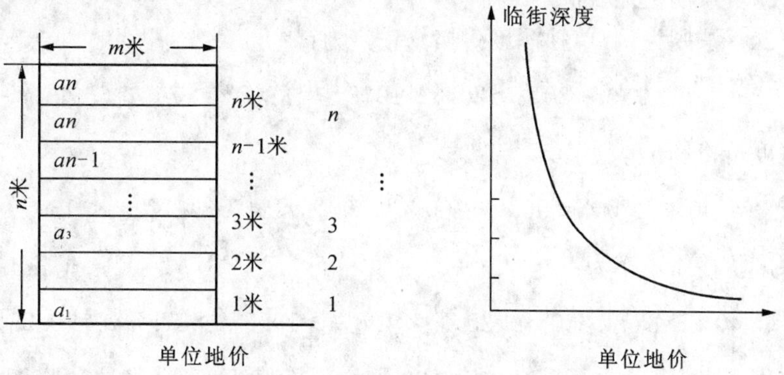

图 8－1　单位地价与临街深度变化的关系

在图 8－1 中，假设沿平行街道，深度以某值为单位（设为 1 米），将这块矩形宗地划分为许多细条，并从临街方向起按顺序赋予地价符号 a_1、a_2、a_3、$\cdots a_{n-1}$、a_n 等，则越接近街道的细条利用价值越大，即有 $a_1>a_2>a_3>\cdots>a_{n-1}>a_n$。另外，虽然同为 1 米之差，但从利用价值上看，是 a_1 与 a_2 之差最大，a_2 与 a_3 之差次之，以下逐渐缩小，至 a_{n-1} 与 a_n 之差可视为接近于零。也就是说，当宗地距街道的深度超过标准深度时，宗地之间的单位地价接近于零，即街道对土地利用价值的影响甚小。由此土地总价值为：

$$mnA = m_{a1} + m_{a2} + m_{a3} + \cdots + m_{an-1} + m_{an}$$

从而　$A=(a_1+a_2+a_3+\cdots+ a_{n-1}+a_n)/n$

即土地单位面积价格等于各地块单位面积价格的面积加权平均值。如将各小地块单位面积价格以百分率表示，即为单独深度百分率。

a_1，$(a_1+a_2)/2$，$(a_1+a_2+a_3)/3$，$(a_1+a_2+\cdots+a_n)/n$，可分别称为第 1，2，$\cdots$ n 米的平均单价，并具有下列特性：

$$a_1 > (a_1 + a_2)/2 > \cdots > (a_1 + a_2 + a_3)/3 > (a_1 + a_2 + \cdots + a_n)/n$$

以百分率表示上述数值，称为平均深度百分率，呈递减现象。而

$$a_1, a_1+a_2, a_1+a_2+a_3 \cdots, a_1+a_2+\cdots+a_n$$

则称为1,2,…n米的累计价,并具有下列特性

$$a_1 < (a_1+a_2) < (a_1+a_2+a_3) < \cdots < (a_1+a_2+\cdots+a_n)$$

以百分率表示上述数值,即称为累计百分率,呈递增现象。

最简单且最容易理解的深度价格递减率是四三二一法则。该法则是将临街深度100英尺的土地,划分为与道路平行的四等份,则各等份由于离道路的远近不同,价值有所不同。从道路方向算起,第一个25英尺等份的价值占整块土地价值的40%,第二个25英尺等份的价值占整块土地价值的30%,第三个25英尺等份的价值占整块土地价值的20%,第四个25英尺等份的价值占整块土地价值的10%。如果超过100英尺,则以九八七六法则来补充,即超过100英尺的第一个25英尺等份的价值为临街深度100英尺的土地价值的9%,第二个25英尺等份的价值为临街深度100英尺的土地价值的8%,第三个25英尺等份的价值为临街深度100英尺的土地价值的7%,第四个25英尺等份的价值为临街深度100英尺的土地价值的6%。

以四三二一法则为例,单独深度价格修正率为:

$$40\% > 30\% > 20\% > 10\% > 9\% > 8\% > 7\% > 6\%$$

累计深度价格修正率为:

$$40\% < 70\% < 90\% < 100\% < 109\% < 117\% < 124\% < 130\%$$

平均深度价格修正率为:

$$40\% > 35\% > 30\% > 25\% > 21.8\% > 19.5\% > 17.7\% > 16.25\%$$

上述如用表来说明,见表8-5。表中的平均价格修正率,是将上述临街深度100英尺的平均价格修正率25%乘以4转换为100%,同时为保持与其他数字的关系不变,其他数字也相应乘以4所得。平均深度价格修正率与累计深度价格修正率的关系可以用下列公式表示:

平均深度价格修正率=累计深度价格修正率×标准深度/所给深度

表8-5 深度价格修正率表

临街深度(英尺)	25	50	75	100	125	150	175	200
四三二一法则	40%	30%	20%	10%	9%	8%	7%	6%
单独深度指数(%)	40	30	20	10	9	8	7	6
累计深度指数(%)	40	70	90	100	109	117	124	130
平均深度指数(%)	160	140	120	100	87.2	78.0	70.8	65.0

我国台湾和日本的深度百分率表是采用平均深度百分率原理制成,所以百分率呈递减现象;美国是采用累计深度百分率原理制成,所以百分率呈递增现象。

制作深度价格修正率的步骤:① 确定标准深度。一般取临街深度的平均进深或临街

宗地进深众数。② 确定级距。深度百分率中的级距确定，应分析比较实例调查中地价变化的规律性，确定地价级数及级距。③ 制定单独深度百分率。④ 采用累计或平均深度百分率计算并编制深度百分率表。

计算三角形等土地，还需要制作相应的其他价格修正率表。

(六) 计算临街各宗土地的价格

路线价法的关键是正确地确定区段的路线价及地块的深度系数。在已知地块所处地段的街道的路线价和可供采用的深度百分率表的前提下，就可以方便地计算待估地块价格。

1. 一面临街矩形土地价格的计算

计算一面临街矩形土地的价格，是先查出其所在区段的路线价，再根据临街深度查出相应的深度价格修正率。其中单价是路线价与深度价格修正率之积，总价是再乘以土地面积。计算公式如下：

$$V = u \times dv \times (f \times d)$$

式中：V— 土地价格；

u— 路线价（用土地单价表示）；

dv— 深度价格修正率（采用平均深度价格修正率）；

f— 临街宽度；

d— 临街深度。

例 8-4 一临街深度 15.24 米（即 50 英尺）、临街宽度 20 米的矩形土地，其所在区段的路线价（土地单价）为 1 800 元/平方米。该宗土地的单价和总价分别是多少？

根据表 8-5 得：

该宗土地的单价＝路线价×深度价格修正率
＝1 800×140%
＝2 520（元/平方米）

该宗土地的总价＝土地单价×土地面积
＝2 520×20×15.24
＝76.81（万元）

2. 前后两面临街矩形土地价格的计算

前后两面临街地地价计算采用“重叠价值估价法”，即找出前街（也称高价街）和后街（也称低价街）对宗地影响的分界线，将宗地分为前后两个部分，分别按其所面临的路线价计算两块地地价，然后加总。计算公式如下：

$$V = u_0 \times dv_0 \times f \times d_0 + u_1 \times dv_1 \times f \times (d - d_0)$$

式中：u_0—前街路线价；

dv_0—前街深度修正率；

f—临街宽度；

d_0—前街影响深度；

u_1—后街路线价；

dv_1—前街深度修正率；

d—总深度。

分界线的求取方法如下：

前街影响深度＝[前街路线价/(前街路线价＋后街路线价)]
×总深度后街影响深度＝全部深度－前街影响深度

例 8－5 一前后两面临街、总深度为 20 米的矩形土地，其前街路线价（土地单价）为 3 000 元/平方米，后街路线价（土地单价）为 2 000 元/平方米。如果按重叠价值估价法，其前后街影响深度分别为多少？

前街影响深度＝[前街路线价/(前街路线价＋后街路线价)]×总深度

$$=\frac{3\,000}{3\,000+2\,000}\times 20$$

$$=12(\text{米})$$

后街影响深度＝20－12＝8(米)

【小结】

本章介绍了长期趋势法和路线价法两种方法。长期趋势法是运用预测科学的有关理论和方法，特别是时间序列分析和回归分析，对房地产的未来价格作出推测、判断的方法。路线价法是根据土地价值随街道距离增大递减的原理，在特定街道上设定单价，依此单价配合深度百分率表及其他修正率表，用数学方法来计算临接同一街道的其他宗地地价的一种估价方法

【复习思考题】

1. 什么叫长期趋势法？
2. 长期趋势法的理论依据是什么？
3. 长期趋势法的适用条件有哪些？
4. 长期趋势法的操作步骤是什么？
5. 长期趋势法有哪些作用？
9. 什么叫路线价？什么叫路线价法？
10. 路线价法的理论依据是什么？
11. 路线价法适用的对象和条件是什么？
12. 路线价法的操作步骤是什么？
13. 如何划分路线价区段？
14. 如何设定标准深度？
15. 什么叫四三二一法则？

【案例分析】

案例一：

某类房地产 1994—2002 年的价格如下表所示。

年份	1994	1995	1996	1997	1998	1999	2 000	2001	2002
房地产价格	2 200	2 400	2 700	3 000	3 400	3 900	4 300	4 800	5 400

问题：1. 描述这类房地产价格变动长期趋势线的具体方程。

2. 预测该类房地产 2005 年的价格。

3. 补齐该类房地产 1992 年的价格。

案例二：

房地产 1998—2002 年的价格如下表所示。

年份	1998	1999	2000	2001	2002
房地产价格	681	712	745	780	814

问题：试预测该类房地产 2004 年的价格。

案例三：

已知某房地产 1998—2002 年的价格和上涨速度如下表所示。

年份	房地产价格的实际值	逐年上涨速度	房地产价格的趋势值
1998	560		
1999	675	120.5%	678
2000	820	121.5%	820
2001	985	120.1%	992
2002	1 200	121.8%	1 200

问题：1. 用平均发展速度法预测该宗房地产 2003 年的价格。

2. 如果采用下表中的第二种权数进行加权，则预测该房地产 2003 的价格。

年份	第一种权数	第二种权数	第三种权数
1999	0.1	0.1	0.1
2000	0.2	0.2	0.1
2001	0.3	0.2	0.2
2002	0.4	0.5	0.6

第九章　房地产估价实务

【学习目标】

1. 了解房地产估价程序的含义、作用和具体内容；
2. 掌握估价作业方案的制订；
3. 掌握所需估价资料的搜集、实地查勘估价对象；
4. 掌握估价对象价值的求取方法；
5. 掌握估价报告的撰写。

【案例导入】

对有争议的房地产估价报告鉴定这么办

市民如何向房地产价格评估委员会申请鉴定？应按以下程序进行。

申请人提出鉴定申请时，应填写《委托鉴定申请书》，并提交申请人身份证明以及书面说明材料。符合条件的鉴定申请，专家委员会将予以受理。专家组将在3日内从专家成员中指派3名以上单数专家，组成专家鉴定组进行工作。

鉴定专家组将调阅有关资料，集体审议有争议的估价报告及当事人举证材料，然后进行现场查勘、调查取证，对申请鉴定的估价报告的合法性、规范性进行分析鉴定，对涉及房地产估价纠纷有关人员进行询问，形成调查笔录。根据情况，专家组作出初步鉴定意见并进行讨论，对初步意见进行表决，形成表决记录，最后出具结论意见。

鉴定工作期限一般为10个工作日，重大疑难鉴定项目的鉴定期限由鉴定申请人与专家委员会决定。

鉴定工作将按相关规定收取一定费用，主要用于专家委员会开展鉴定业务经费和专家报酬。鉴定费由申请人预交，经专家鉴定，估价报告不规范、估价结果不合理的，鉴定费由出具该估价报告的估价机构承担；估价报告规范、合理的，鉴定费由申请人承担。

第一节　房地产估价程序

一、房地产估价程序的概述

(一) 房地产估价程序的含义

房地产估价是一项关系到到估价各方的切身利益的专业服务活动。估价人员必须遵循一套科学严谨的房地产估价程序，才能高效、准确地评估出房地产的价格。

房地产估价程序涉及房地产估价项目运作全过程，它将各项具体工作的步骤和环节，按其内在联系排列出先后次序，体现了完成房地产估价的作业流程。通过房地产估价程序，可以规范估价行为，提高估价效率，避免估价疏漏，保障了估价质量。

（二）房地产估价程序的步骤

自获取估价业务至完成估价后的资料归档期间，房地产估价应按下列程序进行：

（1）获取和受理业务；

（2）拟定估价作业方案；

（3）搜集估价所需资料；

（4）实地查勘估价对象；

（5）选定估价方法计算；

（6）确定估价结果；

（7）撰写估价报告；

（8）估价资料归档。

以上基本步骤中，获取受理业务、拟定估价作业方案为估价的准备阶段；搜集估价所需资料、实地查勘估价对象、选定估价方法计算、确定估价结果为估价的实施阶段；撰写估价报告、并对估价资料进行归档为估价的结束阶段。房地产估价程序的各个步骤相互之间难免会有一些交叉和反复，但缺一不可。

二、获取和受理业务

（一）获取估价业务

获取估价业务是房地产估价的先决条件，如果不能正常获取房地产估价业务，房地产估价机构的生存和发展将受到影响。

归纳起来，获取房地产估价业务的途径主要有以下两种：

1. 主动争取

主动争取是指估价机构或机构工作人员，到房地产市场上去主动承揽估价业务。在市场性估价机构数量多、估价市场竞争激烈的今天，为了在竞争中占据尽可能多的份额，主动争取任务成为最好的途径。估价人员和估价机构争取估价业务，可以通过提高估价技术水平和服务质量、提升品牌的知名度和公信力、进行恰当的宣传等方式进行，而不能以非法的或不正当的方法和手段获取，也不能为了获取业务量而迎合客户的不合理要求。

2. 被动接受

被动接受是指坐等委托估价者找上门，委托估价机构对其指定的房地产进行估价。委托估价方可以是企事业单位、政府有关部门，也可以是个人。委托估价方可以是待估房地产的所有者或使用者，也可以不是。

在接受估价委托时，应注意以下情形不应承接估价业务：

（1）估价业务超出了本估价机构资质等级许可的业务范围，不应承接；

（2）估价人员与委托人或相关当事人有利害关系或利益冲突，应当回避；

(3) 估价人员受自己专业能力或相关经验所限难以评估出价值,不应承接。

(二) 受理估价业务

无论从何种途径获取房地产估价业务,房地产估价机构在收到评估委托人的申请书和有关证明及资料后,要在一定期限内作出决策是否受理此项业务并通知申请人。估价方与委托估价方在接洽的过程中,双方要明确估价基本事项、确定估价其他事项,接受估价委托书,签订估价委托合同。

1. 明确估价基本事项

在实际进行房地产评估过程中,会涉及许多方面的问题,需要处理的事项也较多。这些基本事项直接关系到估价作业的全过程,对估价额也有较大的影响,必须提前明确。一般来说,估价的基本事项包括估价目的、估价对象、估价时点等几个方面。

(1) 明确估价目的

实施房地产估价的前提条件之一即明确估价目的,了解为何种需要而估价。估价的具体目的主要包括以下几个:

① 政府行为:农地征用、土地使用权出让、土地使用权收回、拆迁补偿等;

② 市场行为:买卖、租赁、转让、抵押、典当、保险、拍卖等;

③ 企业行为:合资、合作、兼并、上市、破产等;

④ 其他:继承、纠纷、赠与等。

明确估价目的有助于明确估价时点,有助于明确估价对象,也有助于明确估价的前提和价值标准。

(2) 明确估价对象

明确估价对象即明确待估对象的基本情况,包括明确估价对象的实物状况、权益和区位状况。

① 物质实体状况

实物状况是弄清楚委托人要求估价的房地产是如何构成的、范围多大,估价对象是土地,还是建筑物,还是土地与建筑物整体,或者是附有建筑物的土地,其中是否包含家具设备等房地产以外的财产等。

② 权益状况

估价人员要弄清估价对象的实际权益状况,拥有的是所有权还是使用权,若是使用权,使用年限多长,已使用了多少年,还剩多少年,是否带租约、是否抵押等,然后在此基础上根据估价目的来明确是评估估价对象在实际权益状况下的价值还是在设定权益状况下的价值。

③ 区位状况

估价人员应弄清楚估价对象所处的具体位置(坐落)、交通、环境(包括景观)、配套设施、建筑面积、用途、建筑结构等。

依据有关法律、法规,有些房地产不能用于某些估价目的,或者有些估价目的限制了可以作为估价对象的范围和内容。在明确估价对象时,估价人员应根据估价目的,依据法律法规,在征求委托人同意后予以决定。

(3) 明确估价时点

明确估价时点是明确所要评估的价值是在某个具体日期的价值。同一宗房地产在不同的时点价值会有所不同。在具体的一个估价项目中,可以评估当前的价值,也可以对过去或未来某个时点的价值进行评估。估价时点应根据估价目的来确定。大多数估价是评估现在的价值,一般是以房地产估价师实地查看估价对象期间或者估价作业日期内的某个日期为估价时点。另外,估价时点应采用公历表示,一般要精确到日。

在一项估价项目中,估价目的、估价对象、估价时点三者是有内在联系的,其中估价目的是龙头。

(4) 明确估价日期

估价日期即为估价报告交付的日期。交付估价报告的日期一般由委托估价方提出,也可由委托估价方和受理估价方协商确定。明确了估价报告的交付日期,估价方必须如期交付估价报告,否则会影响估价机构和估价人员的信誉。一般房地产估价项目的作业日期为10—15个工作日。

2. 签订估价合同

签订估价合同是委托人和估价结构就估价事宜的相互约定。估价合同的成立使得估价这种委托与受委托关系到了受法律保护,也明确合同双方的权利与义务,同时写清了估价的基本事项。

房地产估价委托合同的内容一般包括:① 委托人、估价机构(包括名称或者姓名和住所);② 估价目的;③ 估价对象;④ 估价时点;⑤ 委托人的协助义务(如委托人应向估价机构如实提供估价所必需的资料及对所提供资料的真实性、合法性的承诺,协助估价机构进行实地查勘等);⑥ 估价服务费用及其支付方式;⑦ 出具估价报告的日期;⑧ 违约责任;⑨ 解决争议的方法;⑩ 估价机构和委托人认为需要约定的其他事项。

知识小贴士:合同样本范例

委托房地产估价合同

委托估价方: (以下简称甲方)

受理估价方: (以下简称乙方)

甲乙双方经充分协商,兹就房地产估价事宜订立本合同,内容如下:

一、甲方因　　　的需要,委托乙方对下列房地产在　　　年　月　日的价值进行评估。

二、甲方应于　年　月　日以前将委托房地产的产权证件、经营状况、建造费用等评估所必要的资料提交给乙方。甲方应提交给乙方的资料具体如下:

三、甲方根据××省建设厅、××市物价局、××市房地局制定的收费标准,按被评估房地产总价值的　‰支付。承付乙方估价费人民币　　元(评估收费标准如有变动,以上级主管部门下达文件之日为准),自本合同签订之日起　天内,甲方先预付给乙方人民币　元,待乙方将估价报告书完成,甲方即办理结算。甲方将余款结清,乙方将报告书交付给甲方。

四、甲方未按本合同规定的时间向乙方提供合法、真实、齐全的资料,乙方按耽误的时间顺延估价报告书完成时间。

五、甲方因故未按本合同规定的时限来本公司或因评估费用没有到账而未领到评估报告,由甲方负责。

六、甲方如果中途中断评估委托,乙方不予退还已预付的评估费。

七、乙方应根据甲方的估价需要,保证对委托评估的房地产予以客观、公正的评估,最后出具该委估房地产的估价报告书,并于　　年　月　日以前交付给甲方。

如无特殊原因,不得迟于本合同规定的时间完成估价报告书,若有延误,视具体情况对评估人员提出批评教育,并按本公司内部规章予以处罚。

乙方在工作进程中,如遇天灾人祸、突发事件等不可抗力造成的延期,经有关部门提供书面证明,可按耽误时间顺延估价报告书的完成时间。

八、乙方在估价期间内需要到现场勘察,甲方有义务陪同并提供方便和配合。

九、乙方对甲方委估房地产的文件资料应妥善保管,并尽保密之责,未经甲方同意,不得擅自公开或泄露。

十、乙方如未按上级文件规定,超标准收费,经甲方要求,乙方应退还多收的费用,并对评估人员提出批评教育直至给予处罚。

十一、甲方承接乙方提交的估价报告书次日起15日内,如对估价结果持有异议且有正当理由,可向乙方提出复评或复审,乙方应在接到甲方申请复评或复审书次日起　日内重新组织人员完成复评或专家小组复审工作。如果原评估结果与复评或复审的结论差错率大于20%,乙方除退还甲方全部评估费外,并承担复评或复审工作费用及承担一万元以上的赔偿费。

经复评或复审后,如结论差错率在20%以内(含20%),甲方应承担复评或复审费用(复评或复审费用由甲、乙双方在事前各垫付50%)。

甲方逾期未提出异议,估价报告书生效。

十二、其他:

十三、本合同自甲乙双方正式签订之日起生效,其中任何一方未经对方同意不得随意更改,如有未尽事宜,需经双方协商解决。

十四、本合同一式二份,甲乙双方各执一份。

委托单位(甲方):	受理单位(乙方):
地址:	地址:
电话:	电话:
邮编:	邮编:
负责人:	负责人:
联系人:	联系人:
银行账户:	银行账户:

年　月　日

三、拟定估价作业方案

(一) 估价作业方案的含义

估价作业方案是对估价工作的进行步骤及主要工作内容在时间上、人事上、工作方法上进行综合的预先安排。拟定估价作业方案可以保证估价工作高效率、有秩序地进行。估价方应根据估价目的、待估房地产基本情况及合同条款，及时拟定合理的估价作业方案。方案一经确定，必须按方案逐段进行估价工作。

（二）估价作业方案的内容

估价作业方案的主要内容包括：

1. 拟采用的估价技术路线和估价方法

估价技术路线是指导整个估价过程的技术思路，是估价人员对估价对象价格形成过程和形成方式的认识。每一种估价方法都体现了一种技术路线。初步选择适用于估价对象的估价方法，可以使后面进入搜集资料和实地查勘时有的放矢，避免不必要的无效劳动。初选估价方法对有估价经验的估价员来说一般是比较容易的，因为每一种方法都有其适用对象，哪种类型的房地产适宜采用的估价方法大致也是清楚的。有条件选用市场比较法进行估价的应以市场比较法为主要方法。收益性房地产的估价应选用收益法作为其中的一种估价方法。具有开发潜力的房地产的应选用假设开发法作为其中一种方法。在不宜采用比较法、收益法、假设开发法进行估价的情况下，可采用成本法作为主要的估价方法。对同一估价对象宜选用两种以上的估价方法进行估价。若估价对象适宜采用多种估价方法进行估价，不得随意取舍。

知识小贴士：各种估价方法反映的技术路线

市场比较法反映的是这样一种技术路线：估价对象的正常市场价格是其在公开市场上最可能的成交价格，或者被大多数买家和卖家认可的价格。正是按照这样的技术路线，市场比较法采用选取类似不动产的实际成交价格来估算的技术路线。

收益法体现了对价格形成过程的这样一种认识：可以将购买估价对象作为一种投资，将该投资未来可以获得的所有净收益折现后累加，所得结果不应小于投资额，进而可以用这个结果作为估价对象的价格。因此，收益法反映的估价技术路线是：估价对象现时的价格是由其未来可获得的收益决定的。

成本法反映的估价技术路线：在无法通过市场直接得到估价对象价格的情况下，我们可以通过对估价对象的价格组成部分进行分解，了解各价格组成部分的正常市价，再累加（积算）作为估价对象的正常市价。也就是说，成本法认可这样一种价格形成过程：估价对象的价格是由其各组成部分的价格（含利润）累加而成的。

假设开发法体现价格形成过程即估价技术思路是：未完成的估价对象的价格取决于它完成后的价格和从未完成到完成阶段所需增加的各项投入以及相应的利税。

2. 拟调查收集资料

为完成估价任务，应结合估价方法收集资料。如，采用市场比较法，应收集交易实例资料；采用成本法，应收集成本实例资料；采用收益法，应收集收益实例资料。

3. 预计所用的时间、人力、经费

根据估价目的、估价对象、估价时点、估价报告出具日期，便可知估价项目的大小、难易,从而确定投入人力和经费。确定投入人员要充分发挥估价人员的各自专长和优势。

4. 拟定作业步骤和作业进度

估价作业步骤和作业进度安排,主要是对后续工作做出具体安排,包括对作业内容、作业人员、时间进度、所需经费等的安排,来控制进度及协调合作,最好附以流程图、进度表。

四、搜集估价所需资料

估价机构和估价人员应经常搜集、整理估价所需资料,并对这些数据加以具体分析,运用统计规律和预测方法来确定房地产价格的平均增减量、平均增长速度或价格变化,进行综合分析判定房地产价格,为作出估价结论及撰写估价报告书提供依据。因此,估价资料是否全面、真实、详细直接关系到估价结果的可靠性和准确性。而估价资料的收集与整理并不是当有估价项目时才进行,需要估价机构和估价人员长期而持续工作。

估价人员可以通过实地查勘、询问房地产交易市场及有关中介机构、查阅有关报刊或登录有关网站、到政府有关部门查阅、或者通过委托估价方提供来获得估价资料,建立自己的资料库。

估价资料一般包括下列四个方面:① 对房地产价格有普遍影响的资料,主要包括:统计资料、法律法规资料、社会经济资料、城市规划资料等;② 对估价对象所在地区的房地产价格有影响的资料,主要包括:市场交易资料、交通条件资料、基础设施资料、建筑物造价资料、环境质量资料等;③ 相关实例资料,即类似房地产的交易、收益、开发建设成本等资料;④ 反映估价对象状况的资料。对于具体的房地产估价项目来说,采用不同的估价方法,所需的估价资料也不完全相同,有些是共性的,有些是有侧重性的。

知识小贴士:各种估价方法需要的估价资料

各种估价方法需要的共性资料包括:① 权证资料。如土地使用权证、房屋所有权证、商品房买卖许可证等。② 其他资料。如土地级别与基准地价资料、房屋重置成本资料等。

市场比较法所侧重的资料主要有:① 比较案例情况资料,包括交易价格、交易时间、交易情况、当时市场行情等;② 比较案例区域因素资料,包括商服繁华程度、交通条件、基础设施配套状况、公用设施配套状况、环境状况等;③ 比较案例微观因素资料,包括宗地状况、建筑物状况。

收益法所侧重的资料主要有:① 估价时点前三年的,同一供需圈内同类型的房地产市场租金、空置率水平资料和平均经营收益水平资料;② 同类型房地产经营成本与费用资料,包括土地使用权出让年限、剩余使用年限、建成年代、成新度、建筑面积等;③ 待估房地产所在地区一年期存贷款利率、同行业及相关行业平均收益率与风险水平、同类物业租售比率资料;④ 竞争性与互补性物业情况。

成本法所侧重的资料主要有:① 同一供需圈内的地价资料,包括基准地价、剩余使用年限、容积率、临街状况、生熟程度等;② 建筑物资料,包括面积、结构、设备、装修、新旧程度等;③ 建筑安装工程费用资料;④ 市政公共设施建设费用资料;⑤ 建筑物及设备折旧或成新度评定标准资料;⑥ 与房地产投资相关的贷款利率、利润、税费资料。

假设开发法所侧重的资料主要有:① 有关房地产建设项目的批准文件资料,如土地使用权出让合同、施工许可证等；② 建设用地规划资料，包括土地面积、用途、使用年期、容积率等；③ 建筑设计资料，包括建筑面积、结构、设备、装修等；④ 建筑造价资料，包括土地取得成本、市政公共设施建设费用、建筑安装工程费用、利润、税金等；⑤ 同一地价区段同类型物业的市场交易价格、租金水平、空置率资料。

五、实地查勘估价对象

实地查勘是整个房地产估价程序中的一项基础性工作，是指估价人员亲自去估价对象现场，对有关内容进行实地考察，对事先收集的资料进行核实确认，同时收集补充估价所需的其他资料，并将有关情况和数据认真记录下来，形成"实地查勘记录"的工作过程。

实地查勘时，委托估价方应派出熟悉情况的人陪同估价人员实地查勘。估价人员可以了解估价对象的位置、周围环境、景观的优劣，查看估价对象的外观、内部状况，以及当地房地产市场行情和市场特性等。

在实地查勘过程中，估价人员应事先做好准备，认真研究分析委托方提供的有关估价对象的权属资料，确定现场查勘的重点，拟定好现场查勘计划，选择适用的现场查勘用表，将有关查勘情况和数据认真记录下来。实地查勘人员和委托方中的陪同人员都应在"实地查勘记录"上签字，并注明实地查勘日期。

知识小贴士：房地产现场勘查

针对一估价对象房地产，进行现场勘查，数码相机拍照，完成下表。

表一：房地产调查评价表

位置		用　途		土地面积(M²)	
土地使用年限		房屋经济寿命年限		宗地号	
房屋所有权证		土地使用权证		建筑物面积	
土地使用权性质：出让、划拨、转让、租赁				他项权	
土地级别		建筑物用途		建筑物层高	
建筑物结构		建筑物装修		建筑物檐高	
收益类型	出租、商业经营、生产、自用、尚未使用			建筑物层数	
租金约定					
交易情况					

因　素			优劣程度
区域因素	类型	用地类型、集聚规模	
	基础设施	电力、供水和排水系统	
	交通条件	交通主(次)干道数量、级别	
		与主干道通达程度	
		离火车站、码头、机场距离	

续表

区域因素	市场配合	劳动力来源	
		与原材料地、销售市场配合	
	自然条件状况	地质、水文、地形、地貌等	
	环境质量		
	总体规划		
个别因素	基础设施	供热、气、水、电等保证率	
	交通便捷程度	与交通干道通达能力	
		内部交通(道路、铁路专用线)	
	宗地条件	地质状况与地基承载力	
		临街状况(临街类型、进深、宽度等)	
		土地形状、面积	
		目前利用状况、强度(容积率)	
	临街道路评价	道路类型、级别	
	外界环境	周围土地利用类型	
		未来土地规划用途	
	土地利用限制	土地权利限制(使用年限、交易限制等)	
		土地规划限制(容积率、建筑高度、密度、绿化等)	

表 2 房屋现场勘查表

房屋建筑物评估勘察表

建筑物名称		建筑结构		账面原值	
房产证号		建筑面积		账面净值	
跨度		层数		层高	
耐用年限		竣工日期		尚可使用年限	
结构部分	地基基础	(1) 承载力强;(2) 少量沉降;(3) 较大沉降;(4) 明显沉降;		(1) 条形基础;(2) 独立基础;(3) 桩基础;(4) 整片基础	
	承重构件	(1) 梁板柱墙坚固; (2) 个别部位微裂; (3) 局部部位变裂; (4) 节点明显变裂;		(1) 屋架:砼屋架;屋面梁;拱屋架;桁架式屋架;轻钢屋架;钢木混合屋架;木屋架;木条或竹筒屋架 (2) 屋面板:大型;小型;F 型;单肋板;槽瓦板;砼现浇; (3) 柱:矩型柱;工字型柱;平(斜)腹杆双肢柱;砖柱;单(双)肢管柱;钢柱 (4) 楼板:砼现浇楼板;实心平板;空心板;槽形板;砖拱板	

续表

结构部分	墙体	(1) 节点坚固严实;(2) 少量轻度裂缝;(3) 轻微裂缝鼓闪;(4) 严重裂缝酥碱	砖墙:120 墙;240 墙;370 墙;490 墙;空斗墙;板材墙(槽形、空心);砌块墙
	屋面	(1) 不渗漏保温隔热层完好; (2) 个别渗漏保温隔热局部损坏; (3) 局部漏雨保温职热较大损坏; (4) 严重漏雨保温隔热严重损坏	(1) 砼屋顶:坡顶;平顶(挑檐;女儿墙) (2) 坡屋顶:平瓦;石棉瓦;小青瓦 (3) 天窗:矩形或 M 形;锯齿形;下沉形;三角形;平天窗
	地面	(1) 平整坚固完好; (2) 轻度磨损剥落; (3) 局部磨损断裂; (4) 沉陷不平残破	水泥砂浆;砼;水磨石;碎石;沥青砼;素土;灰土;陶瓷砖;石英砖;木地板
装修部分	门窗	(1) 完整无损良好; (2) 轻度变形受损; (3) 一般翘裂变形; (4) 严重腐蚀剥落	(1) 门:木门;钢木门;铝合金门;塑料门; (2) 窗:木窗;钢窗;铝合金窗;玻璃钢窗
	外墙	(1) 勾缝完整密实; (2) 轻度空鼓剥落; (3) 局部空鼓风化; (4) 严重空鼓裂缝	清水墙;大白;水刷石;马赛克;瓷砖;抹灰墙;贴面墙;涂刷类;裱糊类
	内墙	(1) 完整无损良好; (2) 轻度剥裂; (3) 一般性蚀落; (4) 严重裂缝	清水墙;大白;石灰浆;水泥浆;抹灰墙;涂刷类;裱糊类
	顶棚	(1) 完整坚固无损; (2) 轻度变形下垂; (3) 局部松裂老化; (4) 严重翘裂剥落	(1) 抹灰顶棚;(2) 板材顶棚;(3) 吊顶棚
设备部分	水卫	(1) 管道畅通良好,各种器具完好;(2) 基本完好,个别轻微渗漏;(3) 不够畅通,局部锈蚀漏冒;(4) 严重堵塞锈蚀,零件残缺损坏	
	电器	(1) 线路装置齐全完好,绝缘良好;(2) 基本完好,个别部件受损;(3) 局部陈旧老化,绝缘较差;(4) 普遍老化残缺,绝缘不良	
	暖气	(1) 设备管道完好无堵漏;(2) 基本完好轻度陈旧可用;(3) 明显锈蚀待修,供气不正常;(4) 基本无法使用	
备注			

六、选定估价方法计算

估价人员经过实地查勘、整理好估价所需资料后,就可以根据估价对象的房地产类型,选定估价方法。估价人员应深刻理解并能正确运用市场比较法、收益法、成本法、假设开发法、基准地价修正法等估价方法及这些估价方法的综合运用。在运用各种估价方法进行估价时,由于每种估价方法本身的局限性和采用数据资料的不确定性,不可避免地需要进行估算和判定，采用任何一种估价方法都难以确保准确地反映估价对象的合理价值。因此对同一估价对象应同时选用两种以上的估价方法进行估价，有助于各种估价方法之间的互相弥补，消除数据资料的不确定性对估价结果准确性的影响。

七、确定估价结果

用不同估价方法对同一宗房地产进行估价，其计算结果很自然不会相同。估价人员应对这些结果进行分析、处理，最终确定估价对象价值。确定估价结果可分三个步骤进行：

（一）分析估价对象价值

有针对性地对影响估价对象价值高低的自身因素和外部因素进行分析，了解其中的不利因素和有利因素，如估价对象的历史背景、周围环境景观以及类似房地产过去现在的供求、市场价格和未来的总体趋势。

（二）测算估价对象价值

在初步选择估价方法的基础上，再根据搜集到的资料的数量和质量，正式确定所采用的估价方法，并进行具体的测算。

（三）判断估价对象价值

估价人员在估价过程中应对各种估价方法的测算结果进行校核，并将各种估价方法的测算结果综合为一个结果，最终确定估价结果。针对不同的测算结果，应分别对待：

（1）当不同估价方法测算的结果差异较大时，应从以下方面展开检查，消除不合理的差异。

① 计算过程是否有误；

② 基础数据是否准确；

③ 参数选取是否合理：

④ 公式选用是否恰当；

⑤ 所选用的估价方法是否切合估价对象和估价目的；

⑥ 是否符合估价原则。

（2）当不同方法测算出来的结果差异不大且结果无误时，采用某种数值处理的数学方法，计算出估价的综合值。这些数值处理方法有：

① 简单算术平均数法；

② 加权算术平均数法；

③ 判断法；

④ 中位数法；

⑤ 众数法；

因房地产估价的试算价格数量有限，上述中位数法、众数法难以满足统计要求，故一般不宜采用。

（3）当因房地产市场处于特殊状态导致不同估价方法的测算结果差异大时，应视不同情况特别是根据估价目的将其中一种估价方法的测算结果作为估价结果，或者在排除了不合适的估价方法的测算结果后，将余下的估价方法的测算结果综合出一个结果。

估价人员通过上述方法，综合出一个价格，同时考虑一些不可量化的价格影响因素，对该估价综合值进行适当的调整，依靠自己的专业经验及对房地产市场行情的理解来把握价格，作为最终的估价结果。在估价报告中，估价师应解释用不同估价方法所求出的计算结果的差异，说明每一种估价方法的适用性和相对依赖度，并对调整的价格阐述理由。

八、撰写估价报告

估价人员在确定了最终的估价结果之后，应撰写正式的估价报告。估价报告可以全面、公正、客观、准确地记述估价过程和估价成果，给委托方以书面答复，关于估价对象的客观合理价格或价值。

估价报告写作，是估价人员必须熟练掌握的专业技能。写好房地产估价报告，不仅要求估价人员具备房地产估价的专业知识和相关各类知识，能够了解和分析房地产市场的运行规律，同时还要掌握房地产估价报告的体裁特点，灵活运用其写作技巧。估价报告的写作能力，是成为一名合格的估价人员，必不可少的检验标准。

估价人员撰写的估价报告应内容全面、用词准确、格式清晰、简明扼要、突出评估依据。估价报告的写作原则如下：

（一）客观性原则

估价报告写作要求客观真实，来不得半点虚假，不能夸大缩小，写作细节要经得起客观事实的推敲。首先，估价报告采用的背景资料要真实。材料不真实，会导致最终的估价结果出现偏差。其次，估价结果应是估价对象的客观合理的价格或价值。若估价结果与现实状况偏差太大，就必须重新检验采用的材料是否客观真实，估价方法是否得当，测算过程是否合理，做出符合客观现实的调整。

（二）目标性原则

估价报告的写作要把握目标，紧扣主题。写作材料的搜集，篇章结构的整合，技术路线的确定，估价结果的说明，都要围绕这个明确的目标进行。

（三）规范性原则

估价报告的结构形态要规范，篇章结构要程式化，符合统一的要求。程式化的结构是长期实践的结果，使写作过程效率更高，也使估价报告的使用者更容易掌握和知晓。

九、估价资料归档

估价人员撰写好估价报告后，还需经历以下步骤：

（一）审核估价报告

为了确保估价报告的质量，估价机构应当建立估价报告内部审核制度，由房地产估价专家按照合格估价报告的要求，对撰写出的估价报告进行全面审核，并确认估价结果的合理性,提出审核意见。对于审核需要修改的估价报告,应当进行修改;对于不合格的估价报告,应重新撰写,甚至需要重新估价。只有经审核合格的估价报告,才能够出具交付给委托人。

在估价报告审核中,审核人员按照《估价报告审核表》对估价报告进行审核,这样可以统一审核标准,避免审核上的疏漏,保障审核工作质量,提高审核工作效率,促进估价报告审核工作规范化。审核完成之后,审核人员应在审核表上签名,并注明审核日期。

(二) 交付估价报告

估价报告经审核合格后,估价人员应盖章、签字,估价机构加盖公章出具估价报告,并及时向委托人交付估价报告。估价机构出具的估价报告一般一式三份,二份交委托人收执,一份由本机构存档。在交付估价报告时,估价师可以主动对估价报告中的问题、报告使用建议作口头说明。对委托人提出的问题,给予解释和说明。委托人当面签收报告,注明签收人和签收日期。至此完成了对委托估价者的估价服务。最后按照有关规定和收费标准向委托估价者收取估价服务费。房地产评估收费采用差额定率累进计费,即按房地产价格总额的大小划分费用率档次,分档计算各档次的收费,各档次收费额累计之和为收费总额。

(三) 估价资料归档

向委托人出具估价报告后,估价人员应按照规定及时对估价报告以及在该项估价业务中形成的各种文字、图表、照片、影像等不同形式的资料进行整理、分类、归档,并妥善保管。

估价资料归档的内容包括:① 委托估价合同;② 完整的估价报告;③ 实地查勘记录;④ 估价项目来源和接洽情况;⑤ 审核记录;⑥ 修改或调整估价结果意见记录;⑦ 估价人员认为有必要保存的资料等。估价档案保存期限自估价报告出具日期起算,应当不少于十年。

估价资料归档将有利于估价机构和估价人员不断提高估价水平,有助于解决以后可能发生的估价纠纷,同时也有助于行政主管部门和行业协会对估价机构进行资质审查和考核。

第二节　房地产估价报告

一、房地产估价报告的概念

房地产估价报告是全面、公正、客观、准确地记述估价过程和估价成果,给委托方以书面答复,关于估价对象的客观合理价格或价值的研究报告。

房地产估价报告质量的高低,除了取决于估价结果的准确性、估价方法选用的正确性、参数选取的合理性,还取决于估价报告的文字表述水平、文本格式及印刷质量。

二、房地产估价报告的形式

房地产估价报告的形式分为书面报告和口头报告两种。书面报告按照其格式，又可分为叙述式报告和表格式报告。

（一）叙述式报告

叙述式报告是最普遍、最完整的估价报告形式。叙述式报告能使估价人员有机会充分论证和解释其分析、意见和结论，使估价结果更具有说服力。叙述式报告是估价人员履行对委托人责任的最佳方式。

（二）表格式报告

表格式报告适用于成片或成批多宗房地产的同时估价且单宗房地产的价值较低的情况。估价报告可以采用表格的形式，如旧城区居民房屋拆迁估价或成批房地产处置估价。居民预购商品住宅的抵押估价报告，也可以采用表格的形式。

无论是书面报告还是口头报告，叙述式报告还是表格式报告，都只是表现形式的不同，对它们的基本要求是相同的。

三、房地产估价报告的构成要素

根据《房地产估价规范》的规定，一份完整的估价报告书通常由下述部分组成：（一）封面；（二）目录；（三）致委托方函；（四）注册房地产估价师声明；（五）估价的假设和限制条件；（六）估价结果报告；（七）估价技术报告；（八）附件。

（一）封面

封面的内容一般包括：① 标题（估价报告名称）；② 估价项目名称；③ 委托人；④ 估价机构；⑤ 注册房地产估价师；⑥ 估价业日期；⑦ 估价报告编号。

1. 估价报告名称

估价报告名称一般为“房地产估价报告”。房地产抵押估价报告的名称应为“房地产抵押估价报告”。

2. 估价项目名称

房地产估价报告封面上的估价项目名称要写全称。其中要重点突出估价对象所在的区位及物业名称及用途。如“××市××区××路××小区××栋第18层A、B、C共三套住宅价值评估”。“××市××区××路”表示估价对象的区位；“××小区××栋第18层A、B、C”表示估价对象的名称；“住宅”表示估价对象的用途。

建筑物在不同时期可能冠以不同的名称，如一些建成年代较长的建筑物，除了估价时点的名称外，之前还有其他名称，或者一些在建工程建成后重新冠名，这需要在估价报告实物状况分析中简要说明。

3. 估价委托人

房地产估价报告封面上的估价委托人，只要准确无误地写明其全称即可。如“××股份有限公司”为委托人的全称。如果是个人委托估价的，则写明委托人的姓名。

4. 估价机构

房地产估价报告封面上的估价机构，同委托人相对应，准确无误地写明估价机构的全称即可。如“××估价有限公司”为估价机构的全称。

5. 注册房地产估价师

房地产估价报告封面上所写的注册房地产估价师，主要是负责本次估价的注册房地产估价师的姓名及其注册号。

6. 估价作业日期

房地产估价报告封面上的估价作业日期，是指本次估价的起止日期，即正式接受估价委托的年月日至完成估价报告的年月日。需要注意的是，封面上的估价作业日期要与估价结果报告中的估价作业日期相一致。

7. 估价报告编号

房地产估价报告封面上的估价报告编号即为本估价报告在本估价机构内的报告编号。将估价报告编号写在封面上便于估价报告的查阅及档案管理。

例 9－1 某房地产估价报告封面写作实例。

房地产估价报告

估价项目名称：××市××区××路××小区××栋第 8 层 A、B 二套住宅房地产价值评估

委托人：××市×××贸易公司

估价机构：××××房地产评估有限公司

注册房地产估价师：×××(注册号××)、×××(注册号××)

估价作业日期：2011 年 7 月 11 日至 2011 年 8 月 8 日

估价报告编号：皖评房(1) 字第×××××××号

(二) 目录

目录中通常按照前后次序列出估价报告各个组成部分的名称及其对应的页码，页码要求准确无误。这样便于委托人或估价报告使用者对估价报告的框架和内容有一个总体了解，查找到需要的内容。

(三) 致委托方函

致委托人函是估价机构正式地向估价委托人报告估价结果及呈送估价报告的信件。致函方即本次评估的房地产估价机构。致函正文主要说明估价对象、估价目的、估价时点、估价方法和估价结果。致函日期一般为报告的出具日期，即估价作业日期的截止年月日。致委托人函应包括以下内容：

(1) 致委托人函：标题；

(2) 致函对象：为委托人的全称；

(3) 致函正文：说明估价对象、估价目的、估价时点、价值类型和估价结果；

(4) 致函落款：填写估价机构的全称，并加盖估价机构公章，法定代表人签字、盖章；

(5) 致函日期：填写致函的年月日。

例 9－2 致委托人函的写作实例

××公司：

受贵公司委托，我们对位于××市××区××路××号的××中心房地产的抵押价值进行了评估。估价的目的：为确定房地产抵押贷款额度提供参考依据而评估房地产抵押价值。估价时点：2011年7月1日。经过实地查看和市场调查，遵照《中华人民共和国城市房地产管理法》、国家标准《房地产估价规范》、《房地产抵押估价指导意见》等法律法规和技术标准，遵循独立、客观、公正、合法、谨慎的原则，选用收益法和市场法进行了分析、测算和判断，确定××中心房地产的抵押价值为人民币148 165 100元，大写金额人民币壹亿肆仟捌佰壹拾陆万伍仟壹佰元整。

××房地产评估有限公司

法定代表人：×××

二〇一一年八月十日

（四）注册房地产估价师声明

注册房地产估价师声明是注册房地产估价师对估价报告的合法性、真实性、合理性以及估价的独立、客观、公正等问题的说明或保证。所有参加估价项目的注册房地产估价师都应当在该声明中签名，非注册房地产估价师不应在该声明中签名。

例9-3 注册房地产估价师声明的写作实例

注册房地产估价师声明

对本报告我们特作如下声明：

(1) 我们在本估价报告中陈述事实是真实的和准确的。

(2) 本估价报告中的分析、意见和结论，但受到本估价报告中已说明的假设和限制条件的限制。

(3) 我们与本估价报告中的估价对象没有利害关系，也与有关当事人没有个人利害关系或偏见。

(4) 我们依照国家标准《房地产估价规范》(GB/T50291-1999)进行分析，形成了意见和结论，撰写本估价报告。

(5) 注册房地产估价师×××、×××已对本估价报告中的估价对象的建筑结构、室内外状况进行了实地查看并进行记录，但仅限于估价对象的外观与目前维护管理状况，尤其因提供资料有限，我们不承担对估价对象建筑结构质量、建筑面积数量准确性和相应权益的责任，也不承担其他被遮盖、未暴露及难于接触到的部分进行检视的责任。我们不承担对建筑物结构质量进行调查的责任。

(6) 人对本估价报告提供重要的专业帮助。

(7) 本报告中所依据有关估价对象建筑面积和权益资料由委托人提供，委托人应对资料的真实、可靠性负责。

(8) 本估价报告仅是在报告中说明的假设条件下对估价对象正常市场价格进行的合理估算，报告中对估价对象权属情况的披露不能作为对其权属确认的依据，估价对象权属界定以有权管理部门认定为准。

注册房地产估价师：　　　　　　　　签名：

注 册 号：

注册房地产估价师：　　　　　　　　　　签名：

注 册 号：

（五）估价的假设和限制条件

依据《房地产估价规范》的规定，在估价的假设和限制条件中，要说明本次估价的假设前提；未经调查确认或无法调查资料数据；估价中未考虑的因素和一些特殊处理及其可能的影响；以及本估价报告使用的限制条件。针对估价项目的具体情况，估价师应当合理且有依据地作出假定。严禁估价师为了迎合委托人而高估或者低估要求，有意编造估价的假设和限制条件。

例 9-4 估价的假设和限制条件的写作实例

估价的假设和限制条件

1. 本次估价的假设前提

(1) 估价对象产权明确，手续齐全，可在公开市场上自由转让。

(2) 洽谈交易期间房地产价值将保持稳定。

(3) 市场供应关系、市场结构保持稳定、未发生重大变化或实质性改变。

(4) 交易双方都具有完全市场信息，对交易对象具有必要的专业知识。

(5) 不考虑特殊买家的附加出价。

2. 未经调查确认或无法调查确认的资料数据

(1) 本报告出具的价格包含了国有土地使用权出让金。如至估价时点为止，原产权人尚有任何有关估价对象的应缴未缴税费，应按照规定缴纳或从评价价值中相应扣减。

(2) 本次估价未对估价对象做建筑物基础和结构上的测量和实验，本次评估假设其无基础、结构等方面的重大质量问题。

(3) 假设估价对象于估价时点无抵押情况或原有的抵押情况已注销。

3. 估价中未考虑的因素及一些特殊处理

(1) 估价结果是反映估价对象在本次估价目的下的市场价格参考，估价时没有考虑国家宏观经济政策发生变化、市场供应关系变化、市场结构转变、遇有自然力和其他不可抗力等因素对房地产价值的影响，也没有考虑估价对象将来可能承担违约责任的事宜，以及特殊交易方式下的特殊交易等对评估价值的影响。当上述条件发生变化时，评估结果一般亦会发生变化。

(2) 估价结果未考虑未来处置风险。

(3) 估价结果未考虑估价对象及其运营企业已承担的债务、或有债务及经营决策失误或市场运作失当对其价值的影响。

(4) 估价对象S住宅楼主体框架均已封顶，内、外墙均未砌筑。本次评估假设估价对象能按计划开发完成且本次评估出具的评估结果为假设估价对象在取得预售证后于估价时点的预售市场价格。特提请报告使用人注意。

4. 本报告使用的限制条件

(1) 本报告仅为委托人提供对象在取得预售证后于估价时点的预售市场价格参考，不作他用。

(2) 本报告使用期限为一年。即估价目的在报告完成后的一年内实现，估价结果可作为估价对象在取得预售证后于于估价时点的预售市场价格参考，超过一年，需重新进行估价。

(3) 本报告专为委托人所使用，未经本公司同意，不得向委托人和估价报告审查部门之外的单位和个人提供。报告的全部或部分内容不得发表于任何公开媒体上。

报告所称“市场价格”是指估价对象在保持现有用途并正常开发完成，取得预售证后，在外部经济环境保持稳定的前提下，为本报告书所确定的评估目的而提出的公允评估意见。该评估意见是指假定在充分发达的公开市场条件下，交易双方在交易地位平等、充分了解相关市场信息及交易双方独立和理智进行判断的前提下形成的公平市场价格。该价格并不代表在涉及产权变动或形态转变时的实际交易价格。

(六) 估价结果报告

估价结果报告通常简明扼要地说明以下十四项：

1. 标题

估价结果报告的标题要表述完整，写明是哪个估价项目的估价结果报告。

2. 委托人

要写明本估价项目的委托单位的全称，委托单位的法定代表人和住所；如果是个人委托评估，要写明委托人的姓名、住所和身份证号码。

3. 估价机构

要写明本估价项目的估价机构全称，估价机构的法定代表人、住所及估价机构的资格等级。

4. 估价对象

要求概要说明估价对象的状况，包括区位状况、实物状况和权益状况等。

5. 估价目的

主要说明本次估价的目的和估价结果的具体用途。包括抵押估价、城市房屋拆迁估价、房地产转让估价、征收农民集体土地的估价等。

6. 估价时点

估价时点是指估价对象客观合理价格或价值对应的年月日。估价时点也是估价结果所对应的日期。

7. 价值定义

价值定义是指要说明本次估价所采用的价值类型及其内涵。

8. 估价依据

估价依据是指要说明本次估价所依据的法律法规和技术标准，国家和地方的法律、法规，委托人提供的有关资料，估价机构和估价人员搜集和掌握的有关资料等。

9. 估价原则

估价原则是指要说明本次估价遵循的房地产估价原则。

10. 估价方法

估价方法是指要说明本次估价所采用的方法以及这些估价方法的定义。

11. 估价结果

估价结果是是指本次估价的最终结果，应分别说明总价和单价，并附大写金额。若用外币表示，应说明估价时点中国人民银行公布的人民币市场汇率中间价，并注明所折合的人民币价格。

12. 估价人员

在估价结果报告中关于估价人员要列出所有参加本次估价活动人员的姓名、执业资格或职称，并由本人签名、盖章。

13. 估价作业日期

估价作业日期是指本次估价的起止日期，该日期要与封面上的估价作业日期相一致。

14. 估价报告使用期限

估价报告使用的有效期可表达为到某日止，也可表达为年限。估价报告应用的有效期自完成估价报告日起原则上规定为一年，但市场波动大时，估价报告应用的有效期一般不超过半年。

例 9－5 房地产估价结果报告实例

房地产估价结果报告

1. 委托人

委托人名称：××市××贸易公司

法定代表人：××

委托人地址：××市××区××路××号

联系电话：×××××××××

2. 估价机构

估价机构名称；××房地产评估有限公司

资质级别：建设部壹级

房地产估价机构资质证书编号：建房估证字[2008]××号

法定代表人：×××

估价机构地址：××市××号××号××大厦

联系人：××

联系电话：×××××××××

3. 估价对象

(1) 估价对象区位状况

(2) 估价对象实物状况

(3) 估价对象权属状况

4. 估价目的

为了解房地产市场价格提供价格参考依据。

5. 估价时点

2011 年 7 月 11 日

6. 价值定义

本报告价值为估价对象在估价时点状况下法定用途剩余使用年限的市场价格。

7. 估价依据

(1)《中华人民共和国城市房地产管理法》；

(2)《中华人民共和国土地管理法》；

(3)《房地产估价规范》(GB/T50291－1999)；

(4) 委托人提供的相关产权资料；

(5) 估价人员实地查看所得的资料；

(6) 估价机构及估价人员掌握的其他相关信息资料；

(7) 当地近期房地产市场交易资料及技术参数。

8. 估价原则

(1) 合法原则：以估价对象的合法取得、合法使用、合法处分为前提估价。

(2) 最高最佳使用原则：以估价对象的最高最佳使用为前提估价。

(3) 替代原则：估价结果不得明显偏离类似房地产在同等条件下的正常价格。

(4) 估价时点原则：估价结果是在估价时点的客观合理价格或价值。

9. 估价方法

估价人员在认真分析所掌握的资料，进行了实地查看，对邻近地段和区域同类性质的房地产市场情况进行调查之后，结合估价对象的实际，决定选取市场法和收益法作为估价方法。

市场法是将估价对象与在估价时点有过交易的类似房地产进行比较，对这些类似房地产市场情况进行调查之后，结合估价对象的实际，决定选取市场法和收益法作为估价方法。

收益法是指运用适当的资本化率，将预期的估价对象未来各期的正常净收益折算到估价时点上的现值之和得出估价对象客观市场价格的方法。

10. 估价结果

估价人员根据估价目的，遵循估价原则，按照估价工作程序，运作科学的估价方法，仔细考察估价对象的建筑特征及使用和维护情况，经过全面细致和测算，并结合估价经验和影响价值因素的分析，确定估价对象在 2011 年 7 月 11 日的市场价值为平均单价 7 517 元/m^2，总价￥1 286.34 万元，人民币(大写)壹仟贰佰捌拾陆万叁仟肆佰元整。

11. 估价人员

估价人员：××× ××× ×××

12. 估价作业日期

2011 年 7 月 11 日至 2011 年 8 月 8 日

13. 估价报告使用期限

2011 年 8 月 9 日至 2012 年 8 月 8 日

(七) 估价技术报告

估价技术报告一般包括下列内容：

(1) 估价对象的区位、实物和权益状况。

(2) 影响估价对象价值的各种因素。

(3) 估价的思路和采用的方法及其理由。

(4) 估价的测算过程、参数选取等。

(5) 估价结果及其确定的理由。

估价技术报告一般应提供给委托人，但因知识产权、商业秘密等也可不提供给委托人。如果不提供给委托人的，应事先在估价委托合同中约定。

（八）附件

附件是把可能会打断叙述部分的一些重要资料放在最后，供委托人查阅，通常包括：① 估价委托书；② 估价对象位置示意图；③ 估价对象内外部状况以及周围环境和景观的图片；④ 估价对象权属证明；⑤ 估价中引用的其他专用文件资料；⑥ 估价机构资质证书复印件、估价机构营业执照复印件；⑦ 注册房地产估价师的注册证书复印件。

目前，土地估价报告与房地产估价报告的规范格式要求也存在一定的差异。随着房地产市场的发育，管理体制的理顺，两者将趋于统一。有关土地估价报告与房地产估价报告的规范格式。

四、估价报告常见错误分析

（一）估价报告书中的内容不完整

1. 缺估价委托方

估价报告中，委托估价方不明、没有用全称、缺委托估价方住所的情况。甚至有时误将房地产所有权人当成委托估价单位而不在估价报告书中加以说明。

2. 缺估价受理方

估价报告中，缺受理估价方名称或缺受理估价方住所。

3. 估价对象房地产概况描述不全面、不清楚

如估价对象房地产的产权归属未交代或交代不清楚，土地的利用现状或开发利用方式未交代，土地使用权的取得方式未交代，用途交代不清，土地使用权的起止日期模糊不清等。

4. 缺估价目的

估价报告中，没有说明估价目的，或者对估价目的混淆、叙述不准确。

5. 缺估价时点

估价报告中，缺少估价时点，或者错把估价作业日期当作估价时点。

6. 估价的主要依据未交代或交代不清

估价的主要依据应从大到小明确：

（1）房地产法、土地法、担保法等法律；

（2）建设部相关法规；

（3）省、市、自治区相关法规；

（4）委托估价方提供的材料；

（5）受托方掌握的相关资料。

7. 估价所采用的技术路线或采用某种估价方法的理由未作必要说明

估价报告中，估价方法选择不当，或者没有说明方法选择的理由，没有说明该方法的技术路线，缺估价技术分析测算过程。

8. 估价结论不全

估价报告中，确定最终估价额的理由未交代或交代不清楚。估价结论的金额应同时

用大小写注明，往往容易漏掉大写。

9. 缺少必要的说明

如估价结论的应用范围及有效时间、本次估价依据的前提条件、应用估价结论时的注意事项、外币与人民币的汇率等。

10. 缺估价人员及相关情况说明

11. 缺少估价日期或与估价时点相混

12. 缺少必要的附件

如土地使用权证、地籍图、四至图、地形图、房屋所有权证书、建筑平面图、估价人员和估价机构证书等。

13. 缺少注册房地产估价师的声明和签名、盖章：

估价报告中，常见错误为估价人员不足两人，估价人员中没有注册房地产估价师，注册房地产估价师没有签名盖章。

（二）专业术语运用不当

1. 用词不准确

用词准确是最基本要求，要善于根据内容表达的需要，选用最确切的语词，以准确地表现事物的特征和作者要表达的意图。《规范》中对自身用词方面是有严格规定的。为便于在执行本规范条文时区别对待，对要求严格程度不同的用词说明如下：

(1) 表示很严格，非这样做不可的用词：正面词采用“必须”，反面词采用“严禁”。

(2) 表示严格，在正常情况下均应这样做的用词：正面词采用“应”，反面词采用“不应”或“不得”。

(3) 表示允许稍有选择，在条件许可时首先应这样做的用词：正面词采用“宜”，反面词采用“不宜”；表示有选择，在一定条件下可以这样做的，采用“可”。

规范中指定应按其他有关标准、规范执行时，写法为：“应符合……的规定”或“应按……执行”。

2. 用词含混不清、模棱两可

表达分寸的词语，比如范围、程度、条件等，在房地产估价报告中都会经常使用，要有客观恰当的把握。不能使用“大概”、“可能”等字样，特别是估价结论，不能模棱两可。

3. 用词不可带有强烈的感情色彩

估价报告用词的褒贬要得当，尽量使用中性、客观的词汇，避免采用带有感情色彩的用语。

4. 逻辑不严密

估价报告中，不能出现自相矛盾的现象，以免造成逻辑混乱。逻辑混乱的情况主要有：一是前后没有照应，如前面说了上座率 70%，后面计算时又没有考虑进去；前面定下的报酬率是 13%，后面又采用 15%。二是数据来源没有出处或是有错，如有的估价报告中的房地产税、营业税的税率错误。三是判断推理没有充足的理由，如简单地下结论，却没有充足的理由支持该结论。

5. 基本概念不清或运用错误

估价人员若基本功不扎实，容易对基本概念理解不清或运用错误，如混淆客观成本与实际成本、估价折旧与会计折旧等。另外一些专业名词也容易混淆，如坐落（不是“座落”）、坐标（不是“座标”）、制定（不是“制订”）、签订（不是“签定”）、账目（不是“帐目”）、抵消（不是“抵销”）等。

【小结】

本章主要介绍房地产估价程序和房地产估价报告的撰写，重点阐述了房地产估价程序的步骤，特别是制定估价作业方案、搜集估价资料、实地查勘估价对象、求取估价对象价值的，阐明了估价报告的撰写过程和估价报告的内容，最后通过相关实例介绍了估价报告的撰写应用。

【复习思考题】

1. 房地产估价程序的步骤是什么？
2. 房地产估价机构在受理估价业务时要明确哪些事项？
3. 估价作业方案的内容包含什么？
4. 需要收集的估价资料包括哪些？
5. 房地产估价报告的构成要素是什么？
6. 估价结果报告说明哪些内容？

【案例分析】

案例一：某正常生产的工厂位于某城市市区，距市中心直线距离约 15 公里。土地面积 7 672 平方米，自用生产车间建筑面积 3 300 平方米，办公楼建筑面积 1 050 平方米，临街商业用房建筑面积 580 平方米，已出租。商业用房的用地已于 1995 年办理了土地使用权出让手续，出让年限为 40 年，其余自用房屋的用地为国有划拨土地。该厂已取得了国有土地使用证和房屋所有权证。现规划部门已将该区域规划为居住区，某房地产开发商有意投资该宗土地。

问题：请房地产估价机构预测开发效益。请问：房地产估价机构应搜集哪些资料？

案例二：某评估公司受甲公司委托，对其拥有的一处自建房地产进行评估，估价目的为抵押，该房地产占地面积 3 500 平方米，总建筑面积 4 500 平方米，2002 年 1 月竣工。评估公司的评估结果为 850 元/平方米甲公司拿到估价报告后，颇感不解，因为其实际投入成本已达 960 元/平方米而且还未考虑开发利润及利息；而评估公司认为自己的评估结果是合理的。

问题：请问评估公司有何理由认为其评估结果是合理的？

案例三：某企业购得一个已停工五年的在建工程，结构封顶，其中一至四层为商业裙楼，五至二十七层为住宅，裙楼部分已完成了设备安装。现该企业拟以商业裙楼二、三、四层的各一部分和五至八层住宅部分向银行申请抵押贷款。请说明拟优先选用的估价方法及技术路线，以及确定评估价值时考虑的主要因素。

附录1

中华人民共和国国家标准房地产估价规范

GB/T50291－1999(一九九九年六月一日起执行)

1 总则

1.0.1 为了规范房地产估价行为，统一估价程序和方法，做到估价结果客观、公正、合理，根据《中华人民共和国城市房地产管理法》、《中华人民共和国土地管理法》等法律、法规的有关规定，制定本规范。

1.0.2 本规范适用于房地产估价活动。

1.0.3 房地产估价应独立、客观、公正。

1.0.4 房地产估价除应符合本规范外，尚应符合国家现行有关标准、规范的规定。

2 术语

2.0.1 房地产 real estate，real property 土地、建筑物及其他地上定着物，包括物质实体和依托于物质实体上的权益。

2.0.2 房地产估价 real estate appraisal，property valuation 专业估价人员根据估价目的，遵循估价原则，按照估价程序，选用适宜的估价方法，并在综合分析影响房地产价格因素的基础上，对房地产在估价时点的客观合理价格或价值进行估算和判定的活动。

2.0.3 估价对象 subject property 一个具体估价项目中需要估价的房地产。

2.0.4 估价目的 appraisal purpose 估价结果的期望用途。

2.0.5 估价时点 appraisal dete，date of Value 估价结果对应的日期。

2.0.6 客观合理价格或价值 value 某种估价目的的特定条件下形成的正常价格。

2.0.7 公开市场 open market 在该市场上交易双方进行交易的目的在于最大限度地追求经济利益，并掌握必要的市场信息，有较充裕的时间进行交易，对交易对象具有必要的专业知识，交易条件公开并不具有排它性。

2.0.8 公开市场价值 open market value 在公开市场上最可能形成的价格。采用公开市场价值标准时，要求评估的客观合理价格或价值应是公开市场价值。

2.0.9 类似房地产 similar property 与估价对象处在同一供求圈内，并在用途、规模、档次、建筑结构等方面与估价对象相同或相近的房地产。

2.0.10 同一供求圈 comparable search area 与估价对象具有替代关系、价格会相互影响的适当范围。

2.0.11 最高最佳使用 highest and best use 法律上允许、技术上可能、经济上可行，经过充分合理的论证，能使估价对象产生最高价值的使用。

2.0.12 市场比较法 market comparison approach，sales comparison approach 将估价对象与在估价时点近期有过交易的类似房地产进行比较，对这些类似房地产的已知价格作适当的修正，以此估算估价对象的客观合理价格或价值的方法。

2.0.13 收益法 income approach，income capitalization approach 预计估价对象未来的正常收益，选用适当的资本化率将其折现到估价时点后累加，以此估算估价对象的客观合理价格或价值的方法。

2.0.14 成本法 cost approach 求取估价对象在估价时点的重置价格或重建价格，扣除折旧，以此估算估价对象的客观合理价格或价值的方法。

2.0.15 假设开发法 hypothetical development method，residual method 预计估价对象开发完成后的价值，扣除预计的正常开发成本、税费和利润等，以此估算估价对象的客观合理价格或价值的方法。

2.0.16 基准地价修正法 land datum value method 在政府确定公布了基准地价的地区，由估价对象所处地段的基准地价调整得出估价对象宗地价格的方法。

2.0.17 潜在毛收入 potential gross income 假定房地产在充分利用、无空置状态下可获得的收入。

2.0.18 有效毛收入 effective gross income 由潜在毛收入扣除正常的空置、拖欠租金以及其他原因造成的收入损失后所得到的收入。

2.0.19 运营费用 operating expenses 维持房地产正常生产、经营或使用必须支出的费用及归属于其他资本或经营的收益。

2.0.20 净收益 net income，net operating income 由有效毛收入扣除合理运营费用后得到的归属于房地产的收益。

2.0.21 建筑物重置价格 replacement cost of building 采用估价时点的建筑材料和建筑技术，按估价时点的价格水平，重新建造与估价对象具有同 等功能效用的全新状态的建筑物的正常价格。

2.0.22 建筑物重建价格 reproduction cost of building 采用估价对象原有的建筑材料和建筑技术，按估价时点的价格水平，重新建造与估价对象相同的全新状态的建筑物的正常价格。

2.0.23 物质上的折旧 physical depreciation physical deterioration 建筑物在物质实体方面的磨损所造成的建筑物价值的损失。

2.0.24 功能上的折旧 functional depreciation，functional obsolescence 建筑物在功能方面的落后所造成的建筑物价值的损失。

2.0.25 经济上的折旧 economic depreciation，economic obsolescence 建筑物以外的各种不利因素所造成的建筑物价值的损失。

2.0.26 估价结果 conclusion of value 关于估价对象的客观合理价格或价值的最终结论。

2.0.27 估价报告 appraisal report 全面、公正、客观、准确地记述估价过程和估价成果的文件，给委托方的书面答复，关于估价对象的客观合理价格或价值的研究报告。

3 估价原则

3.0.1 房地产估价应遵循下列原则：① 合法原则；② 最高最佳使用原则；③ 替代原则；④ 估价时点原则。

3.0.2 遵循合法原则，应以估价对象的合法使用、合法处分为前提估价。

3.0.3 遵循最高最佳使用原则，应以估价对象的最高最佳使用为前提估价。当估价对象已做了某种使用，估价时应根据最高最佳使用原则对估价前提作出下列之一的判断和选择，并应在估价报告中予以说明：① 保持现状前提：认为保持现状继续使用最为有利时，应以保持现状继续使用为前提估价；② 转换用途前提：认为转换用途再予以使用最为有利时，应以转换用途后再予以使用为前提估价；③ 装修改造前提：认为装修改造但不转换用途再予以使用最为有利时，应以装修改造但不转换用途再予以使用为前提估价；④ 重新利用前提：认为拆除现有建筑物再予以利用最为有利时，应以拆除建筑物后再予以利用为前提估价；⑤ 上述情形的某种组合。

3.0.4 遵循替代原则，要求估价结果不得明显偏离类似房地产在同等条件下的正常价格。

3.0.5 遵循估价时点原则，要求估价结果应是估价对象在估价时点的客观合理价格或价值。

4 估价程序

4.0.1 自接受估价委托至完成估价报告期间，房地产估价应按下列程序进行：① 明确估价基本项；② 拟定估价作业方案；③ 搜集估价所需资料；④ 实地查勘估价对象；⑤ 选定估价方法计算；⑥ 确定估价结果；⑦ 撰写估价报告；⑧ 估价资料归档。

4.0.2 明确估价基本事项主要应包括下列内容：① 明确估价目的；② 明确估价对象；③ 明确估价时点。注：① 估价目的应由委托方提出；② 明确估价对象应包括明确估价对象的物质实体状总和权益状况；③ 估价时点应根据估价目的确定，采用公历表示，精确到日；④ 在明确估价基本事项时应与委托方共同商议，最后应征得委托方认可。

4.0.3 在明确估价基本事项的基础上，应对估价项目进行初步分析，拟定估价作业方案。估价作业方案主要应包括下列内容：① 拟采用的估价技术路线和估价方法；② 拟调查搜集的资料及其来源渠道；③ 预计所需的时间、人力、经费；④ 拟定作业步骤和作业进度。

4.0.4 估价机构和估价人员应经常搜集估价所需资料，并进行核实、分析、整理。估价所需资料主要应包括下列方面：① 对房地产价格有普遍影响的资料；② 对估价对象所在地区的房地产价格有影响的资料；③ 相关房地产交易、成本、收益实例资料；④ 反映估价对象状况的资料。

4.0.5 估价人员必须到估价对象现场，亲身感受估价对象的位置、周围环境、景观的优劣，查勘估价对象的外观、建筑结构、装修、设备等状况，并对事先收集的有关估价对象的坐落、四至、面积、产权等资料进行核实，同时搜集补充估价所需的其他资料，以及对估价对象及其周围环境或临路状况进行拍照等。

4.0.6 完成并出具估价报告后，应对有关该估价项目的一切必要资料进行整理、归档和妥善保管。

5 估价方法

5.1 估价方法选用

5.1.1 估价人员应熟知、理解并正确运用市场比较法、收益法、成本法、假设开发法、基准地价修正法以及这些估价方法的综合运用。

5.1.2 对同一估价对象宜选用两种以上的估价方法进行估价。

5.1.3 根据已明确的估价目的,若估价对象适宜采用多种估价方法进行估价,应同时采用多种估价方法进行估价,不得随意取舍;若必须取舍,应在估价报告中予以说明并陈述理由。

5.1.4 有条件选用市场比较法进行估价的,应以市场比较法为主要的估价方法。

5.1.5 收益性房地产的估价,应选用收益法作为其中的一种估价方法。

5.1.6 具有投资开发或再开发潜力的房地产的估价,应选用假设开发法作为其中的一种估价方法。

5.1.7 在无市场依据或市场依据不充分而不宜采用市场比较法、收益法、假设开发法进行估价的情况下,可采用成本法作为主要的估价方法。

5.2 市场比较法

5.2.1 运用市场比较法估价应按下列步骤进行:① 搜集交易实例;② 选取可比实例;③ 建立价格可比基础;④ 进行交易情况修正;⑤ 进行交易日期修正;⑥ 进行区域因素修正;⑦ 进行个别因素修正;⑧ 求出比准价格。

5.2.2 运用市场比较法估价,应准确搜集大量交易实例,掌握正常市场价格行情。搜集交易实例应包括下列内容:① 交易双方情况及交易目的;② 交易实例房地产状况;③ 成交价格;④ 成交日期;⑤ 付款方式。

5.2.3 根据估价对象状况和估价目的,应从搜集的交易实例中选取三个以上的可比实例。选取的可比实例应符合下列要求:① 是估价对象的类似房地产;② 成交日期与估价时点相近,不宜超过一年;③ 成交价格为正常价格或可修正为正常价格。

5.2.4 选取可比实例后,应对可比实例的成交价格进行换算处理,建立价格可比基础,统一,其表达方式和内涵。换算处理应包括下列内容:① 统一付款方式;② 统一采用单价;③ 统一币种和货币单位;④ 统一面积内涵和面积单位。注:① 统一付款方式应统一为在成交日期时一次总付清。② 不同市种之间的换算,应按中国人民银行公布的成交日期时的市场汇率中间价计算。

5.2.5 进行交易情况修正,应排除交易行为中的特殊因素所造成的可比实例成交价格偏差,将可比实例的成交价格调整为正常价格。有下列情形之一的交易实例不宜选为可比实例:① 有利害关系人之间的交易;② 急于出售或购买情况下的交易;③ 受债权债务关系影响的交易;④ 交易双方或一方对市场行情缺乏了解的交易;⑤ 交易双方或一方有特别动机或特别偏好的交易;⑥ 相邻房地产的合并交易;⑦ 特殊方式的交易;⑧ 交易税费非正常负担的交易;⑨ 其他非正常的交易。注:① 当可供选择的交易实例较少,确需选用上述情形的交易实例时,应对其进行交易情况修正;② 对交易税费非正常负担的修正,应将成交价格调整为依照政府有关规定,交易双方负担各自应负担的税费下的价格。

5.2.6 进行交易日期修正,应将可比实例在其成交日期时的价格调整为估价时点的价格。交易日期修正宜采用类似房地产的价格变动率或指数进行调整。在无类似房地产的价格变动率或指数的情况下,可根据当地房地产价格的变动情况和趋势作出判断,给予调整。

5.2.7 进行区域因素修正,应将可比实例在其外部环境状况下的价格调整为估价对象外部环境状况下的价格。区域因素修正的内容主要应包括:繁华程度,交通便捷程度,环境、景观,公共配套设施完备程度,城市规划限制等影响房地产价格的因素。区域因素修正的具体内容应根据估价对象的用途确定。进行区域因素修正时,应将可比实例与估价对象的区域因素逐项进行比较,找出由于区域因素优劣所造成的价格差异进行调整。

5.2.8 进行个别因素修正,应将可比实例在其个体状况下的价格调整为估价对象个体状况下的价格。有关土地方面的个别因素修正的内容主要应包括:面积大小,形状,临路状况,基础设施完备程度,土地平整程度,地势,地质水文状况,规划管制条件,土地使用权年限等;有关建筑物方面的个别因素修正的内容主要应包括:折旧程度,装修,设施设备,平面布置,工程质量,建筑结构,楼层,朝向等。个别因素修正的具体内容应根据估价对象的用途确定。进行个别因素修正时,应将可比实例与估价对象的个别因素逐项进行比较,找出由于个别因素优劣所造成的价格差异进行调整。

5.2.9 交易情况、交易日期、区域因素和个别因素的修正,视具体情况可采用百分率法、差额法或回归分析法。每项修正对可比实例成交价格的调整不得超过20%,综合调整不得超过30%。

5.2.10 选取的多个可比实例的价格经过上述各种修正之后,应根据具体情况计算求出一个综合结果,作为比准价格。

5.2.11 市场比较法的原理和技术,也可用于其他估价方法中有关参数的求取。

5.3 收益法

5.3.1 运用收益法估价应按下列步骤进行:① 搜集有关收入和费用的资料;② 估算潜在毛收入;③ 估算有效毛收入;④ 估算运营费用;⑤ 估算净收益;⑥ 选用适当的资本比率;⑦ 选用适宜的计算公式求出收益价格。注:潜在毛收入、有效毛收入、运营费用、净收益均以年度计。

5.3.2 净收益应根据估价对象的具体情况,按下列规定求取:① 出租型房地产,应根据租赁资料计算净收益,净收益为租赁收入扣除维修费、管理费、保险费和税金。租赁收入包括有效毛租金收入和租赁保证金、押金等的利息收入。维修费、管理费、保险费和税金应根据租赁契约规定的租金涵义决定取舍。若保证合法、安全、正常使用所需的费用都由出租方承担,应将四项费用全部扣除;若维修、管理等费用全部或部分由承租方负担,应对四项费用中的部分项目作相应调整。② 商业经营型房地产,应根据经营资料计算净收益,净收益为商品销售收入扣除商品销售成本、经营费用、商品销售税金及附加、管理费用、财务费用和商业利润。③ 生产型房地产,应根据产品市场价格以及原材料、人工费用等资料计算净收益,净收益为产品销售收入扣除生产成本、产品销售费用、产品销售税金及附加、管理费用、财务费用和厂商利润。④ 尚未使用或自用的房地产,可以照有收益的类似房地产的有关资料按上述相应的方式计算净收益,或直接比较得出净收益。

5.3.3 估价中采用的潜在毛收入、有效毛收入、运营费用或净收益，除有租约限制的之外，都应采用正常客观的数据。有租约限制的，租约期内的租金宜采用租约所确定的租金，租约期外的租金应采用正常客观的租金。利用估价对象本身的资料直接推算出的潜在毛收入、有效毛收入、运营费用或净收益，应与类似房地产的正常情况下的潜在毛收入、有效毛收入、运营费用或净收益进行比较。若与正常客观的情况不符，应进行适当的调整修正，使其成为正常客观的。

5.3.4 在求取净收益时，应根据净收益过去、现在、未来的变动情况及可获收益的年限，确定未来净收益流量，并判断该未来净收益流量属于下列哪种类型：① 每年基本上固定不变；② 每年基本上按某个固定的数额递增或递减；③ 每年基本上按某个固定的比率递增或递减；④ 其他有规则的变动情形。

5.3.5 资本化率应按下列方法分析确定：① 市场提取法：应搜集市场上三宗以上类似房地产的价格、净收益等资料，选用相应的收益法计算公式，求出资本化率。② 安全利率加风险调整值法：以安全利率加上风险调整值作为资本化率。安全利率可选用同一时期的一年期国债年利率或中国人民银行公布的一年定期存款年利率；风险调整值应根据估价对象所在地区的经济现状及未来预测、估价对象的用途及新旧程度等确定。③ 复合投资收益率法：将购买房地产的抵押贷款收益率与自有资本收益率的加权平均数作为资本化率，按下式计算：$R=M\cdot R_m+(1-M)R_e$(5.3.5)式中 R——资本化率(%)；M——贷款价值比率(%)，低押贷款额占房地产价值的比率；R_m——抵押贷款资本化率(%)，第一年还本息额与抵押贷款额的比率；R_e——自有资本要求的正常收益率(%)。④ 投资收益率排序插入法：找出相关投资类型及其收益率、风险程度，按风险大小排序，将估价对象与这些投资的风险程度进行比较，判断、确定资本化率。

5.3.6 资本化率分为综合资本化率、土地资本化率、建筑物资本化率，他们之间的关系应按下式确定：$RO=L*RL+B*RB$(5.3.6)式中 RO——综合资本化率(%)，适用于土地与建筑物合一的估价；RL——土地资本化率(%)，适用于土地资本估价；RB——建筑物资本化率(%)，适用于建筑物估价；L——土地价值占房地产价值的比率(%)；B——建筑物价值占房地价值的比率(%)，$L+B+100\%$。

5.3.7 计算收益价格时应根据未来净收益流量的类型，选用对应的收益法计算公式。

5.3.8 对于单独土地和单独建筑物的估价，应分别根据土地使用权年限和建筑物耐用年限确定未来可获收益的年限，选用对应的有效年限收益法计算公式，净收益中不应扣除建筑物折旧和土地取得费用的摊销。对于土地与建筑物合一的估价对象，当建筑物耐用年限长于或等于土地使用权年限时，应根据土地使用权年限确定未来可获收益的年限，选用对应的有效年的收益法计算公式，净收益中不应扣除建筑物折旧的土地取得费用的摊销。对于土地与建筑物合一的估价对象，当建筑物耐用年限短于使用权年限时，可采用下列方式之一处理：① 先根据建筑物耐用年限确定未来可获收益的年限，选用对应的有效年的收益法计算公式，净收益中不应扣除建筑物折旧和土地取得费用的摊销；然后再加上土地使用权年限超出建筑物耐用年限的土地剩余使用年限价值的折现值。② 将未来可获收益的年限设想为无限年，选用无限年的收益法计算公式，净收益中应扣除建筑物折旧和土地取得费用的摊销。

5.4 成本法

5.4.1 运用成本法估价应按下列步骤进行:① 搜集有关成本、税费、开发利润等资料;② 估算重置价格或重建价格;③ 估算折旧;④ 求出积算价格。

5.4.2 重置价格或重建价格,应是重新取得或重新开发、重新建造全新状态的估价对象所需的各项必要成本费用和应纳税金、正常开发利润之和,其构成包括下列内容:① 土地取得费用;② 开发成本;③ 管理费用;④ 投资利息;⑤ 销售税费;⑥ 开发利润。注:开发利润应以上地取得费用与开发成本之和为基础,根据开发、建造类似房地产相应的平均利润率水平来求取。

5.4.3 具体估价中估价对象的重置价格或重建价格构成内容,应根据估价对象的实际情况,在第 5.4.2 条列举的价格构成内容的基础上酌予增减,并应在估价报告中予以说明。

5.4.4 同一宗房地产,重置价格或重建价格在采取土地与建筑物分别估算、然后加总时,必须注意成本构成划分和相互衔接,防止漏项或重复计算。

5.4.5 求取土地的重置价格,应直接求取其在估价时点状况的重置价格。

5.4.6 建筑物的重置价格重建价格,可采用成本法、市场比较法求取,或通过政府确定公布的房屋重置价格扣除土地价格后的比较修正来求取,也可按工程造价估算的方法具体计算。建筑物的重置价格,宜用于一般建筑物和因年代久远、已缺少与旧有建筑物相同的建筑材料,或因建筑技术变迁,使得旧有建筑物复原建造有困难的建筑物的估价。建筑物的重建价格,宜用于有特殊保护价值的建筑物的估价。

5.4.7 成本法估价中的建筑物折旧,应是各种原因造成的建筑物价值的损失,包括物质上的、功能上的和经济上的折旧。

5.4.8 建筑物损耗分为可修复和不可修复两部分,修复所需的费用小于或等于修复后房地产价值的增加额的,为可修复部分;反之为不可修复部分。对于可修复部分,可直接估算其修复所需的费用作为折旧额。

5.4.9 扣除折旧后的建筑物现值可采用下列公式求取:① 直线法下的建筑物理值计算公式:$V=C-(C-S)t/N$(5.4.9－1);② 双倍余额递减法下的建筑物现值计算公式:$V=C-(1-Z/N$(5.4.9－2);③ 成新折扣法下的建筑物现值计算公式:$V=C\cdot Q$(5.4.9－3)式中 V——建筑物现值(元,元/$M2$);C——建筑物重置价格或重建价格(元,元/$M2$);S——建筑物预计净残值(元,元/$M2$;T——建筑物已使用年限(年);N——建筑物耐用年限(年);Q——建筑物成新率(%)。注:无论采用上述哪种折旧方法求取建筑物现值,估价人员都应亲临估价对象现场,观察、鉴定建筑物的实际新旧程度,根据建筑物的建成时间,维护、保养、使用情况,以及地基的稳定性等,最后确定应扣除的折旧额或成新率。

5.4.10 建筑物耐用年限分为自然耐用年限和经济耐用年限。估价采用的耐用年限应为经济耐用年限。经济耐用年限应根据建筑物的建筑结构、用途和维修保养情况,结合市场状况、周围环境、经营收益状况等综合判断。

5.4.11 估价中确定建筑物耐用年限与折旧,遇有下列情况时的处理应为:① 建筑物的建设期不计八耐用年限,即建筑物的耐用年限应从建筑物竣工验收合格之日起计;② 建筑物耐用年限短于土地使用权年限时,应按建筑物耐用年限计算折旧;③ 建筑物耐用年限长于土地使用权年限时,应按土地使用权年限计算折旧;④ 建筑物出现于补办土地使用权出让手续之前,其耐用年限早于土地使用权年限而结束时,应按建筑物耐用年限计算折旧;⑤ 建筑物出现于补办土地使用权出让手续之前,其耐用年限晚于土地使用权年限而结束时,应按建筑物已使用年限加上地使用权剩余年限计算折旧。

5.4.12 积算价格应为重置价格或重建价格扣除建筑物折旧,或为土地的重置价格加上建筑的现值,必要时还应扣除由于旧有建筑物的存在而导致的土地价值损失。

5.4.13 新开发土地和新建房地产可采用成本法估价,一般不应扣除折旧,但应考虑其工程质量和周围环境等因素给予适当修正。

5.5 假设开发法

5.5.1 运用假设开发法估价应按下列步骤进行:① 调查待开发房地产的基本情况;② 选择最佳的开发利用方式;③ 估计开发建设期;④ 预测开发完成后的房地产价值;⑤ 估算开发成本、管理费用、投资利息、销售税费、开发利润、投资者购买待开发房地产应负担的税费;⑥ 进行具体计算。

5.5.2 假设开发适用于具有投资开发或再开发潜力的房地产的估价。运用此方法应把握待开发房地产在投资开发前后的状态,以及投资开发后的房地产的经营方式。待开发房地产投资开发前的状态,包括生地、毛地、熟地、旧房和在建工程等;投资开发后的状态,包括熟地和房屋(含土地)等;投资开发后的房地产的经营方式,包括出售(含预售)上、租(含预租)和自营等。

5.5.3 运用假设开发法估算的待开发房地产价值应为开发完成后的房地产价值扣除开发成本、管理费用、投资利息、销售税费、开发利润和投资者购买待开发房地产应负担的税费。

5.5.4 预测开发完成后的房地产价值,宜采用市场比较法,并应考虑类似房地产价格的未来变动趋势。

5.5.5 开发利润的计算基数可取待开发房地产价值与开发成本之和,或取开发完成后的房地产价值。利润率可取同一市场上类似房地产开发项目相应的平均利润率。

5.5.6 运用假设开发法估价必须考虑资金的时间价值。在实际操作中宜采用折现的方法;难以采用折现的方法时,可采用计算利息的方法。

5.6 基准地价修正法

5.6.1 运用基准地价修正法估价应按下列步骤进行:① 搜集有关基准地价的资料;② 确定估价对象所处地段的基准地价;③ 进行交易日期修正;④ 进行区域因素修正;⑤ 进行个别因素修正;⑥ 求出估价对象宗地价格。

5.6.2 进行交易日期修正,应将基准地价在其基准日期时的值调整为估价时点的值。交易日期修正的方法,同市场比较法中的交易日期修正的方法。

5.6.3 区域因素和个别因素修正的内容和修正的方法,同市场比较法中的区域因素和个别因素修正的内容和修正的方法。

5.6.4 运用基准地价修正法评估宗地价格时,直按当地对基准地价的有关规定执行。

6 不同估价目的下的估价

6.0.1 房地产估价按估价目的进行分类，主要有下列类别：① 土地使用权出让价格评估；② 房地产转让价格评估；③ 房地产租赁价格评估；④ 房地产抵押价值评估；⑤ 房地产保险估价；⑥ 房地产课税估价；⑦ 证地和房屋拆迁补偿估价；⑧ 房地产分割、合并估价；⑨ 房地产纠纷估价；⑩ 房地产拍卖底价评估；⑪ 企业各种经济活动中涉及的房地产估价；⑫ 其他目的的房地产估价。

6.1 土地使用权出让价格评估

6.1.1 土地使用权出让价格评估，应依据《中华人民共和国城市房地产管理法》、《中华人民共和国土地管理法》、《中华人民共和国城镇国有土地使用权出让和转让暂行条例》以及当地制定的实施办法和其他有关规定进行。

6.1.2 土地使用权出让价格评估，应分清土地使用权协议、招标、拍卖的出让方式。协议出让的价格评估，应采用公开市场价值标准，招标和拍卖出让的价格评估，应为招标和拍卖底价评估，参照6.10房地产拍卖底价评估进行。

6.1.3 土地使用权出让价格评估，可采用市场比较法、假设开发法、成本法、基准地价修正法。

6.2 房地产转让价格评估

6.2.1 房地产转让价格评估，应依据《中华人民共和国城市房地产管理法》、《中华人民共和国土地管理法》、《城市房地产转让管理规定》以及当地制定的实施细则和其他有关规定进行。

6.2.2 房地产转让价格评估，应采用公开市场价值标准。

6.2.3 房地产转让价格评估，宜采用市场比较法和收益法，可采用成本法，其中待开发房地产的转让价格评估应采用假设开发法。

6.2.4 以划拨方式取得土地使用权的，转让房地产时应符合国家法律、法规的规定，其转让价格评估应另外给出转让价格中所含的土地收益价值，并应注意国家对土地收益的处理规定，同时在估价报告中予以说明。

6.3 房地产租赁价格评估

6.3.1 房地产租赁价格评估，应依据《中华人民共和国城市房地产管理法》、《中华人民共和国土地管理法》、《城市房屋租赁管理办法》以及当地制定的实施细则和其他有关规定进行。

6.3.2 从事生产、经营活动的房地产租赁价格评估，应采用公开市场价值标准。住宅的租赁价格评估，应执行国家和该类住宅所在地城市人民政府规定的租赁政策。

6.3.3 房地产租赁价格评估，可采用市场比较法、收益法和成本法。

6.3.4 以营利为目的出租划拨土地使用权上的房屋，其租赁价格评估应另外给出租金中所含的土地收益值，并应注意国家对土地收益的处理规定，同时在估价报告中予以说明。

6.4 房地产抵押价值评估

6.4.1 房地产抵押价值评估，应依据《中华人民共和国担保法》、《中华人民共和国城市房地产管理法》、《城市房地产抵押管理办法》以及当地和其他有关规定进行。

6.4.2 房地产抵押价值评估，应采用公开市场价值标准，可参照设定抵押权时的类似房地产的正常市场价格进行，但应在估价报告中说明未来市场变化风险和短期强制处分等因素对抵押价值的影响。

6.4.3 房地产抵押价值应是以抵押方式将房地产作为债权担保时的价值。依法不得抵押的房地产，没有抵押价值。首次抵押的房地产，该房地产的价值为抵押价值。再次抵押的房地产，该房地产的价值扣除已担保债权后的余额部分为抵押价值。

6.4.4 以划拨方式取得的土地使用权连同地上建筑物抵押的，评估其抵押价值时应扣除预计处分所得价款中相当于应缴纳的土地使用权出让金的款额，可采用下列方式之一处理：① 首先求取设想为出让土地使用权下的房地产的价值，然后预计由划拨土地使用权转变为出让土地使用权应缴纳的土地使用权出让金等款额，两者相减为抵押价值。此时土地使用权年限设定为相应用途的法定最高年限，从估价时点起计。② 用成本法估价，价格构成中不应包括土地使用权出让金等由划拨土地使用权转变为出让土地使用权应缴纳的款额。

6.4.5 以具有土地使用年限的房地产抵押的，评估其抵押价值时应考虑设走抵押权以及抵押期限届满时土地使用权的剩余年限对抵押价的影响。

6.4.6 以享受国家优惠政策购买的房地产抵押的，其抵押价值为房地产权利人可处分和收益的份额部分的价值。

6.4.7 以按份额共有的房地产抵押的，其抵押值为抵押人所享有的份额部分的价值。

6.4.8 以共同共有的房地产抵押的，其抵押价值为该房地产的价值。

6.5 房地产保险估价

6.5.1 房地产保险估价，应依据《中华人民共和国保险法》、《中华人民共和国城市房地产管理法》和其他有关规定进行。

6.5.2 房地产保险估价，分为房地产投保时的保险价值评估和保险事故发生后的损失价值或损失程度评估。

6.5.3 保险价应是投保人与保险人订立保险合同时作为确定保险金额基础的保险标的价值。保险金额应是保险人承担赔偿或给付保险金责任的最高限额，也应是投保人对保险标的实际投保金额。

6.5.4 房地产投保时的保险价值评估，应评估有可能因自然灾害或意外事故而遭受损失的建筑物的价值，估价方法宜采用成本法、市场比较法。

6.5.5 房地产投保时的保险价值，根据采用的保险形式，可按该房地产投保时的实际价值确定，也可按保险事故发生时该房地产的实际价值确定。

6.5.6 保险事故发生后的损失价值或损失程度评估，应把握保险标的房地产在保险事故发生前后的状态。对于其中可修复部分，宜估算其修复所需的费用作为损失价值或损失程度。

6.6 房地产课税估价

6.6.1 房地产课税估价应按相应税种为核定其计税依据提供服务。

6.6.2 有关房地产税的估价，应按相关税法具体执行。

6.6.3 房地产课税估价宜采用公开市场价值标准，并应符合相关税法的有关规定。

6.7 征地和房屋拆迁补偿估价

6.7.1 征地和房屋拆迁补偿估价，分为征用农村集体所有的土地的补偿估价（简称征地估价)和拆迁城市国有土地上的房屋及其附属物的补偿估价(简称拆迁估价)。

6.7.2 征地估价,应依据《中华人民共和国土地管理法》以及当地制定的实施办法和其他有关规定进行。

6.7.3 拆迁估价,应依据《城市房屋拆迁管理条例》以及当地制走的实施细则和其他有关规定进行。

6.7.4 依照规定,拆除违章建筑、超过批准期限的临时建筑不予补偿;拆除未超过批准期限的临时建筑给予适当补偿。

6.7.5 实行作价补偿的,可根据当地政府确定公布的房屋重置价格扣除土地价格后结合建筑物成新估价。

6.7.6 依法以有偿出让、转让方式取得的土地使用权,根据社会公共利益需要拆迁其地上房屋时,对该土地使用权如果视为提前收回处理,则应在拆迁补偿估价中包括土地使用权的补偿估价。此种土地使用权补偿估价,应根据该土地使用权的剩余年限所对应的正常市场价格进行。

6.8 房地产分割、合并估价

6.8.1 房地产分割、合并估价应注意分割、合并对房地产价值的影响。分割、合并前后的房地产整体价值不能简单等于各部分房地产价值之和。

6.8.2 分割估价应对分割后的各部分分别估价。

6.8.3 合并估价应对合并后的整体进行估价。

6.9 房地产纠纷估价

6.9.1 房地产纠纷应对纠纷案件中涉及的争议房地产的价值、交易价格、造价、成本、租金、补偿金额、赔偿金额、估价结果等进行科学的鉴定,提出客观、公正、合理的意见,为协议、调解、仲裁、诉讼等方式解决纠纷提供参考依据。

6.9.2 房地产纠纷估价,应按相应类型的房地产估价进行。

6.9.3 房地产纠纷估价,应注意纠纷的性质和协议、调解、仲裁、诉讼等解决纠纷的不同方式,并将其作为估价依据,协调当事人各方的利益。

6.10 房地产拍卖底价评估

6.10.1 地产拍卖底价评估为确定拍卖保留价提供服务,应依据《中华人民共和国拍卖法》、《中华人民共和国城市房地产管理法》和其他有关规定进行。

6.10.2 房地产拍卖底价评估,首先应以公开市场价值标准为原则确定其客观合理价格,之后再考虑短期强制处分(快速变现)等因素的影响确定拍卖底价。

6.11 企业各种经济活动中涉及的房地产估价

6.11.1 企业各种经济活动中涉及的房地产估价,包括企业合资、合作、联营、股份制改组、上市、合并、兼并、分立、出售、破产清算、抵债中的房地产估价。这种估价首先应了解房地产权属是否发生转移,若发生转移,则应按相应的房地产转让行为进行估价;其次应了解是否改变原用途以及这种改变是否合法,并应根据原用途是否合法改变,按"保持现状前提"或"转换用途前提"进行估价。

6.11.2 企业合资、合作、股份制改组、合并、兼并、分立、出售、破产清算等发生房地产权属转移的,应按房地产转让行为进行估价。但应注意资产清算与抵押物处置类似,属于强制处分、要求在短时间内变现的特殊情况;在购买者方面在一定程度上与企业兼并类似,若不允许改变用途,则购买者的范围受到一定限制,其估价宜低于市场价值。

6.11.3 企业联营一般不涉及房地产权属的转移,企业联营中的房地产估价,主要为确定以房地产作为出资的出资方的分配比例服务,宜根据具体情况采用收益法、市场比较法、假设开发法,也可采用成本法。

6.12 其他目的的房地产估价

6.12.1 其他目的的房地产估价,包括房地产损害赔偿估价等。

6.12.2 房地产损害赔偿估价,应把握被损害房地产在损害发生前后的状态,对于其中可修复部分,宜估算其修复所需的费用作为损害赔偿价值。

7 估价结果

7.0.1 对不同估价方法估算出的结果,应进行比较分析。当这些结果差异较大时,应寻找并排除出现差异的原因。

7.0.2 对不同估价方法估算出的结果应做下列检查:① 计算过程是否有误;② 基础数据是否准确;③ 参数选择是否合理;④ 是否符合估价原则;⑤ 公式选用是否恰当;⑥ 选用的估价方法是否适宜估价对象和估价目的。

7.0.3 在确认所选用的估价方法估算出的结果无误之后,应根据具体情况计算求出一个综合结果。

7.0.4 在计算求出一个综合结果的基础上,应考虑不可量化的价格影响因素,对该结果进行适当的调整,或取整,或认定该结果,作为最终的估价结果。当有调整时,应在估价报告中明确阐述理由。

8 估价报告

8.0.1 估价报告应做到下列几点:① 全面性:应完整地反映估价所涉及的事实、推理过程和结论,正文内容和附件资料应齐全,配套;② 公正性和客观性:应站在中立的立场上对影响估价对象价格或价值的因素进行客观的介绍、分析和评论,作出的结论应有充分的依据;③ 准确性:用语应力求准确,避免使用模棱两可或易生误解的文字,对未经查实的事项不得轻率写入,对难以确定的事项应予以说明,并描述其对估价结果可能产生的影响。④ 概括性:应用简洁的文字对估价中所涉及的内容进行高度概括,对获得的大量资料应在科学鉴别与分析的基础上进行筛选,选择典型、有代表性、能反映事情本质特征的资料来说明情况和表达观点。

8.0.2 估价报告应包括下列部分:① 封面;② 目录;③ 致委托方函;④ 估价师声明;⑤ 估价的假设和限制条件;⑥ 估价结果报告;⑦ 估价技术报告;⑧ 附件。

8.0.3 对于成片多宗房地产的同时估价,且单宗房地产的价值较低时,估价结果报告可采用表格的形式。除此之外的估价结果报告,应采用文字说明的形式。

8.0.4 估价报告应记载下列事项:① 估价项目名称;② 委托方名称或姓名和住所;③ 估价方(房地产估价机构)名称和住所;④ 估价对象;⑤ 估价目的;⑥ 估价时点;⑦ 价值定义;⑧ 估价依据;⑨ 估价原则;⑩ 估价技术路线、方法和测算过程;⑪ 估价结果及其确定的理由;⑫ 估价作业日期;⑬ 估价报告应用的有效期;⑭ 估价人员;⑮ 注册房地产估价师的声明和签名、盖章;⑯ 估价的假设和限制条件;⑰ 附件,应包括反映估价对象位置、周围环境、形状、外观和内部状况的图片，估价对象的产权证明，估价中引用的其他专用文件资料，估价人员和估价机构的资格证明。

8.0.5　估价报告中应充分描述说明估价对象状况，包括估价对象的物质实体状况和权益状况，其中：① 对土地的描述说明应包括：名称，坐落，面积，形状，四至、周围环境、景观，基础设施完备程度，土地平整程度，地势，地质、水文状况，规划限制条件，利用现状，权属状况。② 对建筑物的描述说明应包括：名称，坐落，面积，层数，建筑结构，装修，设施设备，平面布置，工程质量，建成年月，维护、保养、使用情况，地基的稳定性，公共配套设施完备程度，利用现状，权属状况。

8.0.6　估价报告中注册房地产估价师的声明应包括下列内容，并应经注册房地产估价师签名、盖章：① 估价报告中估价人员陈述的事实，是真实的和准确的。② 估价报告中的分析、意见和结论，是估价人员自己公正的专业分析、意见和结论，但受到估价报告中已说明的假设和限制条件的限制。③ 估价人员与估价对象没有（或有已载明的）利害关系，也与有关当事人没有（或有已载明的）个人利害关系或偏见。④ 估价人员是依照中华人民共和国国家标准《房地产估价规范》进行分析，形成意见和结论，撰写估价报告。⑤ 估价人员已（或没有）对估价对象进行了实地查勘，并应列出对估价对象进行了实地查勘的估价人员的姓名。⑥ 没有人对估价报告提供了重要专业帮助（若有例外，应说明提供重要专业帮助者的姓名）。⑦ 其他需要声明的事项。

8.0.7　估价报告应由注册房地产估价师签名、盖章并加盖估价机构公章才具有法律效力。在估价报告上签名、盖章的注册房地产估价师和加盖公章的估价机构，对估价报告的内容和结论负责任。

9　职业道德

9.0.1　估价人员和估价机构不得作任何虚伪的估价，应做到公正、客观、诚实。

9.0.2　估价人员和估价机构应保持估价的独立性，必须回避与自己、亲属及其他有利害关系人有关的估价业务。

9.0.3　估价人员和估价机构若感到自己的专业能力所限而难以对某房地产进行估价时，不应接受该项估价委托。

9.0.4　估价人员和估价机构应妥善保管委托方的文件资料，未经委托方的书面许可，不得将委托方的文件资料擅自公开或泄漏给他人。

9.0.5　估价机构应执行政府规定的估价收费标准，不得以不正当理由或名目收取额外的费用，或降低收费标准，进行不正当的竞争。

9.0.6　估价人员和估价机构不得将资格证书借给他人使用或允许他人使用自己的名义，不得以估价者身份在非自己估价的估价报告上签名、盖章。

附录A　估价报告的规范格式

A.0.1　封面：标题：（房地产估价报告）估价项目名称：（说明本估价项目的全称）委托方：（说明本估价项目的委托单位的全称，个人委托的为个人的姓名）估价方：（说明本估价项目的估价机构的全称）估价人员：（说明参加本估价项目的估价人员的姓名）估价作业日期：（说明本次估价的起止年月日，即正式接受估价委托的年月日至完成估价报告的年月日）估价报告编号：（说明本估价报告在本估价讥构内的编号）

A.0.2　目录：

标题:目录

一、致委托方函

二、估价师声明

三、估价的假设和限制条件

四、估价结果报告(一)(二)…

五、估价技术报告(可不提供给委托方,供估价机构存档和有关部门查阅等)(一)(二)…

六、附件(一)(二)…

A.0.3　致委托方函(标题:)致委托方函致函对象(为委托方的全称)致函正文(说明估价对象、估价目的、估价时点、估价结果)致函落款(为估价机构的全称,并加盖估价机构公章,法定代表人签名、盖章)致函日期(为致函的年月日)

A.0.4　估价师声明:(标题:)估价师声明我们郑重声明:

1. 我们在本估价报告中陈述的事实是真实的和准确的。

2. 本估价报告中的分析、意见和结论是我们自己公正的专业分析、意见和结论,但受到本估价报告中已说明的假设和限制条件的限制。

3. 我们与本估价报告中的估价对象没有(或有已载明的)利害关系,也与有关当事人没有(或有已载明的)个人利害关系或偏见。

4. 我们依照中华人民共和国国家标准《房地产估价规范》进行分析,形成意见和结论,撰写本评估报告。

5. 我们已(或没有)对本估价报告中的估价对象进行了实地查勘(在本声明中清楚地说明哪些估价人员对估价对象进行了实地查勘,哪些估价人员没有对估价对象进行了实地查勘)。

6. 没有人对本估价报告提供重要专业帮助(若有例外,应说明提供重要专业帮助者的姓名)。

7. (其他需要声明的事项)。

参加本次估价的注册房地产估价师签名、盖章(至少有一名)。

A.0.5　估价的假设和限制条件(标题:)估价的假设和限制条件(说明本次估价的假设前提,未经调查确认或无法调查确认的资料数据,估价中未考虑的因素和一些特殊处理及其可能的影响,本估价报告使用的限制条件)

A.0.6 估价结果报告:

(标题:)房地产估价报告

(一)委托方(说明本估价项目的委托单位的全称、法定代表人和住所,个人委托的为个人的姓名和住所)

(二)估价方(说明本估价项目的估价机构的全称、法定代表人和住所、估价资格等)

(三)估价对象(概要说明估价对象的状况,包括物质实质状况和权益状况。其中,对土地的说明应包括:名称、坐落、面积、形状、四至、周围环境、景观,基础设施完备程度,土地平整程度,地势、地质、水文状况、规划限制条件、利用现状,权属状况;对建筑物的说明应包括:名称、坐落、面积、层数、建筑结构、装修、设施设备、平面布置、工程质量、建成年月、维护、保养、使用情况、公共配套设施完备状况、利用现状、权属状况)

(四)估价目的(说明本次估价的目的和应用方向)

（五）估价时点（说明所评估的客观合现价格或价值对应的年月日）

（六）价值定义（说明本次估价采用的价值标准或价值内涵）

（七）估价依据（说明本次枯价依据的本房地产估价规范，国家和地方的法律、法规，委托方提供的有关资料，估价机构和估价人员掌握和搜集的有关资料）

（八）估价原则（说明本次估价遵循的房地产估价原则）

（九）估价方法（说明本次估价的思路和采用的方法以及这些估价方法的定义）

（十）估价结果（说明本次估价的最终结果，应分别说明总价和单价，并附大写金额。若用外币表示，应说明估价时点中国人民银行公布的人民币市场汇率中间价，并注明所折合的人民币价格）

（十一）估价人员（列出所有参加本次估价的人员的姓名、估价资格或职称，并由本人签名、盖章）

（十二）估价作业日期（说明本次估价的起止年月日）

（十三）估价报告应用的有效期（说明本估价报告应用的有效期，可表达为到某个年月日止，也可表达为多长年限，如一年）

A.0.7　估价技术报告：

（标题）：房地产估价技术报告

（一）个别因素分析（详细说明、分析估价对象的个别因素）

（二）区域因素分析（详细说明、分析估价对象的区域因素）

（三）市场背景分析（详细说明、分析类似房地产的市场状况，包括过去、现在和可预见的未来）

（四）最高最佳使用分析（详细分析、说明估价对象最高最佳使用）

（五）估价方法选用（详细说明估价的思路和采用的方法及其理由）

（六）估价测算过程（详细说明测算过程，参数确定等）

（七）估价结果确定（详细说明估价结果及其确定的理由）

A.0.8　附件：（标题：）附件 估价对象的位置图，四至和周围环境图，土地形状图，建筑平面图，外观和内部照片，项目有关批准文件，产权证明，估价中引用的其他专用文件资料，估价人员和估价机构的资格证明等。

A.0.9　制作要求：估价报告应做到图文并茂，所用纸张、封面、装订应有较好的质量。纸张大小应采用 A4 纸规格。

规范用词用语说明

1. 为便于在执行本规范条文时区别对待，对要求严格程度不同的用词说明如下：

(1) 表示很严格，非这样做不可的用词；正面词采用“必须”，反面词采用“严禁”；

(2) 表示严格，在正常情况下均应这样做的用词；正面词采用“应”，反面词采用“不应”或“不得”；

(3) 表示允许稍有选择，在条件许可时首先应这样做的用词：正面词采用“宜”，反面词采用“不宜”；表示有选择，在一定条件下可以这样做的，采用“可”。

2. 规范中指定应按其他有关标准、规范执行时，写法为：“应符合……的规定”或“应按……执行”。

附录2

合同编号：

房地产委托估价协议书

甲　方：

乙　方：

签订日期：

签订地点：

房地产委托估价协议书

委托方(甲方)：
法定代表人／职务：
委托人／职务：
营业执照注册号：
开户银行／账号：
地址：
邮编：　　　　　　　　　　　　　　　　传真：
电话：
受托方(乙方)：
法定代表人／职务：
委托人／职务：
营业执照注册号：
开户银行／账号：
地址：
邮编：　　　　　　　　　　　　　　　　传真：
电话：

根据《中华人民共和国城市房地产管理法》、《中华人民共和国合同法》、《城市房屋拆迁管理条例》、及《北京市实施(城市房屋拆迁管理条例)细则》及《北京市房屋拆迁评估管理暂行规定》等的有关文件规定，双方本着平等互利、诚实信用的原则，就房地产估价事宜签订协议如下：

第一条、委托估价内容及时限

1. 甲方因　　　　　　　项目建设用地需要，委托乙方对　　　　　　　所辖被拆迁房屋及附属物的拆迁补偿价格进行评估，总拆迁面积约3千平方米，具体见乙方所绘制的表格。

2. 按照甲方的要求，乙方应在2005年　月　日前将评估报告提供给甲方。

第二条、双方责任及协作事宜

1. 乙方负责调查、了解拆迁范围内被拆迁房屋及土地的有关情况，甲方可配合乙方向有关部门、单位或个人查阅所必需的与房屋估价事宜有关的资料。

2. 乙方在估价期间需到现场勘察，甲方可以为乙方提供必要的与现场勘察有关的方便。

3. 乙方根据甲方的需要，依据《北京市房屋拆迁评估规则(暂行)》拆迁法规、规章的有关规定，保证对委估房屋及附属物的拆迁补偿价格进行客观、公正的评估，出具委估房屋估价报告。评估期间，如遇乙方不可抗拒因素造成延期，乙方向甲方提交报告日期可相应顺延。

4. 乙方应独立完成委估房屋及附属物拆迁补偿价格的全部评估事宜，未经甲方书面同意，乙方不得将评估事宜交由第三方进行。

5. 乙方有义务为甲方就评估报告的任何问题提供咨询服务，乙方有责任就评估报告有关内容提供相关支持和解释工作，以促使甲方与房屋产权单位的顺利协商。

6. 乙方对甲方委估房屋的文件资料应妥善保管，并尽保密义务，未经甲方同意不得擅自公开或者泄露给他人，该保密义务在本合同终止后持续有效。

第三条、评估费

根据房屋产权单位所提供手续和文件，确定评估物为房屋及附属物，评估费经双方协商后，收费比例按甲方认可的评估报告中评估价总额的1.2%收取。

第四条、付款方式

乙方出具房屋估价报告书，经甲方登记备案后　日内，甲方根据乙方评估结果交付乙方评估费的　%，余款在评估报告得到房屋产权单位和甲方认可后，　日内付清。

第五条、违约责任

本协议签订后，未经乙方同意甲方不得中断评估；如乙方未能按时完成评估报告，按每延迟一日扣除评估费0.1%进行累计，延迟15日则视乙方自动放弃合同，并赔偿甲方损失，全额退还预付评估费；如乙方未按约定原则进行估价，甲方可以要求乙方无偿复估，乙方应在5日内完成。

第六条、争议的解决

凡有关本协议或执行本协议发生的争议，应经过友好协商解决；若不能协商解决，则提交甲方所在地方法院提起诉讼。

第七条、协议生效

1. 本协议自双方签章之日起生效，本协议(包括附件)为甲乙双方之间完整协议。

2. 本协议所订一切条款，甲、乙任何一方不得擅自变更或修改，对本协议的任何修正、更改或增删，经双方授权代表签署确认后方可发生效力。

3. 本协议如有未尽事宜，需由甲乙双方协商，另订补充协议附于本协议之内，所有补充协议在法律上均与本协议有同等效力。

4. 本协议一式四份，双方各持二份，经双方签署的每份协议均为正本。

甲方：(盖章)　　乙方：(盖章)

法定代表人：(盖章或签字)　　法定代表人：(盖章或签字)

委托代理人：(盖章或签字)　　委托代理人：(盖章或签字)

本协议签订日期：　　年　　月　　日

签订地点：

附录3

中华人民共和国城市房地产管理法（2007 修正）

（中华人民共和国主席令第七十二号）

《全国人民代表大会常务委员会关于修改〈中华人民共和国城市房地产管理法〉的决定》已由中华人民共和国第十届全国人民代表大会常务委员会第二十九次会议于2007年8月30日通过，现予公布，自公布之日起施行。

中华人民共和国主席　胡锦涛

2007年8月30日

中华人民共和国城市房地产管理法

（1994年7月5日第八届全国人民代表大会常务委员会第八次会议通过　根据2007年8月30日第十届全国人民代表大会常务委员会第二十九次会议《关于修改〈中华人民共和国城市房地产管理法〉的决定》修正）

目　录

第一章　总　则
第二章　房地产开发用地
　　第一节　土地使用权出让
　　第二节　土地使用权划拨
第三章　房地产开发
第四章　房地产交易
　　第一节　一般规定
　　第二节　房地产转让
　　第三节　房地产抵押
　　第四节　房屋租赁
　　第五节　中介服务机构
第五章　房地产权属登记管理
第六章　法律责任
第七章　附　　则

第一章　总　　则

第一条　为了加强对城市房地产的管理，维护房地产市场秩序，保障房地产权利人的合法权益，促进房地产业的健康发展，制定本法。

第二条　在中华人民共和国城市规划区国有土地（以下简称国有土地）范围内取得房地产开发用地的土地使用权，从事房地产开发、房地产交易，实施房地产管理，应当遵守本法。

本法所称房屋，是指土地上的房屋等建筑物及构筑物。

本法所称房地产开发，是指在依据本法取得国有土地使用权的土地上进行基础设施、房屋建设的行为。

本法所称房地产交易，包括房地产转让、房地产抵押和房屋租赁。

第三条　国家依法实行国有土地有偿、有限期使用制度。但是，国家在本法规定的范围内划拨国有土地使用权的除外。

第四条　国家根据社会、经济发展水平，扶持发展居民住宅建设，逐步改善居民的居住条件。

第五条　房地产权利人应当遵守法律和行政法规，依法纳税。房地产权利人的合法权益受法律保护，任何单位和个人不得侵犯。

第六条　为了公共利益的需要，国家可以征收国有土地上单位和个人的房屋，并依法给予拆迁补偿，维护被征收人的合法权益；征收个人住宅的，还应当保障被征收人的居住条件。具体办法由国务院规定。

第七条　国务院建设行政主管部门、土地管理部门依照国务院规定的职权划分，各司其职，密切配合，管理全国房地产工作。

县级以上地方人民政府房产管理、土地管理部门的机构设置及其职权由省、自治区、直辖市人民政府确定。

第二章　房地产开发用地

第一节　土地使用权出让

第八条　土地使用权出让，是指国家将国有土地使用权（以下简称土地使用权）在一定年限内出让给土地使用者，由土地使用者向国家支付土地使用权出让金的行为。

第九条　城市规划区内的集体所有的土地，经依法征用转为国有土地后，该幅国有土地的使用权方可有偿出让。

第十条　土地使用权出让，必须符合土地利用总体规划、城市规划和年度建设用地计划。

第十一条　县级以上地方人民政府出让土地使用权用于房地产开发的，须根据省级以上人民政府下达的控制指标拟订年度出让土地使用权总面积方案，按照国务院规定，报国务院或者省级人民政府批准。

第十二条　土地使用权出让，由市、县人民政府有计划、有步骤地进行。出让的每幅地块、用途、年限和其他条件，由市、县人民政府土地管理部门会同城市规划、建设、房产管理部门共同拟定方案，按照国务院规定，报经有批准权的人民政府批准后，由市、县人民政府土地管理部门实施。

直辖市的县人民政府及其有关部门行使前款规定的权限,由直辖市人民政府规定。

第十三条　土地使用权出让,可以采取拍卖、招标或者双方协议的方式。

商业、旅游、娱乐和豪华住宅用地,有条件的,必须采取拍卖、招标方式;没有条件,不能采取拍卖、招标方式的,可以采取双方协议的方式。

采取双方协议方式出让土地使用权的出让金不得低于按国家规定所确定的最低价。

第十四条　土地使用权出让最高年限由国务院规定。

第十五条　土地使用权出让,应当签订书面出让合同。

土地使用权出让合同由市、县人民政府土地管理部门与土地使用者签订。

第十六条　土地使用者必须按照出让合同约定,支付土地使用权出让金;未按照出让合同约定支付土地使用权出让金的,土地管理部门有权解除合同,并可以请求违约赔偿。

第十七条　土地使用者按照出让合同约定支付土地使用权出让金的,市、县人民政府土地管理部门必须按照出让合同约定,提供出让的土地;未按照出让合同约定提供出让的土地的,土地使用者有权解除合同,由土地管理部门返还土地使用权出让金,土地使用者并可以请求违约赔偿。

第十八条　土地使用者需要改变土地使用权出让合同约定的土地用途的,必须取得出让方和市、县人民政府城市规划行政主管部门的同意,签订土地使用权出让合同变更协议或者重新签订土地使用权出让合同,相应调整土地使用权出让金。

第十九条　土地使用权出让金应当全部上缴财政,列入预算,用于城市基础设施建设和土地开发。土地使用权出让金上缴和使用的具体办法由国务院规定。

第二十条　国家对土地使用者依法取得的土地使用权,在出让合同约定的使用年限届满前不收回;在特殊情况下,根据社会公共利益的需要,可以依照法律程序提前收回,并根据土地使用者使用土地的实际年限和开发土地的实际情况给予相应的补偿。

第二十一条　土地使用权因土地灭失而终止。

第二十二条　土地使用权出让合同约定的使用年限届满,土地使用者需要继续使用土地的,应当至迟于届满前一年申请续期,除根据社会公共利益需要收回该幅土地的,应当予以批准。经批准准予续期的,应当重新签订土地使用权出让合同,依照规定支付土地使用权出让金。

土地使用权出让合同约定的使用年限届满,土地使用者未申请续期或者虽申请续期但依照前款规定未获批准的,土地使用权由国家无偿收回。

第二节　土地使用权划拨

第二十三条　土地使用权划拨,是指县级以上人民政府依法批准,在土地使用者缴纳补偿、安置等费用后将该幅土地交付其使用,或者将土地使用权无偿交付给土地使用者使用的行为。

依照本法规定以划拨方式取得土地使用权的,除法律、行政法规另有规定外,没有使用期限的限制。

第二十四条　下列建设用地的土地使用权,确属必需的,可以由县级以上人民政府依法批准划拨:

(一) 国家机关用地和军事用地;

（二）城市基础设施用地和公益事业用地；

（三）国家重点扶持的能源、交通、水利等项目用地；

（四）法律、行政法规规定的其他用地。

第三章 房地产开发

第二十五条 房地产开发必须严格执行城市规划，按照经济效益、社会效益、环境效益相统一的原则，实行全面规划、合理布局、综合开发、配套建设。

第二十六条 以出让方式取得土地使用权进行房地产开发的，必须按照土地使用权出让合同约定的土地用途、动工开发期限开发土地。超过出让合同约定的动工开发日期满一年未动工开发的，可以征收相当于土地使用权出让金百分之二十以下的土地闲置费；满二年未动工开发的，可以无偿收回土地使用权；但是，因不可抗力或者政府、政府有关部门的行为或者动工开发必需的前期工作造成动工开发迟延的除外。

第二十七条 房地产开发项目的设计、施工，必须符合国家的有关标准和规范。

房地产开发项目竣工，经验收合格后，方可交付使用。

第二十八条 依法取得的土地使用权，可以依照本法和有关法律、行政法规的规定，作价入股，合资、合作开发经营房地产。

第二十九条 国家采取税收等方面的优惠措施鼓励和扶持房地产开发企业开发建设居民住宅。

第三十条 房地产开发企业是以营利为目的，从事房地产开发和经营的企业。设立房地产开发企业，应当具备下列条件：

（一）有自己的名称和组织机构；

（二）有固定的经营场所；

（三）有符合国务院规定的注册资本；

（四）有足够的专业技术人员；

（五）法律、行政法规规定的其他条件。

设立房地产开发企业，应当向工商行政管理部门申请设立登记。工商行政管理部门对符合本法规定条件的，应当予以登记，发给营业执照；对不符合本法规定条件的，不予登记。

设立有限责任公司、股份有限公司，从事房地产开发经营的，还应当执行公司法的有关规定。

房地产开发企业在领取营业执照后的一个月内，应当到登记机关所在地的县级以上地方人民政府规定的部门备案。

第三十一条 房地产开发企业的注册资本与投资总额的比例应当符合国家有关规定。

房地产开发企业分期开发房地产的，分期投资额应当与项目规模相适应，并按照土地使用权出让合同的约定，按期投入资金，用于项目建设。

第四章　房地产交易

第一节　一般规定

第三十二条　房地产转让、抵押时，房屋的所有权和该房屋占用范围内的土地使用权同时转让、抵押。

第三十三条　基准地价、标定地价和各类房屋的重置价格应当定期确定并公布。具体办法由国务院规定。

第三十四条　国家实行房地产价格评估制度。

房地产价格评估，应当遵循公正、公平、公开的原则，按照国家规定的技术标准和评估程序，以基准地价、标定地价和各类房屋的重置价格为基础，参照当地的市场价格进行评估。

第三十五条　国家实行房地产成交价格申报制度。

房地产权利人转让房地产，应当向县级以上地方人民政府规定的部门如实申报成交价，不得瞒报或者作不实的申报。

第三十六条　房地产转让、抵押，当事人应当依照本法第五章的规定办理权属登记。

第二节　房地产转让

第三十七条　房地产转让，是指房地产权利人通过买卖、赠与或者其他合法方式将其房地产转移给他人的行为。

第三十八条　下列房地产，不得转让：

（一）以出让方式取得土地使用权的，不符合本法第三十九条规定的条件的；

（二）司法机关和行政机关依法裁定、决定查封或者以其他形式限制房地产权利的；

（三）依法收回土地使用权的；

（四）共有房地产，未经其他共有人书面同意的；

（五）权属有争议的；

（六）未依法登记领取权属证书的；

（七）法律、行政法规规定禁止转让的其他情形。

第三十九条　以出让方式取得土地使用权的，转让房地产时，应当符合下列条件：

（一）按照出让合同约定已经支付全部土地使用权出让金，并取得土地使用权证书；

（二）按照出让合同约定进行投资开发，属于房屋建设工程的，完成开发投资总额的百分之二十五以上，属于成片开发土地的，形成工业用地或者其他建设用地条件。

转让房地产时房屋已经建成的，还应当持有房屋所有权证书。

第四十条　以划拨方式取得土地使用权的，转让房地产时，应当按照国务院规定，报有批准权的人民政府审批。有批准权的人民政府准予转让的，应当由受让方办理土地使用权出让手续，并依照国家有关规定缴纳土地使用权出让金。

以划拨方式取得土地使用权的，转让房地产报批时，有批准权的人民政府按照国务院规定决定可以不办理土地使用权出让手续的，转让方应当按照国务院规定将转让房地产所获收益中的土地收益上缴国家或者作其他处理。

第四十一条　房地产转让,应当签订书面转让合同,合同中应当载明土地使用权取得的方式。

第四十二条　房地产转让时,土地使用权出让合同载明的权利、义务随之转移。

第四十三条　以出让方式取得土地使用权的,转让房地产后,其土地使用权的使用年限为原土地使用权出让合同约定的使用年限减去原土地使用者已经使用年限后的剩余年限。

第四十四条　以出让方式取得土地使用权的,转让房地产后,受让人改变原土地使用权出让合同约定的土地用途的,必须取得原出让方和市、县人民政府城市规划行政主管部门的同意,签订土地使用权出让合同变更协议或者重新签订土地使用权出让合同,相应调整土地使用权出让金。

第四十五条　商品房预售,应当符合下列条件:

(一) 已交付全部土地使用权出让金,取得土地使用权证书;

(二) 持有建设工程规划许可证;

(三) 按提供预售的商品房计算,投入开发建设的资金达到工程建设总投资的百分之二十五以上,并已经确定施工进度和竣工交付日期;

(四) 向县级以上人民政府房产管理部门办理预售登记,取得商品房预售许可证明。

商品房预售人应当按照国家有关规定将预售合同报县级以上人民政府房产管理部门和土地管理部门登记备案。

商品房预售所得款项,必须用于有关的工程建设。

第四十六条　商品房预售的,商品房预购人将购买的未竣工的预售商品房再行转让的问题,由国务院规定。

第三节　房地产抵押

第四十七条　房地产抵押,是指抵押人以其合法的房地产以不转移占有的方式向抵押权人提供债务履行担保的行为。债务人不履行债务时,抵押权人有权依法以抵押的房地产拍卖所得的价款优先受偿。

第四十八条　依法取得的房屋所有权连同该房屋占用范围内的土地使用权,可以设定抵押权。

以出让方式取得的土地使用权,可以设定抵押权。

第四十九条　房地产抵押,应当凭土地使用权证书、房屋所有权证书办理。

第五十条　房地产抵押,抵押人和抵押权人应当签订书面抵押合同。

第五十一条　设定房地产抵押权的土地使用权是以划拨方式取得的,依法拍卖该房地产后,应当从拍卖所得的价款中缴纳相当于应缴纳的土地使用权出让金的款额后,抵押权人方可优先受偿。

第五十二条　房地产抵押合同签订后,土地上新增的房屋不属于抵押财产。需要拍卖该抵押的房地产时,可以依法将土地上新增的房屋与抵押财产一同拍卖,但对拍卖新增房屋所得,抵押权人无权优先受偿。

第四节 房屋租赁

第五十三条 房屋租赁，是指房屋所有权人作为出租人将其房屋出租给承租人使用，由承租人向出租人支付租金的行为。

第五十四条 房屋租赁，出租人和承租人应当签订书面租赁合同，约定租赁期限、租赁用途、租赁价格、修缮责任等条款，以及双方的其他权利和义务，并向房产管理部门登记备案。

第五十五条 住宅用房的租赁，应当执行国家和房屋所在城市人民政府规定的租赁政策。租用房屋从事生产、经营活动的，由租赁双方协商议定租金和其他租赁条款。

第五十六条 以营利为目的，房屋所有权人将以划拨方式取得使用权的国有土地上建成的房屋出租的，应当将租金中所含土地收益上缴国家。具体办法由国务院规定。

第五节 中介服务机构

第五十七条 房地产中介服务机构包括房地产咨询机构、房地产价格评估机构、房地产经纪机构等。

第五十八条 房地产中介服务机构应当具备下列条件：

（一）有自己的名称和组织机构；

（二）有固定的服务场所；

（三）有必要的财产和经费；

（四）有足够数量的专业人员；

（五）法律、行政法规规定的其他条件。

设立房地产中介服务机构，应当向工商行政管理部门申请设立登记，领取营业执照后，方可开业。

第五十九条 国家实行房地产价格评估人员资格认证制度。

第五章 房地产权属登记管理

第六十条 国家实行土地使用权和房屋所有权登记发证制度。

第六十一条 以出让或者划拨方式取得土地使用权，应当向县级以上地方人民政府土地管理部门申请登记，经县级以上地方人民政府土地管理部门核实，由同级人民政府颁发土地使用权证书。

在依法取得的房地产开发用地上建成房屋的，应当凭土地使用权证书向县级以上地方人民政府房产管理部门申请登记，由县级以上地方人民政府房产管理部门核实并颁发房屋所有权证书。

房地产转让或者变更时，应当向县级以上地方人民政府房产管理部门申请房产变更登记，并凭变更后的房屋所有权证书向同级人民政府土地管理部门申请土地使用权变更登记，经同级人民政府土地管理部门核实，由同级人民政府更换或者更改土地使用权证书。

法律另有规定的，依照有关法律的规定办理。

第六十二条 房地产抵押时，应当向县级以上地方人民政府规定的部门办理抵押登记。

因处分抵押房地产而取得土地使用权和房屋所有权的，应当依照本章规定办理过户登记。

第六十三条　经省、自治区、直辖市人民政府确定，县级以上地方人民政府由一个部门统一负责房产管理和土地管理工作的，可以制作、颁发统一的房地产权证书，依照本法第六十一条的规定，将房屋的所有权和该房屋占用范围内的土地使用权的确认和变更，分别载入房地产权证书。

第六章　法律责任

第六十四条　违反本法第十一条、第十二条的规定，擅自批准出让或者擅自出让土地使用权用于房地产开发的，由上级机关或者所在单位给予有关责任人员行政处分。

第六十五条　违反本法第三十条的规定，未取得营业执照擅自从事房地产开发业务的，由县级以上人民政府工商行政管理部门责令停止房地产开发业务活动，没收违法所得，可以并处罚款。

第六十六条　违反本法第三十九条第一款的规定转让土地使用权的，由县级以上人民政府土地管理部门没收违法所得，可以并处罚款。

第六十七条　违反本法第四十条第一款的规定转让房地产的，由县级以上人民政府土地管理部门责令缴纳土地使用权出让金，没收违法所得，可以并处罚款。

第六十八条　违反本法第四十五条第一款的规定预售商品房的，由县级以上人民政府房产管理部门责令停止预售活动，没收违法所得，可以并处罚款。

第六十九条　违反本法第五十八条的规定，未取得营业执照擅自从事房地产中介服务业务的，由县级以上人民政府工商行政管理部门责令停止房地产中介服务业务活动，没收违法所得，可以并处罚款。

第七十条　没有法律、法规的依据，向房地产开发企业收费的，上级机关应当责令退回所收取的钱款；情节严重的，由上级机关或者所在单位给予直接责任人员行政处分。

第七十一条　房产管理部门、土地管理部门工作人员玩忽职守、滥用职权，构成犯罪的，依法追究刑事责任；不构成犯罪的，给予行政处分。

房产管理部门、土地管理部门工作人员利用职务上的便利，索取他人财物，或者非法收受他人财物为他人谋取利益，构成犯罪的，依照惩治贪污罪贿赂罪的补充规定追究刑事责任；不构成犯罪的，给予行政处分。

第七章　附　　则

第七十二条　在城市规划区外的国有土地范围内取得房地产开发用地的土地使用权，从事房地产开发、交易活动以及实施房地产管理，参照本法执行。

第七十三条　本法自 1995 年 1 月 1 日起施行。

附录 4

房屋完损等级评定标准(试行)

城乡建设环境保护部批准《房屋完损等级评定标准(试行)》
(1984 年 11 月 8 日)城住字〔1984〕第 678 号

为了统一评定各类房屋的完损等级标准,科学地制定房屋维修计划,尽快地提高房屋完好率,我部委托无锡市房地产管理局编写了《房屋完损等级评定标准》,现批准自 1985 年 1 月 1 日起在房地产管理所试行。

1 引言

1.1 为使房地产管理部门掌握各类房屋的完损情况,并为房屋技术管理和修缮计划的安排以及城市规划、改造提供基础资料和依据,特制订本标准。

1.2 本标准适用于房地产管理部门经营的房屋。对单位自管房(不包括工业建筑)或私房进行鉴定、管理时,其完损等级的评定,也可适用本标准。在评定古典建筑的完损等级时,本标准可作参考。

1.3 对现有房屋原设计质量和原使用功能的鉴定,不属本标准的评定范围。

2 一般规定

2.1 房屋按常用结构分成下列各类:

a. 钢筋混凝土结构——承重的主要结构是用钢筋混凝土建造的(钢或钢筋混凝土结构参照列入);

b. 混合结构——承重的主要结构是用钢筋混凝土和砖木建造的;

c. 砖木结构——承重的主要结构是用砖木建造的;

d. 其他结构——承重的主要结构是用竹木、砖石、土建造的简易房屋。

2.2 房屋完损状况,根据各类房屋的结构、装修、设备等组成部分的完好、损坏程度,分成下列各类:

a. 完好房;

b. 基本完好房;

c. 一般损坏房;

d. 严重损坏房;

e. 危险房。

注:危险房是指承重的主要结构严重损坏,影响正常使用,不能确保住用安全的房屋。其评定标准另定。

2.3 各类房屋结构组成分为:基础、承重构件、非承重墙、屋面、楼地面;装修组成分为：门窗、外抹灰、内抹灰顶棚、细木装修；设备组成分为：水卫、电照、暖气及特种设备（如消防栓、避雷装置等）。

2.4 有抗震设防要求的地区，在划分房屋完损等级时应结合抗震能力进行评定。

2.5 房地产管理部门在统计房屋完好率时，应按本标准所确定的完好房和基本完好房一并计算。

2.6 凡新接管和经过修缮后的房屋应按本标准重新评定完损等级。

结合房屋的定期普查鉴定，亦应调整房屋的完损等级。

2.7 房屋完损等级的评定，一般以幢为评定单位，一律以建筑面积（平方米）为计量单位。

3 房屋完损标准

3.1 完好标准

3.1.1 结构部分：

3.1.1.1 地基基础：有足够承载能力，无超过允许范围的不均匀沉降。

3.1.1.2 承重构件：梁、柱、墙、板、屋架平直牢固，无倾斜变形、裂缝、松动、腐朽、蛀蚀。

3.1.1.3 非承重墙：

a. 预制墙板节点安装牢固，拼缝处不渗漏；

b. 砖墙平直完好，无风化破损；

c. 石墙无内化弓凸；

d. 木、竹、芦帘、苇箔等墙体完整无破损。

3.1.1.4 屋面：不渗漏（其他结构房屋以不漏雨为标准），基层平整完好，积尘甚少，排水畅通。

a. 平屋面防水层、隔热层、保温层完好；

b. 平瓦屋面瓦片搭接紧密，无缺角、裂缝瓦（合理安排利用除外），瓦出线完好；

c. 青瓦屋面瓦垄顺直，搭接均匀，瓦头整齐，无碎瓦，节筒俯瓦灰梗牢固；

d. 铁皮屋面安装牢固，铁皮完好，无锈蚀；

e. 石灰炉渣、青灰屋面光滑平整，油毡屋面牢固无破洞。

3.1.1.5 楼地面：

a. 整体面层平整完好，无空鼓、裂缝、起砂；

b. 木楼地面平整坚固，无腐朽、下沉，无较多磨损和稀缝；

c. 砖、混凝土块料面层平整，无碎裂；

d. 灰土地面平整完好。

3.1.2 装修部分：

3.1.2.1 门窗：完整无损，开关灵活，玻璃、五金齐全，纱窗完整，油漆完好（允许有个别钢门、窗轻度锈蚀，其他结构房屋无油漆要求）。

3.1.2.2 外抹灰：完整牢固，无空鼓、剥落、破损和裂缝（风裂除外），勾缝砂浆密实。

其他结构房屋以完整无破损为标准。

3.1.2.3 内抹灰：完整、牢固、无破损、空鼓和裂缝（风裂除外）；

其他结构房屋以完整无破损为标准。

3.1.2.4 顶棚:完整牢固、无破损、变形、腐朽和下垂脱落,油漆完好。

3.1.2.5 细木装修:完整牢固,油漆完好。

3.1.3 设备部分

3.1.3.1 水卫:上、下水管道畅通,各种卫生器具完好,零件齐全无损。

3.1.3.2 电照:电器设备、线路、各种照明装置完好牢固,绝缘良好。

3.1.3.3 暖气:设备、管道、烟道畅通、完好,无堵、冒、漏,使用正常。

3.1.3.4 特种设备:现状良好,使用正常。

3.2 基本完好标准

3.2.1 结构部分:

3.2.1.1 地基基础:有承载能力、稍有超过允许范围的不均匀沉降,但已稳定。

3.2.1.2 承重构件:有少量损坏,基本牢固。

a. 钢筋混凝土个别构件有轻微变形、细小裂缝,混凝土有轻度剥落、露筋;

b. 钢屋架平直不变形,各节点焊接完好,表面稍有锈蚀,钢筋混凝土屋架无混凝土剥落,节点牢固完好,钢杆件表面稍有锈蚀;木屋架的各部件节点连接基本完好,稍有隙缝,铁件齐全,有少量生锈;

c. 沉重砖墙(柱)、砌块有少量细裂缝;

d. 木构件稍有变形、裂缝、倾斜,个别节点和支撑稍有松动,铁件稍有锈蚀;

e. 竹结构节点基本牢固,轻度蛀蚀,铁件稍锈蚀。

3.2.1.3 非沉重墙:有少量损坏,但基本牢固。

a. 预制墙板稍有裂缝、渗水,嵌缝不密实,间隔墙面层稍有破损;

b. 外转墙面稍有风化,转墙体轻度裂缝,勒脚有侵蚀;

c. 石墙稍有裂缝、弓凸;

d. 木、竹、芦帘、苇箔等墙体基本完整,稍有破损。

3.2.1.4 屋面:局部渗漏,积尘较多,排水基本畅通。

a. 平屋面隔热层、保温层稍有损坏,卷材防水层稍有空鼓、翘边和封口不严,刚性房水层稍有龟裂,块体房水层稍有脱壳;

b. 平瓦屋面少量瓦片裂碎、缺角、风化,瓦出线稍有裂缝;

c. 青瓦屋面瓦垄少量不直,少量瓦片破碎,节筒俯瓦有松动,灰梗有裂缝,屋脊抹灰有裂缝;

d. 铁皮屋面少量咬口或嵌缝不严实,部分铁皮生锈,油漆脱皮;

e. 石灰炉渣、青灰屋面稍有裂缝,油毡屋面少量破洞。

3.2.1.5 楼地面:

a. 整体面层稍有裂缝、空鼓、起砂;

b. 木楼地面稍有磨损和稀缝,轻度颤动;

c. 砖、混凝土块料面层磨损起砂,稍有裂缝、空鼓;

d. 灰土地面有磨损、裂缝。

3.2.2 装修部分:

3.2.2.1 门窗:少量变形、开关不灵,玻璃、五金、纱窗少量残缺,油漆失光。

3.2.2.2　外抹灰：稍有空鼓、裂缝、风化、剥落，勾缝砂浆少量酥松脱落。

3.2.2.3　内抹灰：稍有空鼓、裂缝、剥落。

3.2.2.4　顶棚：无明显变形、下垂，抹灰层稍有裂缝，面层稍有脱钉、翘角、松动，压条有脱落。

3.2.2.5　细木装修：稍有松动、残缺，油漆基本完好。

3.2.3　设备部分：

3.2.3.1　水卫：上、下水管道基本畅通，卫生器具基本完好，个别零件残缺损坏。

3.2.3.2　电照：电器设备、线路、照明装置基本完好，个别零件损坏。

3.2.3.3　暖气：设备、管道、烟道基本畅通，稍有锈蚀，个别零件损坏，基本能正常使用。

3.2.3.4　特种设备：现状基本良好，能正常使用。

3.3　一般损坏标准

3.3.1　结构部分

3.3.1.1　地基基础：局部承载能力不足，有超过允许范围的不均匀沉降，对上部结构稍有影响。

3.3.1.2　承重构件：有较多损坏，强度已有所减弱。

a. 钢筋混凝土构件有局部变形、裂缝，混凝土剥落露筋锈蚀、变形、裂缝值稍超过设计规范的规定，混凝土剥落面积占全部面积的10%以内，露筋锈蚀；

b. 钢屋架有轻微倾斜或变形，少数支撑部件损坏，锈蚀严重，钢筋混凝土屋架有剥落，露筋、钢杆有锈蚀；木屋架有局部腐朽、蛀蚀，个别节点连接松动，木质有裂缝、变形、倾斜等损坏，铁件锈蚀；

c. 承重墙体(柱)、砌块有部分裂缝、倾斜、弓凸、风化、腐蚀和灰缝酥松等损坏；

d. 木结构局部有倾斜、下垂、侧向变形、腐朽、裂缝、少数节点松动、脱榫，铁件锈蚀；

e. 竹构件个别节点松动，竹材有部分开裂、蛀蚀、腐朽、局部构件变形。

3.3.1.3　非承重墙：有较多损坏，强度减弱。

a. 预制墙板的边、角有裂缝，拼缝处嵌缝料部分脱落，有渗水，间隔墙层局部损坏；

b. 砖墙有裂缝、弓凸、倾斜、风化、腐蚀，灰缝有酥松，勒脚有部分侵蚀剥落；

c. 石墙部分开裂、弓凸、风化，砂浆酥松，个别石块脱落；

d. 木、竹、芦帘墙体部分严重破损，土墙稍有倾斜，硝碱。

3.3.1.4　屋面：局部漏雨，木基层局部腐朽、变形、损坏，钢筋混凝土屋板局部下滑，屋面高低不平，排水设施锈蚀、断裂。

a. 平屋面保温层、隔热层较多损坏，卷材防水层部分有空鼓、翘边和封口脱开，刚性防水层部分有裂缝、起壳，块体防水层部分有松动、风化、腐蚀；

b. 平瓦屋面部分瓦片有破碎、风化，瓦出线严重裂缝、起壳、脊瓦局部松动、破损；

c. 青瓦屋面部分瓦片风化、破碎、翘角，瓦垄不顺直，节筒俯瓦破碎残缺，灰梗部分脱落，屋脊抹灰有脱落，瓦片松动；

d. 铁皮屋面部分咬口或嵌缝不严实，铁皮严重锈烂；

e. 石灰炉渣、表灰屋面，局部风化脱壳、剥落，油毡屋面有破洞。

3.3.1.5　楼地面：

a. 整体面层部分裂缝、空鼓、剥落，严重起砂；

b. 木楼地面部分有磨损、蛀蚀、翘裂、松动、稀缝，局部变形下沉，有颤动；

c. 砖、混凝土块料面磨损，部分破损、裂缝、脱落，高低不平；

d. 灰土地面坑洼不平。

3.3.2 装修部分：

3.3.2.1 门窗：木门窗部分翘裂，榫头松动，木质腐朽，开关不灵；钢门、窗部分铁胀变形、锈蚀，玻璃、五金、纱窗部分残缺；油漆老化翘皮、剥落。

3.3.2.2 外抹灰：部分有空鼓、裂缝、风化、剥落，勾缝砂浆部分松酥脱落。

3.3.2.3 内抹灰：部分空鼓、裂缝、剥落。

3.3.2.4 顶棚：有明显变形、下垂，抹灰层局部有裂缝，面层局部有脱钉、翘角、松动，部分压条脱落。

3.3.2.5 细木装修；木质部分腐朽、蛀蚀、破裂；油漆老化。

3.3.3 设备部分：

3.3.3.1 水卫：上、下水道不够畅通，管道有积垢、锈蚀，个别滴、漏、冒；卫生器具零件部分损坏、残缺。

3.3.3.2 电照：设备陈旧，电线部分老化，绝缘性能差，少量照明装置有损坏、残缺。

3.3.3.3 暖气：部分设备、管道锈蚀严重，零件损坏，有滴、冒、跑现象，供气不正常。

3.3.3.4 特种设备：不能正常使用。

3.4 严重损坏标准

3.4.1 结构部分：

3.4.1.1 地基基础：承载能力不足，有明显不均匀沉降或明显滑动、压碎、折断、冻酥、腐蚀等损坏，并且仍在继续发展，对上部结构有明显影响。

3.4.1.2 承重构件；明显损坏，强度不足。

a. 钢筋混凝土构件有明显下垂变形、裂缝，混凝土剥落和露筋锈蚀严重，下垂变形、裂缝值超过设计规范的规定，混凝土剥落面积占全面积的10%以上；

b. 钢屋架明显倾斜或变形，部分支撑弯曲松脱，锈蚀严重，钢筋混凝土屋架有倾斜，混凝土严重腐蚀剥落、露筋锈蚀，部分支撑损坏，连接件不齐全，钢杆锈蚀严重；木屋架端节点腐朽、蛀蚀，节点边接松动，夹板有裂缝，屋架有明显下垂或倾斜，铁件严重锈蚀，支撑松动；

c. 承重墙体（柱）、砌块强度和稳定性严重不足，有严重裂缝、倾斜、弓凸、风化、腐蚀和灰缝严重酥松损坏；

d. 木构件严重倾斜、下垂、侧向变形、腐朽、蛀蚀、裂缝，木质脆枯，节点松动，榫头折断拔出、榫眼压裂，铁件严重锈蚀和部分残缺；

e. 竹构件节点松动、变形，竹材弯曲断裂、腐朽，整个房屋倾斜变形。

3.4.1.3 非承重墙：有严重损坏，强度不足。

a. 预制墙板严重裂缝、变形，节点锈蚀，拼缝嵌料脱落，严重漏水，间隔墙立筋松动、断裂，面层严重破损；

b. 砖墙有严重裂缝、弓凸、倾斜、风化、腐蚀，灰缝酥松；

c. 石墙严重开裂、下沉、弓凸、断裂，砂浆酥松，石块脱落；

d. 木、竹、芦帘、苇箔等墙体严重破损，土墙倾斜、硝碱。

3.4.1.4 屋面：严重漏雨。木基层腐烂、蛀蚀、变形损坏、屋面高低不平，排水设施严重锈蚀、断裂，残缺不全。

a. 平屋面保温层、隔热层严重损坏，卷材防水层普遍老化、断裂、翘边和封口脱开，沥青流淌，刚性防水层严重开裂、起壳、脱落，块体防水层严重松动、腐蚀、破损；

b. 平瓦屋面瓦片零乱不落槽，严重破碎、风化，瓦出线破损、脱落，脊瓦严重松动破损；

c. 青瓦屋面瓦片零乱，风化、碎瓦多、瓦垄不直、脱脚，节筒俯瓦严重脱落残缺，灰梗脱落，屋脊严重损坏；

d. 铁皮屋面严重锈烂，变形下垂；

e. 石灰炉渣、青灰屋面大部冻鼓、裂缝、脱壳、剥落，油毡屋面严重老化，大部损坏。

3.4.1.5 楼地面：

a. 整体面层严重起砂、剥落、裂缝、沉陷、空鼓；

b. 木楼地面有严重磨损、蛀蚀、翘裂、松动、稀缝、变形下沉、颤动；

c. 砖、混凝土块料面层严重脱落、下沉、高低不平、破碎、残缺不全；

d. 灰土地面严重坑洼不平。

3.4.2 装修部分：

3.4.2.1 门窗：木质腐朽，开关普遍不灵，榫头松动、翘裂，钢门、窗严重变形锈蚀，玻璃、五金、纱窗残缺，油漆剥落见底。

3.4.2.2 外抹灰：严重空鼓、裂缝、剥落，墙面渗水，勾缝砂浆严重松酥脱落。

3.4.2.3 内抹灰：严重空鼓、裂 缝、剥落。

3.4.2.4 顶棚：严重变形下垂，木筋弯曲翘裂、腐朽、蛀蚀，面层严重破损，压条脱落，油漆见底。

3.4.2.5 细木装修：木质腐朽、蛀蚀、破裂，油漆老化见底。

3.4.3 设备部分：

3.4.3.1 水卫：下水道严重堵塞、锈蚀、漏水；卫生器具零件严重损坏、残缺。

3.4.3.2 电照：设备陈旧残缺，电线普遍老化、零乱，照明装置残缺不齐，绝缘不符合安全用电要求。

3.4.3.3 暖气：设备、管道锈蚀严重，零件损坏、残缺不齐，跑、冒、滴现象严重，基本上已无法使用。

3.4.3.4 特种设备：严重损坏，已无法使用。

4 房屋完损等级评定方法

4.1 钢筋混凝土结构、混合结构、砖木结构房屋完损等级评定方法。

4.1.1 凡符合下列条件之一者可评为完好房：

4.1.1.1 结构、装修、设备部分各项完损程度符合完好标准。

4.1.1.2 在装修、设备部分中有一、二项完损程度符合基本完好的标准，其余符合完好标准。

4.1.2　凡符合下列条件之一者可评为基本完好房：

4.1.2.1　结构、装修、设备部分各项完损程度符合基本完好标准。

4.1.2.2　在装修、设备部分中有一、二项完损程度符合一般损坏的标准，其余符合基本完好以上的标准。

4.1.2.3　结构部分除基础、承重构件、屋面外，可有一项和装修或设备部分中的一项符合一般损坏标准，其余符合基本完好以上标准。

4.1.3　凡符合下列条件之一者可评为一般损坏房：

4.1.3.1　结构、装修、设备部分各项完损程度符合一般损坏的标准。

4.1.3.2　在装修、设备部分中有一、二项完损程度符合严重损坏标准，其余符合一般损坏以上标准。

4.1.3.3　结构部分除基础、承重构件、屋面外，可有一项和装修或设备部分中的一项完损程度符合严重损坏的标准，其余符合一般损坏以上的标准。

4.1.4　凡符合下列条件之一者可评为严重损坏房：

4.1.4.1　结构、装修、设备部分各项完损程度符合严重损坏标准。

4.1.4.2　在结构、装修、设备部分中有少数项目完损程度符合一般损坏标准，其余符合严重损坏的标准。

4.2　其他结构房屋完损等级评定方法：

4.2.1　结构、装修、设备部分各项完损程度符合完好标准的，可评为完好房。

4.2.2　结构、装修、设备部分各项完好程度符合基本完好标准，或者有少量项目完好程度符合完好标准的，可评为基本完好房。

4.2.3　结构、装修、设备部分各项完损程度符合一般损坏标准，或者有少量项目完损程度符合基本完好标准的，可评为一般损坏房。

4.2.4　结构、装修、设备部分各项完损程度符合严重损坏标准，或者有少量项目完损程度符合一般损坏标准的，可评为严重损坏房。

附加说明：

对于重要房屋或断面明显不足的构件，必要时应经过复核或测试才能确定完损成度。

本标准各部分分项叙述不同的具体内容，在评定时，以严重的某一内容为准来评定该项的完损程度。

本标准与一九八五年一月一日首次发布，并自发布之日起试行。

附录 5

中华人民共和国国务院令

第 590 号

《国有土地上房屋征收与补偿条例》已经 2011 年 1 月 19 日国务院第 141 次常务会议通过，现予公布，自公布之日起施行。

总　理　温家宝

二〇一一年一月二十一日

国有土地上房屋征收与补偿条例

第一章　总　　则

第一条　为了规范国有土地上房屋征收与补偿活动，维护公共利益，保障被征收房屋所有权人的合法权益，制定本条例。

第二条　为了公共利益的需要，征收国有土地上单位、个人的房屋，应当对被征收房屋所有权人(以下称被征收人)给予公平补偿。

第三条　房屋征收与补偿应当遵循决策民主、程序正当、结果公开的原则。

第四条　市、县级人民政府负责本行政区域的房屋征收与补偿工作。

市、县级人民政府确定的房屋征收部门(以下称房屋征收部门)组织实施本行政区域的房屋征收与补偿工作。

市、县级人民政府有关部门应当依照本条例的规定和本级人民政府规定的职责分工，互相配合，保障房屋征收与补偿工作的顺利进行。

第五条　房屋征收部门可以委托房屋征收实施单位，承担房屋征收与补偿的具体工作。房屋征收实施单位不得以营利为目的。

房屋征收部门对房屋征收实施单位在委托范围内实施的房屋征收与补偿行为负责监督，并对其行为后果承担法律责任。

第六条　上级人民政府应当加强对下级人民政府房屋征收与补偿工作的监督。

国务院住房城乡建设主管部门和省、自治区、直辖市人民政府住房城乡建设主管部门应当会同同级财政、国土资源、发展改革等有关部门，加强对房屋征收与补偿实施工作的指导。

第七条　任何组织和个人对违反本条例规定的行为，都有权向有关人民政府、房屋征收部门和其他有关部门举报。接到举报的有关人民政府、房屋征收部门和其他有关部门对举报应当及时核实、处理。

监察机关应当加强对参与房屋征收与补偿工作的政府和有关部门或者单位及其工作人员的监察。

第二章　征收决定

第八条　为了保障国家安全、促进国民经济和社会发展等公共利益的需要，有下列情形之一，确需征收房屋的，由市、县级人民政府作出房屋征收决定：

（一）国防和外交的需要；

（二）由政府组织实施的能源、交通、水利等基础设施建设的需要；

（三）由政府组织实施的科技、教育、文化、卫生、体育、环境和资源保护、防灾减灾、文物保护、社会福利、市政公用等公共事业的需要；

（四）由政府组织实施的保障性安居工程建设的需要；

（五）由政府依照城乡规划法有关规定组织实施的对危房集中、基础设施落后等地段进行旧城区改建的需要；

（六）法律、行政法规规定的其他公共利益的需要。

第九条　依照本条例第八条规定，确需征收房屋的各项建设活动，应当符合国民经济和社会发展规划、土地利用总体规划、城乡规划和专项规划。保障性安居工程建设、旧城区改建，应当纳入市、县级国民经济和社会发展年度计划。

制定国民经济和社会发展规划、土地利用总体规划、城乡规划和专项规划，应当广泛征求社会公众意见，经过科学论证。

第十条　房屋征收部门拟定征收补偿方案，报市、县级人民政府。

市、县级人民政府应当组织有关部门对征收补偿方案进行论证并予以公布，征求公众意见。征求意见期限不得少于30日。

第十一条　市、县级人民政府应当将征求意见情况和根据公众意见修改的情况及时公布。

因旧城区改建需要征收房屋，多数被征收人认为征收补偿方案不符合本条例规定的，市、县级人民政府应当组织由被征收人和公众代表参加的听证会，并根据听证会情况修改方案。

第十二条　市、县级人民政府作出房屋征收决定前，应当按照有关规定进行社会稳定风险评估；房屋征收决定涉及被征收人数量较多的，应当经政府常务会议讨论决定。

作出房屋征收决定前，征收补偿费用应当足额到位、专户存储、专款专用。

第十三条　市、县级人民政府作出房屋征收决定后应当及时公告。公告应当载明征收补偿方案和行政复议、行政诉讼权利等事项。

市、县级人民政府及房屋征收部门应当做好房屋征收与补偿的宣传、解释工作。

房屋被依法征收的，国有土地使用权同时收回。

第十四条　被征收人对市、县级人民政府作出的房屋征收决定不服的，可以依法申请行政复议，也可以依法提起行政诉讼。

第十五条　房屋征收部门应当对房屋征收范围内房屋的权属、区位、用途、建筑面积等情况组织调查登记，被征收人应当予以配合。调查结果应当在房屋征收范围内向被征收人公布。

第十六条　房屋征收范围确定后，不得在房屋征收范围内实施新建、扩建、改建房屋和改变房屋用途等不当增加补偿费用的行为；违反规定实施的，不予补偿。

房屋征收部门应当将前款所列事项书面通知有关部门暂停办理相关手续。暂停办理相关手续的书面通知应当载明暂停期限。暂停期限最长不得超过1年。

第三章　补　　偿

第十七条　作出房屋征收决定的市、县级人民政府对被征收人给予的补偿包括：

（一）被征收房屋价值的补偿；

（二）因征收房屋造成的搬迁、临时安置的补偿；

（三）因征收房屋造成的停产停业损失的补偿。

市、县级人民政府应当制定补助和奖励办法，对被征收人给予补助和奖励。

第十八条　征收个人住宅，被征收人符合住房保障条件的，作出房屋征收决定的市、县级人民政府应当优先给予住房保障。具体办法由省、自治区、直辖市制定。

第十九条　对被征收房屋价值的补偿，不得低于房屋征收决定公告之日被征收房屋类似房地产的市场价格。被征收房屋的价值，由具有相应资质的房地产价格评估机构按照房屋征收评估办法评估确定。

对评估确定的被征收房屋价值有异议的，可以向房地产价格评估机构申请复核评估。对复核结果有异议的，可以向房地产价格评估专家委员会申请鉴定。

房屋征收评估办法由国务院住房城乡建设主管部门制定，制定过程中，应当向社会公开征求意见。

第二十条　房地产价格评估机构由被征收人协商选定；协商不成的，通过多数决定、随机选定等方式确定，具体办法由省、自治区、直辖市制定。

房地产价格评估机构应当独立、客观、公正地开展房屋征收评估工作，任何单位和个人不得干预。

第二十一条　被征收人可以选择货币补偿，也可以选择房屋产权调换。

被征收人选择房屋产权调换的，市、县级人民政府应当提供用于产权调换的房屋，并与被征收人计算、结清被征收房屋价值与用于产权调换房屋价值的差价。

因旧城区改建征收个人住宅，被征收人选择在改建地段进行房屋产权调换的，作出房屋征收决定的市、县级人民政府应当提供改建地段或者就近地段的房屋。

第二十二条　因征收房屋造成搬迁的，房屋征收部门应当向被征收人支付搬迁费；选择房屋产权调换的，产权调换房屋交付前，房屋征收部门应当向被征收人支付临时安置费或者提供周转用房。

第二十三条　对因征收房屋造成停产停业损失的补偿，根据房屋被征收前的效益、停产停业期限等因素确定。具体办法由省、自治区、直辖市制定。

第二十四条　市、县级人民政府及其有关部门应当依法加强对建设活动的监督管理，对违反城乡规划进行建设的，依法予以处理。

市、县级人民政府作出房屋征收决定前，应当组织有关部门依法对征收范围内未经登记的建筑进行调查、认定和处理。对认定为合法建筑和未超过批准期限的临时建筑的，应当给予补偿；对认定为违法建筑和超过批准期限的临时建筑的，不予补偿。

第二十五条　房屋征收部门与被征收人依照本条例的规定，就补偿方式、补偿金额和支付期限、用于产权调换房屋的地点和面积、搬迁费、临时安置费或者周转用房、停产停业损失、搬迁期限、过渡方式和过渡期限等事项，订立补偿协议。

补偿协议订立后，一方当事人不履行补偿协议约定的义务的，另一方当事人可以依法提起诉讼。

第二十六条　房屋征收部门与被征收人在征收补偿方案确定的签约期限内达不成补偿协议，或者被征收房屋所有权人不明确的，由房屋征收部门报请作出房屋征收决定的市、县级人民政府依照本条例的规定，按照征收补偿方案作出补偿决定，并在房屋征收范围内予以公告。

补偿决定应当公平，包括本条例第二十五条第一款规定的有关补偿协议的事项。

被征收人对补偿决定不服的，可以依法申请行政复议，也可以依法提起行政诉讼。

第二十七条　实施房屋征收应当先补偿、后搬迁。

作出房屋征收决定的市、县级人民政府对被征收人给予补偿后，被征收人应当在补偿协议约定或者补偿决定确定的搬迁期限内完成搬迁。

任何单位和个人不得采取暴力、威胁或者违反规定中断供水、供热、供气、供电和道路通行等非法方式迫使被征收人搬迁。禁止建设单位参与搬迁活动。

第二十八条　被征收人在法定期限内不申请行政复议或者不提起行政诉讼，在补偿决定规定的期限内又不搬迁的，由作出房屋征收决定的市、县级人民政府依法申请人民法院强制执行。

强制执行申请书应当附具补偿金额和专户存储账号、产权调换房屋和周转用房的地点和面积等材料。

第二十九条　房屋征收部门应当依法建立房屋征收补偿档案，并将分户补偿情况在房屋征收范围内向被征收人公布。

审计机关应当加强对征收补偿费用管理和使用情况的监督，并公布审计结果。

第四章　法律责任

第三十条　市、县级人民政府及房屋征收部门的工作人员在房屋征收与补偿工作中不履行本条例规定的职责，或者滥用职权、玩忽职守、徇私舞弊的，由上级人民政府或者本级人民政府责令改正，通报批评；造成损失的，依法承担赔偿责任；对直接负责的主管人员和其他直接责任人员，依法给予处分；构成犯罪的，依法追究刑事责任。

第三十一条　采取暴力、威胁或者违反规定中断供水、供热、供气、供电和道路通行等非法方式迫使被征收人搬迁，造成损失的，依法承担赔偿责任；对直接负责的主管人员和其他直接责任人员，构成犯罪的，依法追究刑事责任；尚不构成犯罪的，依法给予处分；构成违反治安管理行为的，依法给予治安管理处罚。

第三十二条　采取暴力、威胁等方法阻碍依法进行的房屋征收与补偿工作，构成犯罪的，依法追究刑事责任；构成违反治安管理行为的，依法给予治安管理处罚。

第三十三条　贪污、挪用、私分、截留、拖欠征收补偿费用的，责令改正，追回有关款项，限期退还违法所得，对有关责任单位通报批评、给予警告；造成损失的，依法承担赔偿责任；对直接负责的主管人员和其他直接责任人员，构成犯罪的，依法追究刑事责任；尚不构成犯罪的，依法给予处分。

第三十四条　房地产价格评估机构或者房地产估价师出具虚假或者有重大差错的评估报告的，由发证机关责令限期改正，给予警告，对房地产价格评估机构并处 5 万元以上 20 万元以下罚款，对房地产估价师并处 1 万元以上 3 万元以下罚款，并记入信用档案；情节严重的，吊销资质证书、注册证书；造成损失的，依法承担赔偿责任；构成犯罪的，依法追究刑事责任。

第五章　附　　则

第三十五条　本条例自公布之日起施行。2001 年 6 月 13 日国务院公布的《城市房屋拆迁管理条例》同时废止。本条例施行前已依法取得房屋拆迁许可证的项目，继续沿用原有的规定办理，但政府不得责成有关部门强制拆迁。

附录 6

中华人民共和国主席令

第七十四号

《中华人民共和国城乡规划法》已由中华人民共和国第十届全国人民代表大会常务委员会第三十次会议于 2007 年 10 月 28 日通过，现予公布，自 2008 年 1 月 1 日起施行。

中华人民共和国主席　胡锦涛

2007 年 10 月 28 日

中华人民共和国城乡规划法

（2007 年 10 月 28 日第十届全国人民代表大会常务委员会第三十次会议通过）

目　录

第一章　总　则
第二章　城乡规划的制定
第三章　城乡规划的实施
第四章　城乡规划的修改
第五章　监督检查
第六章　法律责任
第七章　附　则

第一章　总　则

第一条　为了加强城乡规划管理，协调城乡空间布局，改善人居环境，促进城乡经济社会全面协调可持续发展，制定本法。

第二条　制定和实施城乡规划，在规划区内进行建设活动，必须遵守本法。

本法所称城乡规划，包括城镇体系规划、城市规划、镇规划、乡规划和村庄规划。城市规划、镇规划分为总体规划和详细规划。详细规划分为控制性详细规划和修建性详细规划。

本法所称规划区，是指城市、镇和村庄的建成区以及因城乡建设和发展需要，必须实行规划控制的区域。规划区的具体范围由有关人民政府在组织编制的城市总体规划、镇总体规划、乡规划和村庄规划中，根据城乡经济社会发展水平和统筹城乡发展的需要划定。

第三条　城市和镇应当依照本法制定城市规划和镇规划。城市、镇规划区内的建设活动应当符合规划要求。

县级以上地方人民政府根据本地农村经济社会发展水平，按照因地制宜、切实可行的原则，确定应当制定乡规划、村庄规划的区域。在确定区域内的乡、村庄，应当依照本法制定规划，规划区内的乡、村庄建设应当符合规划要求。

县级以上地方人民政府鼓励、指导前款规定以外的区域的乡、村庄制定和实施乡规划、村庄规划。

第四条　制定和实施城乡规划，应当遵循城乡统筹、合理布局、节约土地、集约发展和先规划后建设的原则，改善生态环境，促进资源、能源节约和综合利用，保护耕地等自然资源和历史文化遗产，保持地方特色、民族特色和传统风貌，防止污染和其他公害，并符合区域人口发展、国防建设、防灾减灾和公共卫生、公共安全的需要。

在规划区内进行建设活动，应当遵守土地管理、自然资源和环境保护等法律、法规的规定。

县级以上地方人民政府应当根据当地经济社会发展的实际，在城市总体规划、镇总体规划中合理确定城市、镇的发展规模、步骤和建设标准。

第五条　城市总体规划、镇总体规划以及乡规划和村庄规划的编制，应当依据国民经济和社会发展规划，并与土地利用总体规划相衔接。

第六条　各级人民政府应当将城乡规划的编制和管理经费纳入本级财政预算。

第七条　经依法批准的城乡规划，是城乡建设和规划管理的依据，未经法定程序不得修改。

第八条　城乡规划组织编制机关应当及时公布经依法批准的城乡规划。但是，法律、行政法规规定不得公开的内容除外。

第九条　任何单位和个人都应当遵守经依法批准并公布的城乡规划，服从规划管理，并有权就涉及其利害关系的建设活动是否符合规划的要求向城乡规划主管部门查询。

任何单位和个人都有权向城乡规划主管部门或者其他有关部门举报或者控告违反城乡规划的行为。城乡规划主管部门或者其他有关部门对举报或者控告，应当及时受理并组织核查、处理。

第十条　国家鼓励采用先进的科学技术，增强城乡规划的科学性，提高城乡规划实施及监督管理的效能。

第十一条　国务院城乡规划主管部门负责全国的城乡规划管理工作。

县级以上地方人民政府城乡规划主管部门负责本行政区域内的城乡规划管理工作。

第二章　城乡规划的制定

第十二条　国务院城乡规划主管部门会同国务院有关部门组织编制全国城镇体系规划，用于指导省域城镇体系规划、城市总体规划的编制。

全国城镇体系规划由国务院城乡规划主管部门报国务院审批。

第十三条　省、自治区人民政府组织编制省域城镇体系规划，报国务院审批。

省域城镇体系规划的内容应当包括：城镇空间布局和规模控制，重大基础设施的布局，为保护生态环境、资源等需要严格控制的区域。

第十四条　城市人民政府组织编制城市总体规划。

直辖市的城市总体规划由直辖市人民政府报国务院审批。省、自治区人民政府所在地的城市以及国务院确定的城市的总体规划，由省、自治区人民政府审查同意后，报国务院审批。其他城市的总体规划，由城市人民政府报省、自治区人民政府审批。

第十五条　县人民政府组织编制县人民政府所在地镇的总体规划，报上一级人民政府审批。其他镇的总体规划由镇人民政府组织编制，报上一级人民政府审批。

第十六条　省、自治区人民政府组织编制的省域城镇体系规划，城市、县人民政府组织编制的总体规划，在报上一级人民政府审批前，应当先经本级人民代表大会常务委员会审议，常务委员会组成人员的审议意见交由本级人民政府研究处理。

镇人民政府组织编制的镇总体规划，在报上一级人民政府审批前，应当先经镇人民代表大会审议，代表的审议意见交由本级人民政府研究处理。

规划的组织编制机关报送审批省域城镇体系规划、城市总体规划或者镇总体规划，应当将本级人民代表大会常务委员会组成人员或者镇人民代表大会代表的审议意见和根据审议意见修改规划的情况一并报送。

第十七条　城市总体规划、镇总体规划的内容应当包括：城市、镇的发展布局，功能分区，用地布局，综合交通体系，禁止、限制和适宜建设的地域范围，各类专项规划等。

规划区范围、规划区内建设用地规模、基础设施和公共服务设施用地、水源地和水系、基本农田和绿化用地、环境保护、自然与历史文化遗产保护以及防灾减灾等内容，应当作为城市总体规划、镇总体规划的强制性内容。

城市总体规划、镇总体规划的规划期限一般为二十年。城市总体规划还应当对城市更长远的发展作出预测性安排。

第十八条　乡规划、村庄规划应当从农村实际出发，尊重村民意愿，体现地方和农村特色。

乡规划、村庄规划的内容应当包括：规划区范围，住宅、道路、供水、排水、供电、垃圾收集、畜禽养殖场所等农村生产、生活服务设施、公益事业等各项建设的用地布局、建设要求，以及对耕地等自然资源和历史文化遗产保护、防灾减灾等的具体安排。乡规划还应当包括本行政区域内的村庄发展布局。

第十九条　城市人民政府城乡规划主管部门根据城市总体规划的要求，组织编制城市的控制性详细规划，经本级人民政府批准后，报本级人民代表大会常务委员会和上一级人民政府备案。

第二十条　镇人民政府根据镇总体规划的要求，组织编制镇的控制性详细规划，报上一级人民政府审批。县人民政府所在地镇的控制性详细规划，由县人民政府城乡规划主管部门根据镇总体规划的要求组织编制，经县人民政府批准后，报本级人民代表大会常务委员会和上一级人民政府备案。

第二十一条　城市、县人民政府城乡规划主管部门和镇人民政府可以组织编制重要地块的修建性详细规划。修建性详细规划应当符合控制性详细规划。

第二十二条　乡、镇人民政府组织编制乡规划、村庄规划，报上一级人民政府审批。村庄规划在报送审批前，应当经村民会议或者村民代表会议讨论同意。

第二十三条　首都的总体规划、详细规划应当统筹考虑中央国家机关用地布局和空间安排的需要。

第二十四条　城乡规划组织编制机关应当委托具有相应资质等级的单位承担城乡规

划的具体编制工作。

从事城乡规划编制工作应当具备下列条件，并经国务院城乡规划主管部门或者省、自治区、直辖市人民政府城乡规划主管部门依法审查合格，取得相应等级的资质证书后，方可在资质等级许可的范围内从事城乡规划编制工作：

（一）有法人资格；

（二）有规定数量的经国务院城乡规划主管部门注册的规划师；

（三）有规定数量的相关专业技术人员；

（四）有相应的技术装备；

（五）有健全的技术、质量、财务管理制度。

规划师执业资格管理办法，由国务院城乡规划主管部门会同国务院人事行政部门制定。

编制城乡规划必须遵守国家有关标准。

第二十五条　编制城乡规划，应当具备国家规定的勘察、测绘、气象、地震、水文、环境等基础资料。

县级以上地方人民政府有关主管部门应当根据编制城乡规划的需要，及时提供有关基础资料。

第二十六条　城乡规划报送审批前，组织编制机关应当依法将城乡规划草案予以公告，并采取论证会、听证会或者其他方式征求专家和公众的意见。公告的时间不得少于三十日。

组织编制机关应当充分考虑专家和公众的意见，并在报送审批的材料中附具意见采纳情况及理由。

第二十七条　省域城镇体系规划、城市总体规划、镇总体规划批准前，审批机关应当组织专家和有关部门进行审查。

第三章　城乡规划的实施

第二十八条　地方各级人民政府应当根据当地经济社会发展水平，量力而行，尊重群众意愿，有计划、分步骤地组织实施城乡规划。

第二十九条　城市的建设和发展，应当优先安排基础设施以及公共服务设施的建设，妥善处理新区开发与旧区改建的关系，统筹兼顾进城务工人员生活和周边农村经济社会发展、村民生产与生活的需要。

镇的建设和发展，应当结合农村经济社会发展和产业结构调整，优先安排供水、排水、供电、供气、道路、通信、广播电视等基础设施和学校、卫生院、文化站、幼儿园、福利院等公共服务设施的建设，为周边农村提供服务。

乡、村庄的建设和发展，应当因地制宜、节约用地，发挥村民自治组织的作用，引导村民合理进行建设，改善农村生产、生活条件。

第三十条　城市新区的开发和建设，应当合理确定建设规模和时序，充分利用现有市政基础设施和公共服务设施，严格保护自然资源和生态环境，体现地方特色。

在城市总体规划、镇总体规划确定的建设用地范围以外，不得设立各类开发区和城市新区。

第三十一条　旧城区的改建，应当保护历史文化遗产和传统风貌，合理确定拆迁和建设规模,有计划地对危房集中、基础设施落后等地段进行改建。

历史文化名城、名镇、名村的保护以及受保护建筑物的维护和使用,应当遵守有关法律、行政法规和国务院的规定。

第三十二条　城乡建设和发展,应当依法保护和合理利用风景名胜资源,统筹安排风景名胜区及周边乡、镇、村庄的建设。

风景名胜区的规划、建设和管理,应当遵守有关法律、行政法规和国务院的规定。

第三十三条　城市地下空间的开发和利用,应当与经济和技术发展水平相适应,遵循统筹安排、综合开发、合理利用的原则,充分考虑防灾减灾、人民防空和通信等需要,并符合城市规划,履行规划审批手续。

第三十四条　城市、县、镇人民政府应当根据城市总体规划、镇总体规划、土地利用总体规划和年度计划以及国民经济和社会发展规划,制定近期建设规划,报总体规划审批机关备案。

近期建设规划应当以重要基础设施、公共服务设施和中低收入居民住房建设以及生态环境保护为重点内容,明确近期建设的时序、发展方向和空间布局。近期建设规划的规划期限为五年。

第三十五条　城乡规划确定的铁路、公路、港口、机场、道路、绿地、输配电设施及输电线路走廊、通信设施、广播电视设施、管道设施、河道、水库、水源地、自然保护区、防汛通道、消防通道、核电站、垃圾填埋场及焚烧厂、污水处理厂和公共服务设施的用地以及其他需要依法保护的用地,禁止擅自改变用途。

第三十六条　按照国家规定需要有关部门批准或者核准的建设项目,以划拨方式提供国有土地使用权的,建设单位在报送有关部门批准或者核准前,应当向城乡规划主管部门申请核发选址意见书。

前款规定以外的建设项目不需要申请选址意见书。

第三十七条　在城市、镇规划区内以划拨方式提供国有土地使用权的建设项目,经有关部门批准、核准、备案后,建设单位应当向城市、县人民政府城乡规划主管部门提出建设用地规划许可申请,由城市、县人民政府城乡规划主管部门依据控制性详细规划核定建设用地的位置、面积、允许建设的范围,核发建设用地规划许可证。

建设单位在取得建设用地规划许可证后,方可向县级以上地方人民政府土地主管部门申请用地,经县级以上人民政府审批后,由土地主管部门划拨土地。

第三十八条　在城市、镇规划区内以出让方式提供国有土地使用权的,在国有土地使用权出让前,城市、县人民政府城乡规划主管部门应当依据控制性详细规划,提出出让地块的位置、使用性质、开发强度等规划条件,作为国有土地使用权出让合同的组成部分。未确定规划条件的地块,不得出让国有土地使用权。

以出让方式取得国有土地使用权的建设项目,在签订国有土地使用权出让合同后,建设单位应当持建设项目的批准、核准、备案文件和国有土地使用权出让合同,向城市、县人民政府城乡规划主管部门领取建设用地规划许可证。

城市、县人民政府城乡规划主管部门不得在建设用地规划许可证中,擅自改变作为国有土地使用权出让合同组成部分的规划条件。

第三十九条　规划条件未纳入国有土地使用权出让合同的,该国有土地使用权出让合同无效；对未取得建设用地规划许可证的建设单位批准用地的，由县级以上人民政府撤销有关批准文件；占用土地的，应当及时退回；给当事人造成损失的，应当依法给予赔偿。

第四十条　在城市、镇规划区内进行建筑物、构筑物、道路、管线和其他工程建设的，建设单位或者个人应当向城市、县人民政府城乡规划主管部门或者省、自治区、直辖市人民政府确定的镇人民政府申请办理建设工程规划许可证。

申请办理建设工程规划许可证，应当提交使用土地的有关证明文件、建设工程设计方案等材料。需要建设单位编制修建性详细规划的建设项目，还应当提交修建性详细规划。对符合控制性详细规划和规划条件的，由城市、县人民政府城乡规划主管部门或者省、自治区、直辖市人民政府确定的镇人民政府核发建设工程规划许可证。

城市、县人民政府城乡规划主管部门或者省、自治区、直辖市人民政府确定的镇人民政府应当依法将经审定的修建性详细规划、建设工程设计方案的总平面图予以公布。

第四十一条　在乡、村庄规划区内进行乡镇企业、乡村公共设施和公益事业建设的，建设单位或者个人应当向乡、镇人民政府提出申请，由乡、镇人民政府报城市、县人民政府城乡规划主管部门核发乡村建设规划许可证。

在乡、村庄规划区内使用原有宅基地进行农村村民住宅建设的规划管理办法，由省、自治区、直辖市制定。

在乡、村庄规划区内进行乡镇企业、乡村公共设施和公益事业建设以及农村村民住宅建设，不得占用农用地；确需占用农用地的，应当依照《中华人民共和国土地管理法》有关规定办理农用地转用审批手续后，由城市、县人民政府城乡规划主管部门核发乡村建设规划许可证。

建设单位或者个人在取得乡村建设规划许可证后，方可办理用地审批手续。

第四十二条　城乡规划主管部门不得在城乡规划确定的建设用地范围以外作出规划许可。

第四十三条　建设单位应当按照规划条件进行建设；确需变更的，必须向城市、县人民政府城乡规划主管部门提出申请。变更内容不符合控制性详细规划的，城乡规划主管部门不得批准。城市、县人民政府城乡规划主管部门应当及时将依法变更后的规划条件通报同级土地主管部门并公示。

建设单位应当及时将依法变更后的规划条件报有关人民政府土地主管部门备案。

第四十四条　在城市、镇规划区内进行临时建设的，应当经城市、县人民政府城乡规划主管部门批准。临时建设影响近期建设规划或者控制性详细规划的实施以及交通、市容、安全等的，不得批准。

临时建设应当在批准的使用期限内自行拆除。

临时建设和临时用地规划管理的具体办法，由省、自治区、直辖市人民政府制定。

第四十五条　县级以上地方人民政府城乡规划主管部门按照国务院规定对建设工程是否符合规划条件予以核实。未经核实或者经核实不符合规划条件的，建设单位不得组织竣工验收。

建设单位应当在竣工验收后六个月内向城乡规划主管部门报送有关竣工验收资料。

第四章　城乡规划的修改

第四十六条　省域城镇体系规划、城市总体规划、镇总体规划的组织编制机关，应当组织有关部门和专家定期对规划实施情况进行评估，并采取论证会、听证会或者其他方式征求公众意见。组织编制机关应当向本级人民代表大会常务委员会、镇人民代表大会和原审批机关提出评估报告并附具征求意见的情况。

第四十七条　有下列情形之一的，组织编制机关方可按照规定的权限和程序修改省域城镇体系规划、城市总体规划、镇总体规划：

（一）上级人民政府制定的城乡规划发生变更，提出修改规划要求的；

（二）行政区划调整确需修改规划的；

（三）因国务院批准重大建设工程确需修改规划的；

（四）经评估确需修改规划的；

（五）城乡规划的审批机关认为应当修改规划的其他情形。

修改省域城镇体系规划、城市总体规划、镇总体规划前，组织编制机关应当对原规划的实施情况进行总结，并向原审批机关报告；修改涉及城市总体规划、镇总体规划强制性内容的，应当先向原审批机关提出专题报告，经同意后，方可编制修改方案。

修改后的省域城镇体系规划、城市总体规划、镇总体规划，应当依照本法第十三条、第十四条、第十五条和第十六条规定的审批程序报批。

第四十八条　修改控制性详细规划的，组织编制机关应当对修改的必要性进行论证，征求规划地段内利害关系人的意见，并向原审批机关提出专题报告，经原审批机关同意后，方可编制修改方案。修改后的控制性详细规划，应当依照本法第十九条、第二十条规定的审批程序报批。控制性详细规划修改涉及城市总体规划、镇总体规划的强制性内容的，应当先修改总体规划。

修改乡规划、村庄规划的，应当依照本法第二十二条规定的审批程序报批。

第四十九条　城市、县、镇人民政府修改近期建设规划的，应当将修改后的近期建设规划报总体规划审批机关备案。

第五十条　在选址意见书、建设用地规划许可证、建设工程规划许可证或者乡村建设规划许可证发放后，因依法修改城乡规划给被许可人合法权益造成损失的，应当依法给予补偿。

经依法审定的修建性详细规划、建设工程设计方案的总平面图不得随意修改；确需修改的，城乡规划主管部门应当采取听证会等形式，听取利害关系人的意见；因修改给利害关系人合法权益造成损失的，应当依法给予补偿。

第五章　监督检查

第五十一条　县级以上人民政府及其城乡规划主管部门应当加强对城乡规划编制、审批、实施、修改的监督检查。

第五十二条　地方各级人民政府应当向本级人民代表大会常务委员会或者乡、镇人民代表大会报告城乡规划的实施情况，并接受监督。

第五十三条　县级以上人民政府城乡规划主管部门对城乡规划的实施情况进行监督

检查，有权采取以下措施：

（一）要求有关单位和人员提供与监督事项有关的文件、资料，并进行复制；

（二）要求有关单位和人员就监督事项涉及的问题作出解释和说明，并根据需要进入现场进行勘测；

（三）责令有关单位和人员停止违反有关城乡规划的法律、法规的行为。

城乡规划主管部门的工作人员履行前款规定的监督检查职责，应当出示执法证件。被监督检查的单位和人员应当予以配合，不得妨碍和阻挠依法进行的监督检查活动。

第五十四条　监督检查情况和处理结果应当依法公开，供公众查阅和监督。

第五十五条　城乡规划主管部门在查处违反本法规定的行为时，发现国家机关工作人员依法应当给予行政处分的，应当向其任免机关或者监察机关提出处分建议。

第五十六条　依照本法规定应当给予行政处罚，而有关城乡规划主管部门不给予行政处罚的，上级人民政府城乡规划主管部门有权责令其作出行政处罚决定或者建议有关人民政府责令其给予行政处罚。

第五十七条　城乡规划主管部门违反本法规定作出行政许可的，上级人民政府城乡规划主管部门有权责令其撤销或者直接撤销该行政许可。因撤销行政许可给当事人合法权益造成损失的，应当依法给予赔偿。

第六章　法律责任

第五十八条　对依法应当编制城乡规划而未组织编制，或者未按法定程序编制、审批、修改城乡规划的，由上级人民政府责令改正，通报批评；对有关人民政府负责人和其他直接责任人员依法给予处分。

第五十九条　城乡规划组织编制机关委托不具有相应资质等级的单位编制城乡规划的，由上级人民政府责令改正，通报批评；对有关人民政府负责人和其他直接责任人员依法给予处分。

第六十条　镇人民政府或者县级以上人民政府城乡规划主管部门有下列行为之一的，由本级人民政府、上级人民政府城乡规划主管部门或者监察机关依据职权责令改正，通报批评；对直接负责的主管人员和其他直接责任人员依法给予处分：

（一）未依法组织编制城市的控制性详细规划、县人民政府所在地镇的控制性详细规划的；

（二）超越职权或者对不符合法定条件的申请人核发选址意见书、建设用地规划许可证、建设工程规划许可证、乡村建设规划许可证的；

（三）对符合法定条件的申请人未在法定期限内核发选址意见书、建设用地规划许可证、建设工程规划许可证、乡村建设规划许可证的；

（四）未依法对经审定的修建性详细规划、建设工程设计方案的总平面图予以公布的；

（五）同意修改修建性详细规划、建设工程设计方案的总平面图前未采取听证会等形式听取利害关系人的意见的；

（六）发现未依法取得规划许可或者违反规划许可的规定在规划区内进行建设的行为，而不予查处或者接到举报后不依法处理的。

第六十一条 县级以上人民政府有关部门有下列行为之一的，由本级人民政府或者上级人民政府有关部门责令改正，通报批评；对直接负责的主管人员和其他直接责任人员依法给予处分：

（一）对未依法取得选址意见书的建设项目核发建设项目批准文件的；

（二）未依法在国有土地使用权出让合同中确定规划条件或者改变国有土地使用权出让合同中依法确定的规划条件的；

（三）对未依法取得建设用地规划许可证的建设单位划拨国有土地使用权的。

第六十二条 城乡规划编制单位有下列行为之一的，由所在地城市、县人民政府城乡规划主管部门责令限期改正，处合同约定的规划编制费一倍以上二倍以下的罚款；情节严重的，责令停业整顿，由原发证机关降低资质等级或者吊销资质证书；造成损失的，依法承担赔偿责任：

（一）超越资质等级许可的范围承揽城乡规划编制工作的；

（二）违反国家有关标准编制城乡规划的。

未依法取得资质证书承揽城乡规划编制工作的，由县级以上地方人民政府城乡规划主管部门责令停止违法行为，依照前款规定处以罚款；造成损失的，依法承担赔偿责任。

以欺骗手段取得资质证书承揽城乡规划编制工作的，由原发证机关吊销资质证书，依照本条第一款规定处以罚款；造成损失的，依法承担赔偿责任。

第六十三条 城乡规划编制单位取得资质证书后，不再符合相应的资质条件的，由原发证机关责令限期改正；逾期不改正的，降低资质等级或者吊销资质证书。

第六十四条 未取得建设工程规划许可证或者未按照建设工程规划许可证的规定进行建设的，由县级以上地方人民政府城乡规划主管部门责令停止建设；尚可采取改正措施消除对规划实施的影响的，限期改正，处建设工程造价百分之五以上百分之十以下的罚款；无法采取改正措施消除影响的，限期拆除，不能拆除的，没收实物或者违法收入，可以并处建设工程造价百分之十以下的罚款。

第六十五条 在乡、村庄规划区内未依法取得乡村建设规划许可证或者未按照乡村建设规划许可证的规定进行建设的，由乡、镇人民政府责令停止建设、限期改正；逾期不改正的，可以拆除。

第六十六条 建设单位或者个人有下列行为之一的，由所在地城市、县人民政府城乡规划主管部门责令限期拆除，可以并处临时建设工程造价一倍以下的罚款：

（一）未经批准进行临时建设的；

（二）未按照批准内容进行临时建设的；

（三）临时建筑物、构筑物超过批准期限不拆除的。

第六十七条 建设单位未在建设工程竣工验收后六个月内向城乡规划主管部门报送有关竣工验收资料的，由所在地城市、县人民政府城乡规划主管部门责令限期补报；逾期不补报的，处一万元以上五万元以下的罚款。

第六十八条 城乡规划主管部门作出责令停止建设或者限期拆除的决定后，当事人不停止建设或者逾期不拆除的，建设工程所在地县级以上地方人民政府可以责成有关部门采取查封施工现场、强制拆除等措施。

第六十九条 违反本法规定，构成犯罪的，依法追究刑事责任。

第七章 附 则

第七十条 本法自 2008 年 1 月 1 日起施行。《中华人民共和国城市规划法》同时废止。

附录 7

中华人民共和国建设部令

第　142　号

《房地产估价机构管理办法》已于 2005 年 9 月 27 日经第 73 次部常务会议讨论通过，现予发布，自 2005 年 12 月 1 日起施行。

部　长　汪光焘

二〇〇五年十月十二日

房地产估价机构管理办法

第一章　总　　则

第一条　为了规范房地产估价机构行为，维护房地产估价市场秩序，保障房地产估价活动当事人合法权益，根据《中华人民共和国城市房地产管理法》、《中华人民共和国行政许可法》和《国务院对确需保留的行政审批项目设定行政许可的决定》等法律、行政法规，制定本办法。

第二条　在中华人民共和国境内申请房地产估价机构资质，从事房地产估价活动，对房地产估价机构实施监督管理，适用本办法。

第三条　本办法所称房地产估价机构，是指依法设立并取得房地产估价机构资质，从事房地产估价活动的中介服务机构。

本办法所称房地产估价活动，包括土地、建筑物、构筑物、在建工程、以房地产为主的企业整体资产、企业整体资产中的房地产等各类房地产评估，以及因转让、抵押、城镇房屋拆迁、司法鉴定、课税、公司上市、企业改制、企业清算、资产重组、资产处置等需要进行的房地产评估。

第四条　房地产估价机构从事房地产估价活动，应当坚持独立、客观、公正的原则，执行房地产估价规范和标准。

房地产估价机构依法从事房地产估价活动，不受行政区域、行业限制。任何组织或者个人不得非法干预房地产估价活动和估价结果。

第五条　国务院建设行政主管部门负责全国房地产估价机构的监督管理工作。

省、自治区人民政府建设行政主管部门、直辖市人民政府房地产行政主管部门负责本行政区域内房地产估价机构的监督管理工作。

市、县人民政府房地产行政主管部门负责本行政区域内房地产估价机构的监督管理工作。

第六条　房地产估价行业组织应当加强房地产估价行业自律管理。

鼓励房地产估价机构加入房地产估价行业组织。

第二章　估价机构资质核准

第七条　房地产估价机构资质等级分为一、二、三级。

国务院建设行政主管部门负责一级房地产估价机构资质许可。

省、自治区人民政府建设行政主管部门、直辖市人民政府房地产行政主管部门负责二、三级房地产估价机构资质许可，并接受国务院建设行政主管部门的指导和监督。

第八条　房地产估价机构应当由自然人出资，以有限责任公司或者合伙企业形式设立。

第九条　各资质等级房地产估价机构的条件如下：

(一) 一级资质

1. 机构名称有房地产估价或者房地产评估字样；

2. 从事房地产估价活动连续6年以上，且取得二级房地产估价机构资质3年以上；

3. 有限责任公司的注册资本人民币200万元以上，合伙企业的出资额人民币120万元以上；

4. 有15名以上专职注册房地产估价师；

5. 在申请核定资质等级之日前3年平均每年完成估价标的物建筑面积50万平方米以上或者土地面积25万平方米以上；

6. 法定代表人或者执行合伙人是注册后从事房地产估价工作3年以上的专职注册房地产估价师；

7. 有限责任公司的股东中有3名以上、合伙企业的合伙人中有2名以上专职注册房地产估价师，股东或者合伙人中有一半以上是注册后从事房地产估价工作3年以上的专职注册房地产估价师；

8. 有限责任公司的股份或者合伙企业的出资额中专职注册房地产估价师的股份或者出资额合计不低于60%；

9. 有固定的经营服务场所；

10. 估价质量管理、估价档案管理、财务管理等各项企业内部管理制度健全；

11. 随机抽查的1份房地产估价报告符合《房地产估价规范》的要求；

12. 在申请核定资质等级之日前3年内无本办法第三十二条禁止的行为。

(二) 二级资质

1. 机构名称有房地产估价或者房地产评估字样；

2. 取得三级房地产估价机构资质后从事房地产估价活动连续4年以上；

3. 有限责任公司的注册资本人民币100万元以上，合伙企业的出资额人民币60万元以上；

4. 有8名以上专职注册房地产估价师；

5. 在申请核定资质等级之日前 3 年平均每年完成估价标的物建筑面积 30 万平方米以上或者土地面积 15 万平方米以上；

6. 法定代表人或者执行合伙人是注册后从事房地产估价工作 3 年以上的专职注册房地产估价师；

7. 有限责任公司的股东中有 3 名以上、合伙企业的合伙人中有 2 名以上专职注册房地产估价师，股东或者合伙人中有一半以上是注册后从事房地产估价工作 3 年以上的专职注册房地产估价师；

8. 有限责任公司的股份或者合伙企业的出资额中专职注册房地产估价师的股份或者出资额合计不低于 60%；

9. 有固定的经营服务场所；

10. 估价质量管理、估价档案管理、财务管理等各项企业内部管理制度健全；

11. 随机抽查的 1 份房地产估价报告符合《房地产估价规范》的要求；

12. 在申请核定资质等级之日前 3 年内无本办法第三十二条禁止的行为。

（三）三级资质

1. 机构名称有房地产估价或者房地产评估字样；

2. 有限责任公司的注册资本人民币 50 万元以上，合伙企业的出资额人民币 30 万元以上；

3. 有 3 名以上专职注册房地产估价师；

4. 在暂定期内完成估价标的物建筑面积 8 万平方米以上或者土地面积 3 万平方米以上；

5. 法定代表人或者执行合伙人是注册后从事房地产估价工作 3 年以上的专职注册房地产估价师；

6. 有限责任公司的股东中有 2 名以上、合伙企业的合伙人中有 2 名以上专职注册房地产估价师，股东或者合伙人中有一半以上是注册后从事房地产估价工作 3 年以上的专职注册房地产估价师；

7. 有限责任公司的股份或者合伙企业的出资额中专职注册房地产估价师的股份或者出资额合计不低于 60%；

8. 有固定的经营服务场所；

9. 估价质量管理、估价档案管理、财务管理等各项企业内部管理制度健全；

10. 随机抽查的 1 份房地产估价报告符合《房地产估价规范》的要求；

11. 在申请核定资质等级之日前 3 年内无本办法第三十二条禁止的行为。

第十条　申请核定房地产估价机构资质等级，应当如实向资质许可机关提交下列材料：

（一）房地产估价机构资质等级申请表（一式二份，加盖申报机构公章）；

（二）房地产估价机构原资质证书正本复印件、副本原件；

（三）营业执照正、副本复印件（加盖申报机构公章）；

（四）出资证明复印件（加盖申报机构公章）；

（五）法定代表人或者执行合伙人的任职文件复印件（加盖申报机构公章）；

（六）专职注册房地产估价师证明；

（七）固定经营服务场所的证明；

（八）经工商行政管理部门备案的公司章程或者合伙协议复印件（加盖申报机构公章）及有关估价质量管理、估价档案管理、财务管理等企业内部管理制度的文件、申报机构信用档案信息；

（九）随机抽查的在申请核定资质等级之日前3年内申报机构所完成的1份房地产估价报告复印件（一式二份，加盖申报机构公章）。

申请人应当对其提交的申请材料实质内容的真实性负责。

第十一条　新设立的中介服务机构申请房地产估价机构资质的，应当提供第十条第（一）项、第（三）项至第（八）项材料。

新设立中介服务机构的房地产估价机构资质等级应当核定为三级资质，设1年的暂定期。

第十二条　申请核定一级房地产估价机构资质的，应当向省、自治区人民政府建设行政主管部门、直辖市人民政府房地产行政主管部门提出申请，并提交本办法第十条规定的材料。

省、自治区人民政府建设行政主管部门、直辖市人民政府房地产行政主管部门应当自受理申请之日起20日内审查完毕，并将初审意见和全部申请材料报国务院建设行政主管部门。

国务院建设行政主管部门应当自受理申请材料之日起20日内作出决定。

第十三条　二、三级房地产估价机构资质由设区的市人民政府房地产行政主管部门初审，具体许可程序及办理期限由省、自治区人民政府建设行政主管部门、直辖市人民政府房地产行政主管部门依法确定。

省、自治区人民政府建设行政主管部门、直辖市人民政府房地产行政主管部门应当在作出资质许可决定之日起10日内，将准予资质许可的决定报国务院建设行政主管部门备案。

第十四条　房地产估价机构资质证书分为正本和副本，由国务院建设行政主管部门统一印制，正、副本具有同等法律效力。

房地产估价机构遗失资质证书的，应当在公众媒体上声明作废后，申请补办。

第十五条　房地产估价机构资质有效期为3年。

资质有效期届满，房地产估价机构需要继续从事房地产估价活动的，应当在资质有效期届满30日前向资质许可机关提出资质延续申请。资质许可机关应当根据申请作出是否准予延续的决定。准予延续的，有效期延续3年。

在资质有效期内遵守有关房地产估价的法律、法规、规章、技术标准和职业道德的房地产估价机构，经原资质许可机关同意，不再审查，有效期延续3年。

第十六条　房地产估价机构的名称、法定代表人或者执行合伙人、注册资本或者出资额、组织形式、住所等事项发生变更的，应当在工商行政管理部门办理变更手续后30日内，到资质许可机关办理资质证书变更手续。

第十七条　房地产估价机构合并的，合并后存续或者新设立的房地产估价机构可以承继合并前各方中较高的资质等级，但应当符合相应的资质等级条件。

房地产估价机构分立的，只能由分立后的一方房地产估价机构承继原房地产估价机构资质，但应当符合原房地产估价机构资质等级条件。承继原房地产估价机构资质的一方由各方协商确定；其他各方按照新设立的中介服务机构申请房地产估价机构资质。

第十八条　房地产估价机构的工商登记注销后，其资质证书失效。

第三章　分支机构的设立

第十九条　一级资质房地产估价机构可以按照本办法第二十条的规定设立分支机构。二、三级资质房地产估价机构不得设立分支机构。

分支机构应当以设立该分支机构的房地产估价机构的名义出具估价报告，并加盖该房地产估价机构公章。

第二十条　分支机构应当具备下列条件：

（一）名称采用“房地产估价机构名称＋分支机构所在地行政区划名＋分公司（分所）”的形式；

（二）分支机构负责人应当是注册后从事房地产估价工作 3 年以上并无不良执业记录的专职注册房地产估价师；

（三）在分支机构所在地有 3 名以上专职注册房地产估价师；

（四）有固定的经营服务场所；

（五）估价质量管理、估价档案管理、财务管理等各项内部管理制度健全。

注册于分支机构的专职注册房地产估价师，不计入设立分支机构的房地产估价机构的专职注册房地产估价师人数。

第二十一条　新设立的分支机构，应当自领取分支机构营业执照之日起 30 日内，到分支机构工商注册所在地的省、自治区人民政府建设行政主管部门、直辖市人民政府房地产行政主管部门备案。

省、自治区人民政府建设行政主管部门、直辖市人民政府房地产行政主管部门应当在接受备案后 10 日内，告知分支机构工商注册所在地的市、县人民政府房地产行政主管部门，并报国务院建设行政主管部门备案。

第二十二条　分支机构备案，应当提交下列材料：

（一）分支机构的营业执照复印件；

（二）房地产估价机构资质证书正本复印件；

（三）分支机构及设立该分支机构的房地产估价机构负责人的身份证明；

（四）拟在分支机构执业的专职注册房地产估价师注册证书复印件。

第二十三条　分支机构变更名称、负责人、住所等事项或房地产估价机构撤销分支机构，应当在工商行政管理部门办理变更或者注销登记手续后 30 日内，报原备案机关备案。

第四章　估价管理

第二十四条　从事房地产估价活动的机构，应当依法取得房地产估价机构资质，并在其资质等级许可范围内从事估价业务。

一级资质房地产估价机构可以从事各类房地产估价业务。

二级资质房地产估价机构可以从事除公司上市、企业清算以外的房地产估价业务。

三级资质房地产估价机构可以从事除公司上市、企业清算、司法鉴定以外的房地产估价业务。

暂定期内的三级资质房地产估价机构可以从事除公司上市、企业清算、司法鉴定、城镇房屋拆迁、在建工程抵押以外的房地产估价业务。

第二十五条　房地产估价业务应当由房地产估价机构统一接受委托，统一收取费用。

房地产估价师不得以个人名义承揽估价业务，分支机构应当以设立该分支机构的房地产估价机构名义承揽估价业务。

第二十六条　房地产估价机构及执行房地产估价业务的估价人员与委托人或者估价业务相对人有利害关系的，应当回避。

第二十七条　房地产估价机构承揽房地产估价业务，应当与委托人签订书面估价委托合同。

估价委托合同应当包括下列内容：

（一）委托人的名称或者姓名和住所；

（二）估价机构的名称和住所；

（三）估价对象；

（四）估价目的；

（五）估价时点；

（六）委托人的协助义务；

（七）估价服务费及其支付方式；

（八）估价报告交付的日期和方式；

（九）违约责任；

（十）解决争议的方法。

第二十八条　房地产估价机构未经委托人书面同意，不得转让受托的估价业务。

经委托人书面同意，房地产估价机构可以与其他房地产估价机构合作完成估价业务，以合作双方的名义共同出具估价报告。

第二十九条　委托人及相关当事人应当协助房地产估价机构进行实地查勘，如实向房地产估价机构提供估价所必需的资料，并对其所提供资料的真实性负责。

第三十条　房地产估价机构和注册房地产估价师因估价需要向房地产行政主管部门查询房地产交易、登记信息时，房地产行政主管部门应当提供查询服务，但涉及国家秘密、商业秘密和个人隐私的内容除外。

第三十一条　房地产估价报告应当由房地产估价机构出具，加盖房地产估价机构公章，并有至少 2 名专职注册房地产估价师签字。

第三十二条　房地产估价机构不得有下列行为：

（一）涂改、倒卖、出租、出借或者以其他形式非法转让资质证书；

（二）超越资质等级业务范围承接房地产估价业务；

（三）以迎合高估或者低估要求、给予回扣、恶意压低收费等方式进行不正当竞争；

（四）违反房地产估价规范和标准；

（五）出具有虚假记载、误导性陈述或者重大遗漏的估价报告；

（六）擅自设立分支机构；

(七) 未经委托人书面同意,擅自转让受托的估价业务;

(八) 法律、法规禁止的其他行为。

第三十三条 房地产估价机构应当妥善保管房地产估价报告及相关资料。

房地产估价报告及相关资料的保管期限自估价报告出具之日起不得少于 10 年。保管期限届满而估价服务的行为尚未结束的,应当保管到估价服务的行为结束为止。

第三十四条 除法律、法规另有规定外,未经委托人书面同意,房地产估价机构不得对外提供估价过程中获知的当事人的商业秘密和业务资料。

第三十五条 房地产估价机构应当加强对执业人员的职业道德教育和业务培训,为本机构的房地产估价师参加继续教育提供必要的条件。

第三十六条 县级以上人民政府房地产行政主管部门应当依照有关法律、法规和本办法的规定,对房地产估价机构和分支机构的设立、估价业务及执行房地产估价规范和标准的情况实施监督检查。

第三十七条 县级以上人民政府房地产行政主管部门履行监督检查职责时,有权采取下列措施:

(一) 要求被检查单位提供房地产估价机构资质证书、房地产估价师注册证书,有关房地产估价业务的文档,有关估价质量管理、估价档案管理、财务管理等企业内部管理制度的文件;

(二) 进入被检查单位进行检查,查阅房地产估价报告以及估价委托合同、实地查勘记录等估价相关资料;

(三) 纠正违反有关法律、法规和本办法及房地产估价规范和标准的行为。

县级以上人民政府房地产行政主管部门应当将监督检查的处理结果向社会公布。

第三十八条 县级以上人民政府房地产行政主管部门进行监督检查时,应当有两名以上监督检查人员参加,并出示执法证件,不得妨碍被检查单位的正常经营活动,不得索取或者收受财物、谋取其他利益。

有关单位和个人对依法进行的监督检查应当协助与配合,不得拒绝或者阻挠。

第三十九条 房地产估价机构违法从事房地产估价活动的,违法行为发生地的县级以上地方人民政府房地产行政主管部门应当依法查处,并将违法事实、处理结果及处理建议及时报告该估价机构资质的许可机关。

第四十条 有下列情形之一的,资质许可机关或者其上级机关,根据利害关系人的请求或者依据职权,可以撤销房地产估价机构资质:

(一) 资质许可机关工作人员滥用职权、玩忽职守作出准予房地产估价机构资质许可的;

(二) 超越法定职权作出准予房地产估价机构资质许可的;

(三) 违反法定程序作出准予房地产估价机构资质许可的;

(四) 对不符合许可条件的申请人作出准予房地产估价机构资质许可的;

(五) 依法可以撤销房地产估价机构资质的其他情形。

房地产估价机构以欺骗、贿赂等不正当手段取得房地产估价机构资质的,应当予以撤销。

第四十一条 房地产估价机构取得房地产估价机构资质后,不再符合相应资质条件的，资质许可机关根据利害关系人的请求或者依据职权，可以责令其限期改正；逾期不改的，可以撤回其资质。

第四十二条　有下列情形之一的，资质许可机关应当依法注销房地产估价机构资质：

（一）房地产估价机构资质有效期届满未延续的；

（二）房地产估价机构依法终止的；

（三）房地产估价机构资质被撤销、撤回，或者房地产估价资质证书依法被吊销的；

（四）法律、法规规定的应当注销房地产估价机构资质的其他情形。

第四十三条　资质许可机关或者房地产估价行业组织应当建立房地产估价机构信用档案。

房地产估价机构应当按照要求提供真实、准确、完整的房地产估价信用档案信息。

房地产估价机构信用档案应当包括房地产估价机构的基本情况、业绩、良好行为、不良行为等内容。违法行为、被投诉举报处理、行政处罚等情况应当作为房地产估价机构的不良记录记入其信用档案。

房地产估价机构的不良行为应当作为该机构法定代表人或者执行合伙人的不良行为记入其信用档案。

任何单位和个人有权查阅信用档案。

第五章　法律责任

第四十四条　申请人隐瞒有关情况或者提供虚假材料申请房地产估价机构资质的，资质许可机关不予受理或者不予行政许可，并给予警告，申请人在1年内不得再次申请房地产估价机构资质。

第四十五条　以欺骗、贿赂等不正当手段取得房地产估价机构资质的，由资质许可机关给予警告，并处1万元以上3万元以下的罚款，申请人3年内不得再次申请房地产估价机构资质。

第四十六条　未取得房地产估价机构资质从事房地产估价活动或者超越资质等级承揽估价业务的，出具的估价报告无效，由县级以上人民政府房地产行政主管部门给予警告，责令限期改正，并处1万元以上3万元以下的罚款；造成当事人损失的，依法承担赔偿责任。

第四十七条　违反本办法第十六条规定，房地产估价机构不及时办理资质证书变更手续的，由资质许可机关责令限期办理；逾期不办理的，可处1万元以下的罚款。

第四十八条　有下列行为之一的，由县级以上人民政府房地产行政主管部门给予警告，责令限期改正，并可处1万元以上2万元以下的罚款：

（一）违反本办法第十九条第一款规定设立分支机构的；

（二）违反本办法第二十条规定设立分支机构的；

（三）违反本办法第二十一条第一款规定，新设立的分支机构不备案的。

第四十九条　有下列行为之一的，由县级以上人民政府房地产行政主管部门给予警告，责令限期改正；逾期未改正的，可处5千元以上2万元以下的罚款；给当事人造成损失的，依法承担赔偿责任：

（一）违反本办法第二十五条规定承揽业务的；

（二）违反本办法第二十八条第一款规定，擅自转让受托的估价业务的；

（三）违反本办法第十九条第二款、第二十八条第二款、第三十一条规定出具估价报告的。

第五十条　违反本办法第二十六条规定，房地产估价机构及其估价人员应当回避未回避的，由县级以上人民政府房地产行政主管部门给予警告，责令限期改正，并可处 1 万元以下的罚款；给当事人造成损失的，依法承担赔偿责任。

第五十一条　违反本办法第三十条规定，房地产行政主管部门拒绝提供房地产交易、登记信息查询服务的，由其上级房地产行政主管部门责令改正。

第五十二条　房地产估价机构有本办法第三十二条行为之一的，由县级以上人民政府房地产行政主管部门给予警告，责令限期改正，并处 1 万元以上 3 万元以下的罚款；给当事人造成损失的，依法承担赔偿责任；构成犯罪的，依法追究刑事责任。

第五十三条　违反本办法第三十四条规定，房地产估价机构擅自对外提供估价过程中获知的当事人的商业秘密和业务资料，给当事人造成损失的，依法承担赔偿责任；构成犯罪的，依法追究刑事责任。

第五十四条　资质许可机关有下列情形之一的，由其上级行政主管部门或者监察机关责令改正，对直接负责的主管人员和其他直接责任人员依法给予处分；构成犯罪的，依法追究刑事责任：

（一）对不符合法定条件的申请人准予房地产估价机构资质许可或者超越职权作出准予房地产估价机构资质许可决定的；

（二）对符合法定条件的申请人不予房地产估价机构资质许可或者不在法定期限内作出准予房地产估价机构资质许可决定的；

（三）利用职务上的便利，收受他人财物或者其他利益的；

（四）不履行监督管理职责，或者发现违法行为不予查处的。

第六章　附　则

第五十五条　本办法自 2005 年 12 月 1 日起施行。1997 年 1 月 9 日建设部颁布的《关于房地产价格评估机构资格等级管理的若干规定》（建房〔1997〕12 号）同时废止。

本办法施行前建设部发布的规章的规定与本办法的规定不一致的，以本办法为准。

附录 8

房地产估价报告

估价项目名称：××市××小区 6 号楼 3 单元
102 室房地产价格评估
委　托　方：××市××区人民法院
估　价　方：**********
估　价　人　员：***　***　***　***
估价作业日期：二〇〇九年二月十一日至二〇〇九年二月十六日
估价报告编号：*****

目　录

致委托估价方函　235
估价师声明　235
估价的假设和限制条件　236
房地产估价结果报告　237
一、委托估价方　237
二、受托估价方　237
三、估价对象概况　237
四、估价目的　238
五、估价时点　238
六、价格定义　238
七、估价依据　238
八、估价原则　239
九、估价方法　239
十、估价结果　240
十一、估价人员　240
十二、估价作业日期　240
十三、估价报告应用的有效期 240
房地产估价技术报告　240
一、个别因素分析　240
二、区域因素分析　241
三、市场背景分析　242
四、最高最佳使用分析　242

五、估价方法选用　243
六、估价测算过程　243
七、估价结果确定　249
附　件　250

致委托估价方函

××市××区人民法院：

受贵院的委托，我公司对位于××市××区国××小区 6 号楼 3 单元 102 室的房地产(以下简称“估价对象”)于估价时点 2009 年 2 月 11 日的市场价格进行了评估，为贵院司法处置估价对象提供价格参考。

估价人员根据估价目的，遵循估价原则，按照估价工作程序，在认真分析现有资料的基础上，采用房地产评估中的收益还原法和市场比较法，经过周密准确的测算，并结合估价经验，综合考虑影响房地产价格的各项因素，确定总建筑面积 146.76 平方米(房屋所有权证：××房权证私字第××号)、房屋所有权人为××、用途为住宅的估价对象，于估价时点 2009 年 2 月 11 日的房地产公开市场价值为：(币种：人民币)

估价对象单价：18556 元/平方米

估价对象总价：272 万元

大 写 金 额：贰佰柒拾贰万元整

估价的详细结果、过程及有关说明，请见附后的《估价结果报告》和《估价技术报告》。

法定代表人：

二〇〇九年二月十六日

估价师声明

我们郑重声明：

1. 我们在本估价报告中陈述的事实是真实的和准确的。

2. 本估价报告中的分析、意见和结论是我们自己公正的专业分析、意见和结论，但受到本估价报告中说明的假设和限制条件的限制。

3. 我们与本估价报告中的估价对象没有利害关系，也与有关当事人没有个人利害关系或偏见。

4. 我们依照中华人民共和国国家标准《房地产估价规范》进行分析，形成意见和结论，撰写本估价报告。

5. 本报告估价结果仅作为委托方在本次估价目的下使用，不得做其他用途。未经本估价机构书面同意，本报告的全部或任何一部分均不得向委托方、报告使用者、报告审查部门之外的单位和个人提供，也不得以任何形式公开发表。

6. 我们的估价人员＊＊＊、＊＊＊于 2009 年 2 月 11 日对本估价报告中的估价对象进行了实地查看，并对查看的客观性、真实性、公正性承担责任，但我们对估价对象的现场查看仅限于其外观和使用状况，对被遮盖、未暴露及难以接触到的部分，依据委托方提供的资料进行评估。我们不承担对估价对象建筑结构质量进行调查的责任。

7. 本估价报告依据委托方提供的相关资料,委托方对资料的真实性、合法性、完整性负责。因资料失实造成的估价结果有误的,估价机构和估价人员不承担相应的责任。

8. 没有人对本估价报告提供重要专业帮助。

参加本次估价的注册土地、房地产估价师签名:

估价的假设和限制条件

一、估价的假设条件

房地产市场供应关系、市场结构保持稳定。

在估价时点的房地产市场为公开、平等、自愿的交易市场,并且交易双方都具有完全市场信息,对交易对象具有必要的专业知识,交易双方有较充裕的时间进行交易。

任何有关估价对象的运作方式、程序符合国家、地方的有关法律、法规。

存在自愿销售的卖主,不考虑特殊买家的额外出价。

估价对象产权合法取得,权属明晰,手续齐全,缴纳有关税费,可在公开市场上自由转让。

估价对象与其它生产要素相结合,能满足目前物业的正常运转。

估价对象得到最有效的利用,并产生相应的收益。

二、限制条件

估价结果是在满足全部假设与限制条件下,于估价时点 2009 年 2 月 11 日,建筑物在现状利用条件下的房地产价格。

如假设及限制条件发生变化,估价结果需做相应调整。

三、无法或未经调查确认资料数据

本次估价未对估价对象做建筑物基础和结构上的检测,本次评估设定其无基础、结构等方面的重大质量问题,以估价对象的建筑质量达到国家和行业规定的标准要求、可以正常使用为前提。

四、估价中未考虑的因素和一些特殊处理

本次估价结果未考虑国家宏观经济政策发生重大变化以及遇到不可抗力对估价结论的影响。

本次评估未考虑估价对象可能存在的他项权利对估价结果的影响

由于委托方未约定估价时点,根据司法处置的需要,本次评估以估价人员现场查看日期作为估价时点。

五、报告使用说明

1. 本次评估目的是为委托方司法处置估价对象提供价格参考,不作其他评估目的之用。

2. 本次评估已考虑到估价对象个别因素对房地产价格的影响,具体包括房屋的设备齐全度、格局及房屋折旧等问题,均在计算过程中体现。

3. 房地产估价报告包括“房地产估价结果报告”和“房地产估价技术报告”;“房地产估价技术报告”仅供估价机构存档和作为估价结果提交有关部门确认或备案时的附件。

4. 本次报告的估价结果不考虑司法处置后交接带来的额外支出和不可预见费用。

5. 本报告由＊＊＊＊＊＊＊＊＊＊负责解释。

6. 本报告一式伍份，提交委托方肆份，估价机构存档壹份。

房地产估价结果报告

一、委托估价方

单 位 名 称：××市××区人民法院

联 系 人：××

联 系 电 话：×××××××××

二、受托估价方

单 位 名 称：＊＊＊＊＊＊＊＊＊＊

营业执照号：＊＊＊

地 址：＊＊＊

房地产资质证书号：＊＊＊

资 格 等 级：＊＊＊

资质有效期：＊＊＊

土地资质证书号：＊＊＊

执 业 范 围：＊＊＊

资质有效期：＊＊＊

法定代表人：＊＊＊

联 系 人：＊＊＊

联 系 电 话：＊＊＊

邮 编：＊＊＊

三、估价对象概况

1. 位置状况：

估价对象为位于××市××区××小区6号楼3单元102室的房地产，地处××。估价对象所在建筑物东临××小区5号楼，南邻××小区12号楼，西临小区围墙，北邻××小区7号楼。

2. 权利状况

根据当事人提供的《房屋所有权证》〖房屋所有权证：××房权证私字第××号〗记载，估价对象房屋所有权人为××，房屋坐落为××区国××小区，幢号为6号楼，房号为3单元102室，建筑面积146.76平方米，房屋用途为住宅。

于估价时点，未发现估价对象存在抵押、租赁、担保等他项权利记载。

3. 地上建筑物状况

估价对象所在建筑物为钢混结构的高层板楼，建成年代为2006年，房屋总层数为地上13层，地下1层，楼宇外墙贴面砖，塑钢外窗，单元门配备门禁对讲系统，每单元配两部电梯，估价对象位于第11层，户型为三室二厅二卫，南北朝向。具备通上水、通下水、通暖气、通天然气、通电力、通讯等市政配套设施。维护、保养、使用情况较好。估价对象室内具体装修情况如下：

(1) 门窗：户门为三防门，室内门为木门。窗为塑钢窗。

(2) 客厅：地面铺木地板，墙面及顶棚刷白色涂料，带有落地窗，窗口向南。

(3) 主卧室：铺木地板，墙面及顶棚刷白色涂料，连带有阳台，窗口向南，为落地窗；主卧卫生间为木质加玻璃门，地面铺地砖，墙面贴墙砖，铝扣板吊顶。

(4) 书房：地面铺木地板，墙面及顶棚刷白色涂料，窗口向北。

(5) 次卧室：地面铺木地板，墙面及顶棚刷白色涂料，连带有阳台，向北。

(6) 厨房：木质加玻璃门，地面铺有地砖，墙面贴墙砖，铝扣板吊顶，配有整体橱柜，带小窗，窗口向北。

(7) 卫生间：木质加玻璃门，墙面贴有墙砖，地面铺有地砖，铝扣板吊顶，带小窗，窗口向东。

四、估价目的

为委托方司法处置估价对象提供价格参考。

五、估价时点

由于委托方未约定估价时点，根据司法处置的需要，本次评估以估价人员现场查看日期二〇〇九年二月十一日作为估价时点。

六、价格定义

根据房地产估价的技术规程和项目的具体要求，本次评估的估价结果是指估价对象于估价时点 2009 年 2 月 11 日，房屋用途为住宅，评估设定用途为居住，估价对象的市政配套设施达到“七通”(即通路、通电、通讯、通上水、通下水、通燃气、通暖)，建筑物在现状利用条件下的房地产价格。该估价结果是估价对象在假定公开市场条件下，交易双方在交易地位平等、充分了解相关市场信息及交易双方独立和理智进行判断的前提下形成的公平市场价值。本结果不代表估价对象在涉及产权变动时的实际成交价格。

七、估价依据

(一) 国家法律、法规、通知：

1.《中华人民共和国城市房地产管理法》

2.《中华人民共和国土地管理法》

3.《城市房地产转让管理规定》

(二) 技术标准：

1.《房地产估价规范》(国标 GB/T 50291－1999)

(三) 地方法律、法规：

1.《××市高级人民法院关于民事执行中评估、拍卖、变卖财产若干问题的规定(试行)》

(四) 委托方提供的有关资料：

1. ××市××区人民法院《委托函》

2.《房屋所有权证》〖房屋所有权证：××房权证私字第××号〗复印件

(五) 评估人员调查收集的资料：

1. 估价对象位置示意图

2. 估价对象现状照片

3. 其他与本次评估相关的资料

八、估价原则

房地产价格是由其效用、有效需求相互作用影响所形成的，而这些因素又经常处于变动之中，房地产估价总的要求是独立、客观、公正，在本次估价作业中，我们遵循的原则主要有下列5项：

1. 独立、客观、公正原则

独立、客观、公正原则是房地产估价的最高行为准则。独立原则要求估价机构本身应当是一个不依赖他人、不受他人束缚的独立机构；要求估价机构和估价人员与估价对象及相关当事人没有利害关系；要求估价机构和估价人员在估价中不应受外部因素的影响，不屈从于外部压力，完全凭借自己的专业知识、经验和良心进行估价。所谓客观，是要求估价机构和估价人员不带着自己的好恶、情感和偏见，完全从实际出发，按照事物的本来面目去估价。所谓公正，是要求估价机构和估价人员在估价中应公平、正直，不偏袒任何一方。因此，遵循独立、客观、公正原则的核心，是估价机构和估价人员应站在中立的立场上，评估出一个对各方当事人来说都是公平合理的价值。

2. 合法原则

遵循合法原则，首先要求房地产估价应以估价对象的合法权益为前提进行。合法权益包括合法产权、合法使用、合法处分等方面。遵循合法原则，具体来说有下列几个方面：在合法产权方面，应以房地产权属证书和有关证件为依据；在合法使用方面，应以城市规划、土地用途管制等为依据；在合法处分方面，应以法律、法规或合同等允许的处分方式为依据；在其他方面，如评估出的价格必须符合国家的价格政策。

3. 最高最佳使用原则

所谓最高最佳使用，要求房地产估价应以估价对象的最高最佳使用为前提进行。它是指法律上允许，技术上可能，经济上可行，经过充分合理的论证，能使估价对象的价值达到最大的一种最可能的使用。

4. 替代原则

替代原则要求房地产估价结果不得明显偏离类似房地产在同等条件下的正常价格。类似房地产是指与估价对象处在同一供求范围内，并在用途、规模、档次、建筑结构等方面与估价对象相同或相近的房地产。同一供求范围是指与估价对象相同或相近的房地产所处的区域范围。

5. 估价时点原则

估价时点原则要求房地产估价结果应是估价对象在估价时点上的客观合理价格或价值。估价不是求取估价对象在所有时间上的价格，而是求取估价对象在某一时间上的价格，而这一时间不是估价人员可以随意假定的，必须依据估价目的来确定，这一时点即是估价时点。

九、估价方法

(一) 本次估价的技术思路和估价方法

估价人员在综合分析所掌握的资料并对估价对象及邻近类似房地产进行实地查看、调查后，根据估价对象的特点和实际状况，遵照国家和地方有关法律、法规、房地产估价规范及估价人员的经验，经过反复研究，选取收益法、市场比较法作为本次估价的基本方法。

选取此两种评估方法的原因，一是因估价对象位于××小区小区，附近类似物业出租情况较多，其市场租金可以进行量化，从而还原出估价对象收益价格。二是因为本小区及周边有可供比较的交易案例，符合市场比较法的应用条件，其计算的结果反映了估价对象的房地产的比准价格。收益法反映估价对象收益价格，市场比较法反映估价对象的市场价格。最后将收益法和市场比较法的计算结果进行综合分析，确定估价对象房地产价格。

（二）估价方法的定义

1. 收益还原法

收益还原法是通过求取估价对象预期未来正常年净收益，再按适当的资本化率折算出估价对象在估价时点的房地产价格的一种方法。本次评估按净收益逐年以一定比率递增估算。

2. 市场比较法

市场比较法是根据替代原则，选取同一供需圈内、同一性质、同一类型的近期内三宗案例，对案例的交易情况、期日、区域以及个别因素等进行比较，修正得出估价对象房地产价格的一种方法。基本计算公式为：

比准价格＝可比实例价格×交易情况修正系数×市场状况调整系数×房地产状况调整系数

十、估价结果

估价人员根据估价目的，遵循估价原则，按照估价工作程序，在认真分析现有资料的基础上，采用房地产评估中的收益还原法和市场比较法，经过周密准确的测算，并结合估价经验，综合考虑影响房地产价格的各项因素，确定总建筑面积 146.76 平方米（房屋所有权证：××房权证私字第××号）、房屋所有权人为××、用途为住宅的估价对象，于估价时点 2009 年 2 月 11 日的房地产公开市场价值为：（币种：人民币）

估价对象单价：18556 元/平方米

估价对象总价：272 万元

大 写 金 额：贰佰柒拾贰万元整

十一、估价人员

姓　名　　　　　　注册号　　　　　　签　字

十二、估价作业日期

二〇〇九年二月十一日至二〇〇九年二月十六日

十三、估价报告应用的有效期

本报告自完成日期二〇〇九年二月十六日起一年内有效。

二〇〇九年二月十六日

房地产估价技术报告

一、个别因素分析

1. 位置状况：

估价对象为位于××市××区××小区 6 号楼 3 单元 102 室的房地产，地处××小区内。估价对象所在建筑物东临××小区 5 号楼，南邻××小区 12 号楼，西临小区围墙，北邻××小区 7 号楼。根据《××市基准地价(二〇〇二年)》,估价对象位于××市居住用途二级地价区内。

2. 权利状况

根据当事人提供的《房屋所有权证》〖房屋所有权证:××房权证私字第××号〗记载,估价对象房屋所有权人为××,房屋坐落为××区××小区,幢号为 6 号楼,房号为 3 单元 102,建筑面积 146.76 平方米,房屋用途为住宅。

于估价时点,未发现估价对象存在抵押、租赁、担保等他项权利记载。

3. 地上建筑物状况

估价对象所在建筑物为钢混结构的高层板楼,建成年代为 2006 年,房屋总层数为地上 13 层,地下 1 层,楼宇外墙贴面砖,塑钢外窗,单元门配备门禁对讲系统,每单元配两部电梯,估价对象位于第 11 层,户型为三室二厅二卫,南北朝向。具备通上水、通下水、通暖气、通天然气、通电力、通讯等市政配套设施。估价对象室内具体装修情况如下:

(1) 门窗:户门为三防门,室内门为木门。窗为塑钢窗。

(2) 客厅:地面铺木地板,墙面及顶棚刷白色涂料,带有落地窗,窗口向南。

(3) 卧室(主):铺木地板,墙面及顶棚刷白色涂料,连带有阳台,窗口向南,为落地窗;主卧卫生间为木质加玻璃门,地面铺地砖,墙面贴墙砖,铝扣板吊顶。

(4) 卧室(书房):地面铺木地板,墙面及顶棚刷白色涂料,窗口向北。

(5) 卧室(客):地面铺木地板,墙面及顶棚刷白色涂料,连带有阳台,向北。

(6) 厨房:木质加玻璃门,地面铺有地砖,墙面贴墙砖,铝扣板吊顶,配有整体橱柜,带小窗,窗口向北。

(7) 卫生间:木质加玻璃门,墙面贴有墙砖,地面铺有地砖,铝扣板吊顶,带小窗,窗口向东。

根据估价人员现场查看,估价对象为中档装修,日常维护、保养、使用情况较好。

二、区域因素分析

××区是××市四个中心城区之一,坐落在××广场东南侧。东部与 A 区搭界,南部与 B 区相交,西部与 C 区毗邻,北部与 D 接壤。平均海拔 35 米,面积 16.46 平方公里,辖 A、B、C、D、E 共 5 个街道办事处,201 个居委会,人口 23 万。

××区的经济以第三产业为主。商业服务业发达,金融、保险业实力雄厚,信息咨询等新型第三产业方兴未艾。2008 年全区社会消费品零售总额为 200 亿元。A、B、C 等地区是商业服务业密集繁华的街区。区内既有驰名中外的"老字号",也有××市最大的超级市场,商业区最大的百货商场等一批大型商业企业。全区现有各类集贸市场 42 座,有个体工商户 7500 余家,私营企业 140 余家。集贸市场和个体、私营经济发挥了活跃经济、方便群众生活的积极作用。

估价对象所在××小区东临××大街、西接××门外大街、北依××大街、南靠××大街,周边有 2.11.48.60、104.108.111 路等多条公交线路,距地铁××站 500 米,交通便捷高。

××小区总占地面积 20 公顷,总建筑面积 80 万平方米,包含大型购物广场、五星级酒店、甲级办公楼、商务公寓、四合院以及高档住宅小区等多种建筑形态,是××二环内最大规模的综合建筑集群。周边配套实施有:××广场、××商场、等大型购物中心,有中国工商银行、中国农业银行、中国建设银行等金融网点，商业繁华度较高；此外还有××、××等餐饮娱乐设施；有××中学、××小学、××幼儿园等教育机构，有××医院、××医院等医疗卫生设施，配套设施齐全。

三、市场背景分析

2008年以来，中国各大城市住宅的成交量都有所下滑，同比指标下滑的幅度有扩大的趋势。2008年前两季度××市二手房市场的成交总量为54329套，比去年同期下降16.59%，相对于商品房市场的下降和需求观望，二手房市场显得较为平稳。时至第三季度，××市二手房交易量下滑越发明显，同比跌幅32.14%；××市二手房市场整体交易均价为每平方米9060元，比去年同期下降4.4%。至2009年第一周，××市二手房成交量比2008年最后一周上涨了85%。

2008年1月，楼市销售状况依然不佳。据××市房地产交易管理网的数据统计，1月，××共成交商品住宅7200套，环比下降了近五成。除去经济适用房、限价房等保障性住房的成交套数，实际的期房商品住房成交套数为4719套；而2008年的12月，总共成交新房13581套，除去保障性住房的成交套数，实际的商品住房成交套数为6963套。1月商品住宅成交环比下降了47%，而除去保障性住房的期房商品住房成交量则环比下降了32.2%。

四、最高最佳使用分析

最高最佳使用原则是要说明，房地产估价要以房地产的最高最佳使用为前提。所谓最高最佳使用，是估价对象的一种最可能的使用，这种最可能的使用是法律上允许、技术上可能、财务上可行，经过充分合理的论证，并能给估价对象带来最高价值的使用。

最高最佳使用分析真正体现了估价的客观性。衡量、判断估价对象房地产是否处于最优使用状态主要从下列方面考虑：

1. 法律上允许(规划及相关政策法规许可)。即不受现时使用状况的限制，而依照法律规章、规划发展的方向，按照其可能的最优用途估价。

2. 技术上可能。即不能把技术上无法做到的使用当作最高最佳使用。要按照房屋建筑工程方面的技术要求进行评估。

3. 经济上可行。即估价价格应是各种可能的使用方式中，以经济上有限的投入而能获得最大收益的使用方式的估价结果。

4. 土地与建筑物的均衡性。即以房地产内部构成要素的组合是否达到均衡来判断其是否处于最优使用状态，也就是说，估价时，把建筑物与土地区位是否相匹配，是否具有投资集约度的因素考虑进去。

5. 房地产与周围环境的协调性。即房地产与外部环境是否均衡或协调的问题。也就是说，估价时不按原用途估价，而按房地产与其周围环境相协调能获得大量外部经济效益的最优使用的新用途进行估价。

6. 可持续发展性。即在估价时不仅要研究过去和现在的价格状况，而且还要研究房地产市场的状况、发展趋势，以及政治经济和政策变化对房地产形成的影响以预测未来价格和收益变动的趋势。

根据估价对象地理位置、周边自然与人文经济环境及充分利用土地资源，现状用地居住为该土地最高最佳使用途径。

五、估价方法选用

（一）本次估价的技术思路和估价方法

估价人员在综合分析所掌握的资料并对估价对象及邻近类似房地产进行实地查看、调查后，根据估价对象的特点和实际状况，遵照国家和地方有关法律、法规、房地产估价规范及估价人员的经验，经过反复研究，选取收益法、市场比较法作为本次估价的基本方法。选取此两种评估方法的原因，一是因估价对象位于××小区，附近类似物业出租情况较多，其市场租金可以进行量化，从而还原出估价对象收益价格。二是因为本小区及周边有可供比较的交易案例，符合市场比较法的应用条件，其计算的结果反映了估价对象的房地产的比准价格。收益法反映估价对象收益价格，市场比较法反映估价对象的市场价格。最后将收益法和市场比较法的计算结果进行综合分析，确定估价对象房地产价格。

（二）估价方法的定义

1. 收益还原法

收益还原法是通过求取估价对象预期未来正常年净收益，再按适当的资本化率折算出估价对象在估价时点的房地产价格的一种方法。本次评估按净收益逐年以一定比率递增估算。

2. 市场比较法

市场比较法是根据替代原则，选取同一供需圈内、同一性质、同一类型的近期内三宗案例，对案例的交易情况、期日、区域以及个别因素等进行比较，修正得出估价对象房地产价格的一种方法。基本计算公式为：

比准价格＝可比实例价格×交易情况修正系数×市场状况调整系数×房地产状况调整系数

六、估价测算过程

（一）收益还原法测算估价对象收益价格

收益还原法是通过求取估价对象预期未来正常年净收益，再按适当的资本化率折算出估价对象在估价时点的房地产价格的一种方法。

本次评估按净收益以一定比率递增估算。其计算公式为：

$$V=\frac{A}{(Y+g)}*\left\{\left[1-\frac{(1-g)}{(1+Y)}\right]n\right\}$$

V—收益还原价格

A—年净收益

Y—报酬率

g—净收益逐年递增比率

n—未来可获收益年限

1. 年有效毛收益

(1) 日毛租金收入

估价人员调查估价对象周边房地产租赁市场行情，近期租赁成交案例如下：

小区名称	楼层	朝向	装修情况	户型	租金	成交日期	租期
××小区	中间层	南北	中档装修	三室二厅	7000 元/月	2009 年 2 月	一年
××小区	顶层	南北	简单装修	三室一厅	6500 元/月	2009 年 1 月	一年
××小区	中间层	南北	中档装修	三室二厅	7200 元/月	2008 年 10 月	一年
××小区	低层	南北	简单装修	二室二厅	6300 元/月	2008 年 12 月	一年

结合估价对象实际情况，本次评估月租金取 7 000 元/月，设定收益面积为全部建筑面积 146.76 平方米，则估价对象日毛租金收入约为 1.6 元/平方米·月。

(2) 年房地产潜在毛收益

按年(365 天)计算，即：

年房地产潜在毛收益＝1.6×365＝584 元/平方米·年

(3) 年租金损失费

指房屋在出租过程中遇到没有出租出去的空置期，估价对象所在××小区，地处××市××区××地区，该地区住宅聚集度高，租赁市场较活跃，本次评估空置期按每年 30 天计算。

年租金损失费＝1.6×30＝48 元/平方米·年

年有效毛收益＝(2) －(3)

＝584－48

＝536 元/平方米·年

2. 年运营费用

运营费用为维持房地产创造有效毛收入所需投入的费用，包括维修费、管理费、税金、保险费等，其计算以房屋重置价格为基础，乘以相应系数。

估价对象所在建筑物为钢混结构的高层板楼，建成年代为 2006 年，房屋总层数为地上 13 层，地下 1 层，楼宇外墙贴面砖，塑钢外窗，单元门配备门禁对讲系统，每单元配两部电梯，估价对象位于第 11 层，户型为三室二厅二卫，南北朝向。具备通上水、通下水、通暖气、通天然气、通电力、通讯等市政配套设施。

根据《××市建筑工程预算定额》，结合估价时点的类似建筑工程造价及估价对象的实际情况，并参考同类其他工程造价，估价对象房屋重置价(含结构、装修、设备费用)取：2 200元/平方米。

(1) 维修费

指为保证房屋正常使用每年需支付的修缮费用，一般按房屋重置价的 1% ～5%计算，本次评估取 2%。

维修费＝2 200×2%＝44 元/平方米·年

(2) 管理费

指对出租房屋进行的必要管理所需的费用，估价对象为高档住宅小区，本次评估按年房地产总收益的 5%计算。

管理费＝536×5％＝26.8元/平方米·年

(3) 综合税费

根据2004年4月1日起执行的《××市地方税务局个人出租房屋管理办法》，个人出租房屋并取得收入，依法应分别申报缴纳以下税费：营业税、城市维护建设税、教育费附加、房产税、城镇土地使用税、城市房地产税、印花税、个人所得税。综合征收率约为总收益的5％。

综合税费＝536×5％＝26.8元/平方米·年

(4) 保险费

按房屋现值乘以保险费率，我国房屋的保险费在1～2‰，本次评估按房屋重置价的1‰计取。

保险费＝2 200×2‰＝4.4元/平方米·年
年运营费用＝(1)＋(2)＋(3)＋(4)
＝44＋26.8＋26.8＋4.4
＝102元/平方米·年

3. 年房地产净收益

年房地产净收益＝年房地产有效毛收益－年运营费用
＝536－102
＝434元/平方米·年

4. 资本化率

资本化率的确定我们主要采用累加法，累加法又称安全利率加风险调整法，是以安全利率为基础，再加上风险调整值作为基准折现率。以中国人民银行公布的一年期存款利率，加上一定的风险调整值，在此基础上结合该区域房屋租售比例的调查情况，确定房地产资本化率为2.5％。

5. 未来可获收益年限

根据当事人提供的《房屋所有权证》[××房权证私字第××号]复印件所载，估价对象房屋建成于2006年，估价对象为钢混结构，钢混结构非生产用房的房屋经济耐用年限为60年，至估价时点，估价对象未来可获收益年限为57.5年。

6. 净收益递增率

根据估价人员调查并结合当前房地产租赁市场状况，本次评估设定净收益递增率为1.5％。

7. 估价对象收益还原价格

$$V=\frac{A}{(Y+g)*}\left\{1-\left[\frac{(1-g)}{(1+Y)}\right]n\right\}=18\,702\text{ 元 / 平方米}$$

(二) 运用市场比较法测算估价对象比准价格

在求取一宗待估房地产的价格时，根据替代原则，将待估房地产与类似房地产实例加以比较对照，并依据后者已知的价格，参照该房地产的交易情况、交易日期、房地产状况(包括区域状况、权益状况、实物状况三方面)等差别，修正得出估价对象于估价时点的房地产现时市场价值。

其计算公式为：

比准价格＝可比实例价格×交易情况修正系数×交易日期修正系数
×房地产状况修正系数

1. 比较案例的选择：

选择比较交易实例时，根据估价对象的情况，应符合以下要求：

① 用途相同

② 交易类型相同

③ 属于正常交易

④ 区域及个别条件相近

⑤ 统一价格基础

估价对象为住宅，故适宜选取地段相近，房屋建筑类型相似的房地产作为可比案例，结合影响房地产价格的多种因素进行修正，以此估算出待估房地产的客观合理价格。

案例A：××小区小区内一套房屋，用途为住宅，毛坯，共13层，案例A位于第5层，南北朝向。交易价格为17 405元/平方米，交易时间为2009年1月。

案例B：××小区小区内一套房屋，用途为住宅，毛坯，共16层，案例B位于第10层，南北朝向。交易价格为1 8354元/平方米，交易时间为2009年1月。

案例C：××小区小区内一套房屋，用途为住宅，毛坯，共13层，案例C位于第6层，南北朝向。交易价格为17 647元/平方米，交易时间为2009年1月。

2. 比较因素的选择

根据估价对象的房产条件，影响估价对象价格的主要因素有：

A. 交易时间：确定房价指数

B. 交易情况：是否为正常，公平，公开，自愿的交易

C. 区域因素：主要有居住社区成熟度、交通便捷度、自然和人文环境状况、公共设施完备程度、基础设施条件等

D. 个别因素：主要指待估房产的建筑结构、装修情况、楼层、朝向、户型、物业管理、建成年代等

3. 因素条件说明

交易案例与估价对象各因素的条件比较具体，见表1。

表1 比较因素条件说明表

项目名称	估价对象	实例A	实例B	实例C
交易价格(元/平方米)	待评估	17405	18354	17647
位置	××小区小区	××小区小区	××小区小区	××小区小区
估价时点/交易时间	2009.2	2009.2	2009.2	2009.2
交易情况	正常	正常	正常	正常

续表

项目名称		估价对象	实例 A	实例 B	实例 C
区域因素	居住社区成熟度	周边住宅项目较多，居住社区成熟度高	与估价对象情况相同	与估价对象情况相同	与估价对象情况相同
	交通便捷度	周边有多条公交和地铁线路，交通便捷度高	与估价对象情况相同	与估价对象情况相同同	与估价对象情况相同
	自然和人文环境状况	自然和人文环境好	与估价对象情况相同	与估价对象情况相同	与估价对象情况相同
	公共设施完备程度	周边配套设施齐全	与估价对象情况相同同	与估价对象情况相同	与估价对象情况相同
	基础设施条件	基础设施完备，达到七通一平	与估价对象情况相同	与估价对象情况相同	与估价对象情况相同
个别因素	建筑结构	钢混结构	钢混结构	钢混结构	钢混结构
	装修情况	中档装修	毛坯	毛坯	毛坯
	楼层	11(13)	5(13)	10(16)	6(13)
	朝向	南北	南北	南北	南北
	户型	三居	三居	三居	三居
	物业管理	较好	较好	较好	较好
	建成年代	2006 年建	2006 年建	2006 年建	2006 年建

4. 编制比较因素条件指数表

根据估价对象与比较案例的差异，以估价对象的各因素条件为基础，编制比较因素条件指数表，比较因素指数确定如下：

A. 交易日期：估价对象与三个案例交易日期相同，故对该因素不作修正。

B. 交易情况：估价对象与三个案例的交易情况均为正常，故对该因素不作修正。

C. 区域因素：

a. 居住社区成熟度，分为高、较高、一般、差四个等级，以估价对象的等级为 100，每相差一个等级修正 2；

b. 交通便捷度，分为高、较高、一般、差四个等级，以估价对象的等级为 100，每相差一个等级修正 2；

c. 自然和人文环境状况，分为好、较好、一般、较差四个等级，以估价对象的等级为 100，每相差一个等级修正 2；

d. 公共设施完备程度，分为齐全、较齐全、一般、不齐全四个等级，以估价对象为 100，每相差一个等级修正 3；

e. 基础设施条件，分为完备、较完备、一般、不完备四个等级，以估价对象为 100，每相差一个等级修正 2；

D. 个别因素：

a. 建筑结构，分为钢混、混合，以估价对象钢混结构为100，混合结构为98；

b. 装修情况，分为毛坯、简单装修、中档装修、高档装修四个等级，以估价对象为100，每相差1个等级修正1；

c. 楼层，分为1－3层、4－8层、9层以上三个等级，以估价对象为100，每相差一个等级修正2；

d. 朝向，三个案例与估价对象均为南北朝向，故不对该因素进行修正；

e. 户型，分为一居、二居、三居、三居以上四个个等级，以估价对象为100，每相差1个等级修正2；

f. 物业管理，分为好、较好、一般、较差四个等级，以估价对象的等级为100，每相差一个等级修正2；

g. 建成年代，以估价对象为100，每相差一个一年修正3；

根据以上比较因素指数的说明，编制比较因素条件指数表，详见表2。

表2　比较因素条件指数表

项目名称		估价对象	实例A	实例B	实例C
交易价格(元/平方米)		待评估	17 405	18 354	17 647
位置		100	100	100	100
估价时点/交易时间		100	100	100	100
交易情况		100	100	100	100
区域因素	居住社区成熟度	100	100	100	100
	交通便捷度	100	100	100	100
	自然和人文环境状况	100	100	100	100
	公共设施完备程度	100	100	100	100
	基础设施条件	100	100	100	100
个别因素	建筑结构	100	100	100	100
	装修情况	100	98	98	98
	楼层	100	98	100	98
	朝向	100	100	100	100
	户型	100	100	100	100
	物业管理	100	100	100	100
	建成年代	100	100	100	100

5. 编制因素条件修正系数表

将估价对象的因素条件指数与比较案例因素条件指数进行比较，得到因素修正系数，见表 3。

表 3 比较因素修正系数表

项目名称		实例 A	实例 B	实例 C
交易价格(元/平方米)		17 405	18 354	17 647
位置		100/100	100/100	100/100
估价时点/交易时间		100/100	100/100	100/100
交易情况		100/100	100/100	100/100
区域因素	居住社区成熟度	100/100	100/100	100/100
	交通便捷度	100/100	100/100	100/100
	自然和人文环境状况	100/100	100/100	100/100
	公共设施完备程度	100/100	100/100	100/100
	基础设施条件	100/100	100/100	100/100
个别因素	建筑结构	100/100	100/100	100/100
	装修情况	100/98	100/98	100/98
	楼层	100/98	100/100	100/98
	朝向	100/100	100/100	100/100
	户型	100/100	100/100	100/100
	物业管理	100/100	100/100	100/100
	建成年代	100/100	100/100	100/100
修正后的价格(元/平方米)		18 123	18 729	18 375

6. 比准价格的确定

根据以上修正得出的三个比较案例的价格较接近且符合估价时点居住用途房地产的价格水平，故取三个比较案例的比准价格的算术平均值作为本次市场比较法估价测算结果：

(18 123＋18 729＋18 375)÷3 ＝18 409 元/平方米

（三）估价结果确定

上述两种估价方法均有可靠依据，但要点各有不同。第一种方法反映估价对象收益价格；第二种方法反映估价对象的市场价格。评估人员根据评估经验，综合分析影响房地产价格的因素，并结合估价对象的具体情况，决定取两种评估结果加权平均值作为估价对象的公开市场价值。基于此本次估价收益法权重取 0.5，市场比较法权重取 0.5，即：

估价对象房地产单价＝18 702×0.5＋18 409×0.5＝18 556 元/平方米

估价对象房地产总价＝18 556×146.76÷10 000 ＝272 万元

七、估价结果确定

估价人员根据估价目的，遵循估价原则，按照估价工作程序，在认真分析现有资料的基础上，采用房地产评估中的收益还原法和市场比较法，经过周密准确的测算，并结合估价经验，综合考虑影响房地产价格的各项因素，确定总建筑面积 146.76 平方米（房屋所有权证：××房权证私字第××号）、房屋所有权人为××、用途为住宅的估价对象，于估价时点 2009 年 2 月 11 日的房地产公开市场价值为：（币种：人民币）

估价对象单价：18 556 元/平方米

估价对象总价：272 万元

大 写 金 额：贰佰柒拾贰万元整

法定代表人：

二〇〇九年二月十六日

附 件

1. 估价对象位置示意图
2. 估价对象现场照片
3. ××市××区人民法院委托评估函复印件
4. 《房屋所有权证》[××房权证私字第××号]复印件
5. 估价机构营业执照复印件
6. 估价机构资质证明复印件
7. 估价人员资质证书复印件